Hikeline
Wanderführer

Sabine Malecha / Joachim Lutz

Naturpark Schwarzwald Mitte/Nord

Auf Entdeckungsreise vom Nordschwarzwald bis ins Kinzigtal

Esterbauer

Sabine Malecha / Joachim Lutz
Hikeline®-Wanderführer
Naturpark Schwarzwald Mitte/Nord

A-3751 Rodingersdorf, Hauptstr. 31
Tel.: +43/2983/28982-0, Fax: -500
E-Mail: hikeline@esterbauer.com
www.esterbauer.com

1. Auflage, 2012
ISBN: 978-3-85000-543-2

Bitte geben Sie bei jeder Korrespondenz die Auflage und die ISBN an!

Bildnachweis:
Sabine Malecha / Joachim Lutz

Dank an alle, die uns bei der Erstellung dieses Buches tatkräftig unterstützt haben.
Das Hikeline-Team:
Heidi Authried, Beatrix Bauer, Markus Belz, Michael Bernhard, Michael Binder, Veronika Bock, Stefan Diringer, Sandra Eisner, Roland Esterbauer, Gabi Glasstetter, Dagmar Güldenpfennig, Tobias Klein, Martina Kreindl, Bettina Müllauer, Eveline Müllauer, Gregor Münch, Karin Neichsner, Niki Nowak, Carmen Paradeiser, Julia Pelikan, Petra Riss, Christian Schlechte, Erik Schmidt, Mandy Schwalbe, Martina Specht, Matthias Thal, Martin Wischin, Wolfgang Zangerl.

Kartografie erstellt mit axpand
(www.axes-systems.com)

Vorwort

Überzeugen Sie sich selbst, dass der mittlere und nördliche Schwarzwald ein wunderbarer Landstrich ist mit zahlreichen Mühlen und Flüssen im Tal, aber auch vielen Aussichtspunkten und herrlichen Hochplateaus, wo es ganz und gar nicht „schwarz = dunkel" ist. Hier oben auf 700 – 1.100 Meter Höhe ist man der Sonne im wahrsten Sinne des Wortes immer ein Stück näher. Ob entlang der Murg, Kinzig oder der Würm – alle Flusstäler haben ihre Besonderheiten. Aussichtspunkte gibt es wahrlich viele in der Region. Im Norden des Schwarzwaldes ist der Bernstein unser Favorit und in der Mitte die Hornisgrinde. Aber auch wunderschöne Altstädte laden zum Bummeln ein Calw, Freudenstadt und Gengenbach um nur ein paar zu nennen. Gigantische Burgruinen wie Hohenschramberg oder Hohenbaden wecken in uns den Ritter oder das Burgfräulein. Aber auch gigantische Naturschutzgebiete wie das Wildseemoor oder das Bärlochkar lassen das Wanderherz höher schlagen. Sie merken wir können gar nicht mit dem Aufzählen von Highlights aufhören. Deshalb Wanderstiefel an und los!

Präzise Karten, genaue Streckenbeschreibungen, zahlreiche Stadt- und Ortspläne, Hinweise auf das kulturelle und touristische Angebot der Region – in diesem Buch finden Sie alles, was Sie zu einer Wanderung im Naturpark Schwarzwald Mitte/Nord brauchen – außer gutem Wetter, das können wir Ihnen nur wünschen.

GPS Tracks

Die GPS-Tracks zu diesem Buch erhalten Sie nach Registrierung im Internet unter:
www.esterbauer.com
Produktcode: 543-8gKm-846d

Zeichenerklärung

* in Auswahl

Wanderweg auf Hartbelag
z. B.: befestigter Fußweg • ruhige Anliegerstraße

Wanderweg
breiter oder gut begehbarer Weg
z. B.: Wald- und Forstweg

Wandersteig, Pfad
schmaler Weg/Pfad • Wiesenweg

Klettersteig, Kletterstelle
• schwierige Stelle
• Trittsicherheit erforderlich
• Leiter

Verkehrsreicher Abschnitt
• Strecke auf oder direkt an Straße mit starker Verkehrsbelastung

Variante, Alternativstrecke
z. B.: Ausflüge • Abkürzungen • Ein- oder Ausstiege • alternative Hauptroute

Sonstige Wanderwege
• kreuzende Touren • nachträgliche, von uns nicht geprüfte Wege

Wanderweg geplant

Wanderweg gesperrt

Tunnelstrecke, Unterführung

Fährverbindung

Wegpunkt

Gefahrenstelle

Text beachten

Treppe

Touristinformation

Hotel, Pension

Jugendherberge

Campingplatz

Zeltplatz

Gasthaus

Einkaufsmöglichkeit

Kiosk

Erlach **sehenswerter Ort**

Einrichtung im Ort vorhanden

sehenswerte Kirche, Kloster

sehenswertes Schloss, Burg

sehenswerte Ruine

sonstige Sehenswürdigkeit

Museum

Ausgrabungsstätte

Tierpark

Naturpark, -denkmal

Aussichtspunkt

Rastplatz

Unterstand

Schutzhütte

Grillplatz

Wanderparkplatz

Brunnen*

Freibad

Hallenbad

Bushaltestelle*

Maßstab 1 : 35.000

1 cm ≙ 350 m   1 km ≈ 2,9 cm

0   1   2   3 km

Kirche
Kloster
Kapelle
Schloss, Burg
Ruine
Turm
Funk-, Sendeanlage
Kraftwerk
Umspannwerk, Trafostation
Windmühle; -kraftanlage
Wassermühle, Bergwerk
Bergwerk
Wegkreuz
Höhle
Leuchtturm
Sportplatz, Stadion
Denkmal
Flughafen
Quelle
Kläranlage
Schiffsanleger
historischer Grenzstein, Römerstein
Grabanlage, Hügelgrab

Nur in Ortsplänen

P Parkplatz
Parkhaus/Tiefgarage
Post*
Apotheke*
H Krankenhaus
F Feuerwehr
Polizei
Theater*

Wald
Wiese, Weide
Fels
Nassfläche, Sumpf, Moor
Heide
Weingarten
Friedhof
Garten
Sand, Düne
Siedlungsfläche
Öffentliche Gebäude
Industriegebiet
See, Staudamm, Fluss
Kanal
A13 Autobahn
B12 Schnellverkehrsstraße
B236 Fernverkehrsstraße
Hauptstraße
Straße
Nebenstraße
Fahrweg
Pfad
Eisenbahnlinie / Bahnhof
Fähre
Staatsgrenze / Grenzübergang
Landesgrenze
Kreisgrenze, Bezirksgrenze
Naturparkgrenze
Höhenlinie 100m
Höhenlinie 25m
Damm
318 5242 Kilometerraster
mit UTM-Koordinaten

Inhalt

3 Vorwort
4 Zeichenerklärung
8 Schwarzwald Mitte/Nord
12 Zu diesem Buch

Tour 1 leicht 10,1 km
16 Goldstadt Pforzheim – Wanderstadt Pforzheim

Tour 2 leicht 10,7 km
21 Geschichtsträchtig unterwegs zwischen Baden und Württemberg

Tour 3 leicht 8,7 km
24 Neuenbürg erleben

Tour 4 mittel 15,1 km
28 Flößertradition an der Enz

Tour 5 leicht 8,8 km
33 Streckenwanderung durch das Eyachtal

Tour 6 leicht 6,5 km
38 Auf dem Europaweg

Tour 7 mittel 13,3 km
40 Zum Bernstein – Aussicht pur!

Tour 8 mittel 42,0 km
44 Panoramaweg Baden-Baden

Tour 9 leicht 9,8 km
50 Der Ebersteinburg-Rundweg

Tour 10 mittel 18,5 km
53 Glücksgemeinde Schömberg –
53 suchen Sie Ihr Glück!

Tour 11 mittel 9,8 km
58 Durch das wildromantische Monbachtal
60 Bad Liebenzeller Mineralwasser

Tour 12 mittel 9,5 km
62 Durch Schluchten und Klingen rund um Hirsau

Tour 13 mittel 16,8 km
65 Abwechslung pur in Oberreichenbach

Tour 14 leicht 12,7 km
69 Rundwanderung Calw
73 Hermann Hesse

Tour 15 leicht 5,4 km
74 Rund um Zavelstein
76 Naturschutzgebiet Krokuswiesen

Tour 16 mittel 15,0 km
76 Bergbautradition in Neubulach

Tour 17 leicht 11,8 km
81 Einmalige Moorlandschaften bei Kaltenbronn

Tour 18 leicht 11,2 km
86 Bärlochkar Enzklösterle

Tour 19 mittel 13,4 km
89 Hoch über Nagold
93 Nagold

Tour 20 mittel 11,9 km
95 Unterwegs auf dem Gäurandweg

Tour 21 leicht 11,7 km
100 Mühlentour im Zinsbachtal

Tour 22 mittel 18,9 km
103 Zwei-Seen-Tour Baiersbronn

Tour 23 leicht 9,5 km
109 Heilklimawandern in Baiersbronn

Tour 24 mittel 17,0 km
111 Von den Schwarzwaldhöhen ins Murgtal
112 Teucheln

Tour 25 leicht 4,3 km
115 Panoramaweg mit Lotharpfad
116 Der Grindenschwarzwald

Tour 26 leicht 8,3 km
117 **Mummelsee und Hornisgrinde**

Tour 27 mittel 8,5 km
121 **Natur pur - Wanderung zum Wildsee**
123 Schwarzwaldhochstraße

Tour 28 mittel 13,6 km
124 **Glasmännlehütte und Sankenbachwasserfall**

Tour 29 leicht 10,1 km
127 **Heimatpfad Kniebis**

Tour 30 mittel 12,5 km
131 **Badischer Grenzweg**

Tour 31 leicht 11,2 km
134 **Rund um Freudenstadt**

Tour 32 leicht 9,6 km
138 **Auf den Spuren alter Waldberufe**

Tour 33 mittel 13,1 km
141 **Von Lauterbad zum Vogteiturm**

Tour 34 leicht 6,6 km
145 **Zum Burgbachwasserfall in Bad Rippoldsau**
147 Kloster und Pfarrei Bad Rippoldsau

Tour 35 mittel 13,5 km
148 **Rund um Bad Peterstal-Griesbach**

Tour 36 mittel 9,6 km
151 **Wiesensteig Bad Peterstal-Griesbach**

Tour 37 mittel 9,3 km
155 **Von Schapbach zur Otmarhütte**
156 Plenterwald

Tour 38 mittel 19,8 km
158 **Unterwegs im Kinzigtal**

Tour 39 mittel 15,4 km
164 **Zum „König" der Kinzigtaler Heimatberge**
168 Hausach

Tour 40 schwer 20,3 km
170 **Von Hausach nach Haslach**

Tour 41 leicht 8,4 km
176 **Familienspaziergang zum Vogtsbauernhof**

Tour 42 mittel 21,4 km
178 **Von Wolfach nach Schiltach**

Tour 43 mittel 17,4 km
184 **Von Alpirsbach nach Schiltach**
185 Die Lieblingsspeise des Mönchs

Tour 44 leicht 12,9 km
190 **Familientour mit Tierparkbesuch**

Tour 45 mittel 13,7 km
194 **Kulinarische Wanderung nach Schiltach**

Tour 46 schwer 20,8 km
200 **Große Talstadtrunde**

Tour 47 mittel 19,4 km
205 **Durch das Sulzbacher Hochtal zum Gedächtnishaus**

Tour 48 mittel 13,0 km
209 **Zu Ruinen und Kapellen im Bernecktal**

Tour 49 mittel 17,5 km
213 **Zum geschichtsträchtigen Fohrenbühl**

Tour 50 mittel 15,0 km
218 **Hoch über Tennenbronn**
222 Ortsindex

Schwarzwald Mitte/Nord

Neben den Wäldern zeichnen den Schwarzwald seine offenen Flächen, seine Wiesen und Weiden aus. So abwechslungsreich wie die Landschaft sind auch die Wanderungen im Naturpark Schwarzwald Mitte/Nord. Wandern ist im gesamten Schwarzwald ein Topthema. Damit man sich überall gut orientieren kann, hat der Schwarzwaldverein zusammen mit dem Naturpark etwas einmaliges geschaffen - eine einheitliche Beschilderung. Ein flächendeckendes Netz von Wanderwegen erwartet uns. Der Naturpark Schwarzwald Mitte/Nord ist der größte Naturpark in Deutschland und umfasst den gesamten nördlichen Teil, sowie Teile des mittleren Schwarzwaldes. Ziel des Naturparks ist es, die schöne und intakte Schwarzwaldlandschaft zu erhalten und es Gästen und Einheimischen zu ermöglichen, den Schwarzwald naturverträglich zu erleben. Klimatisch zeigt sich der Naturpark Schwarzwald Mitte/Nord an seiner Westflanke in den badischen Weinbaugebieten nahezu mediterran, fast skandinavisch dagegen sind die Temperaturen im Winter auf der mit 1.164 Metern höchsten Erhebung der Hornisgrinde. Weitere Informationen zum Schwarzwald Mitte/Nord unter www.naturparkschwarzwald.de.

Flora und Fauna

Rund zwei Drittel der Naturparkfläche sind bewaldet. Die oft urwüchsigen Wälder sind Heimat für eine Vielzahl von gefährdeten Tierarten. Neben der Kreuzotter sind auch der Dreizehnspecht, der Sperlingskauz, sowie der Charaktervogel des Schwarzwaldes das Auerhuhn, hier zu finden. Überhaupt gibt es nennenswerte Auerhuhnbestände außerhalb des Alpenraums, nur noch im Schwarzwald. Inmitten von eiszeitlichen Karseen, Mooren und Moorwäldern, Grinden sowie

Feucht- und Nasswiesen finden verschiedene Tierarten noch ideale Lebensbedingungen vor. Das Holz spielt eine zentrale Rolle im Schwarzwald. Vor dem Einfluss des Menschen war der Schwarzwald ein einziges zusammenhängendes Waldgebiet. Noch die Römer fanden dichte, nahezu undurchdringliche Wälder vor. Eigentlich vermutet man im Schwarzwald nur Tannen. Aber man kann ganz unterschiedliche Waldbilder erleben im Gebiet Schwarzwald Mitte/Nord - Fichten-, Tannen-, Eichen- und Buchenwälder, bis hin zu stattlichen Kastanien und Douglasien. Im frühen Mittelalter beginnt die Erschließung des Schwarzwaldes durch Klöster und Pfalzgrafen, zunächst beschränkt auf die Bachtäler. Durch intensive Beweidung entstehen die typischen Grinden – waldfreie, magere und artenreiche Weidelandschaften in den Hochlagen des Schwarzwaldes. Im 18. Jahrhundert gelangte der Schwarzwald zur wirtschaftlichen Blüte durch die großen Flößergesellschaften.

Schmeck' den Schwarzwald

Nicht nur die Schwarzwälder Kirschtorte ist zu empfehlen, dank des klaren Wassers gibt es herrliche Forellen. Natürlich verwendet man das klare Wasser auch zur Herstellung von hochprozentigen Spezialitäten, wie dem typischen Schwarzwälder Kirschwasser. Ob bei Naturparkwirten oder beim Brunch auf dem Bauernhof, hungrig kehrt kein Wanderer aus dem Schwarzwald zurück. Die Naturpark-Wirte sind ein Zusammenschluss von Gastronomen aus dem Naturpark Schwarzwald Mitte/Nord, die sich der regionalen Küche verschrieben haben. Der Brunch auf dem Bauernhof ist ein Erfolgsmodell. Fast 30 Höfe haben dieses Jahr 4.500 Gäste mit regionalen Leckereien verwöhnt. Die Vermarktung regionaler Produkte ist ein wichtiger Beitrag zur Erhaltung der Kulturlandschaft. Entsprechende Projekte sind z.B. die Regionalmarke „echt Schwarzwald“, die auf einer bäuerlichen Erzeugergemeinschaft basiert.

Streckencharakteristik

Länge, Höhenmeter und Touren

Die 50 Wandertouren im Naturpark Schwarzwald Mitte/Nord sind überwiegend Halbtages- und Ganztagestouren. Sie haben Längen zwischen 6 km und 20 km. Aber auch eine Tour mit 42 km Länge, die sich als Mehrtagestour gestalten lässt, befindet sich in unserer Tourenauswahl. Die Wege im Schwarzwald sind in der Regel gut zu begehen. Besonderes Augenmerk wurde bei der Zusammenstellung der Touren auf die Einbindung von schmalen Wanderpfaden gelegt. Die Gehzeiten sind lediglich Richtwerte, die je nach Kondition und persönlichen Vorlieben deutlich von den Vorgaben abweichen können.

Wegweisung, Anforderungen

Der Schwarzwaldverein e.V., gegründet 1864, ist der zweitgrößte Wanderverband Deutschlands, mit etwa 75.000 Mitgliedern. Ihm ist es zu verdanken, dass der Wanderer gut markierte Wege vorfindet. Der Schwarzwaldverein unterhält ein Wanderwegenetz das mit über 24.000 km Länge mehr als die halbe Erdkugel umspannen würde. Das Wegenetz im Schwarzwald unterteilt sich in drei Wegekategorien, die jeweils mit unterschiedlichen Zeichen markiert sind. Fernwanderwege wie der Westweg, Ostweg oder Mittelweg sind durchgängig mit einem eigenen Zeichen markiert. Regionale Wanderwege ergänzen das Netz der Fernwanderwege, sie sind durch die blaue Raute gekennzeichnet. Örtliche Wanderwege binden örtliche Wanderziele und Ausgangspunkte in das Wanderwegenetz ein. Sie sind mit der gelben Raute markiert. Die meisten Wege weisen eine sehr gute Markierung auf, eine gute Wanderkarte (Maßstab 1: 35.000) und dieser Wanderführer werden Ihnen helfen, die Wege zu finden damit Sie die Wanderungen genießen können.
Der Schwarzwald ist ein Wanderparadies. Schmale Pfade, urige Steige wechseln sich mit bequemen breiten Forstwegen ab.

Tourenplanung

Zentrale Informationsstelle

Schwarzwald Tourismus GmbH, Ludwigstr. 23, 79104 Freiburg, ✆ 0761/2962271, www.schwarzwald-tourismus.info

Nützliche Adressen

Schwarzwaldverein e.V., Schlossbergring 15, 79098 Freiburg, ✆ 0761/380530, www.schwarzwaldverein.de
NATURPARK Schwarzwald Mitte/Nord e.V., Schwarzwaldhochstr. 2, D-77889 Seebach, ✆ 07449/913054, Fax 07449/913101, www.naturparkschwarzwald.de

An- und Abreise mit der Bahn oder dem Bus

Infostellen

Deutsche Bahn AG, www.bahn.de, **Reise-Service**, ✆ 0180/5996633 (€ 0,14/Minute aus dem Festnetz, Tarif bei Mobilfunk abweichend), Mo-So 0-24 Uhr, Auskünfte über Zugverbindungen, Fahrpreise im In- und Ausland, Buchung von Tickets und Reservierungen.

Kostenlose Fahrplanauskunft ✆ 0800/1507090.

Elektronische Fahrplan-Auskunft Baden-Württemberg
für Busse und Bahnen, www.efa-bw.de
Planen Sie Ihre Fahrten online. Die elektronische Fahrplanauskunft Baden-Württemberg (EFA) liefert die passenden, aktuellen Fahrpläne des Nah- und Fernverkehrs für Bahn und Bus.

3-LÖWEN-TAKT
Telefonische Fahrplanauskunft Baden-Württemberg
Dort erhalten Sie sämtliche Infos zum Nahverkehr, und das rund um die Uhr, an sieben Tagen in der Woche für nur 14 Cent pro Minute aus dem Telekom-Festnetz (Kosten aus Mobilfunknetzen können davon abweichen!). Für unterwegs folgende Nummer notieren: ✆ 01805/779966, www.efa-bw.de

Beste Reisezeit

Die optimale Zeit für den Naturpark Schwarzwald Mitte/Nord ist von April bis Anfang November. Auch im Winter ist es wunderschön, dann allerdings sollte man kürzere Routen aussuchen oder mit Schneeschuhen durch die verschneite Winterlandschaft wandern. Wir empfehlen bei jeder Jahreszeit Wanderschuhe mit Profilsohle.

Bekleidung, Ausrüstung

Für eine gelungene Wanderung ist die Ausrüstung ein wichtiger Faktor. Der Markt für Outdoorbekleidung ist mittlerweile unübersehbar, deswegen hier nur einige Grundregeln:
Der wichtigste Ausrüstungsgegenstand sind Schuhe mit Profilsohle. Die Passform sollte man vor einer längeren Unternehmung unbedingt auf Tagestouren überprüfen!
Für die Kleidung gilt das Zwiebelprinzip: Mehrere Schichten erfüllen verschiedene Funktionen und lassen sich separat tragen und vielfältig kombinieren. Die unterste Schicht soll Schweiß vom Körper weg führen, darüber folgen bei Bedarf eine wärmende Schicht und zuletzt die äußerste Hülle, die Wind und Regen abhalten, trotzdem aber dampfdurchlässig sein soll.
Als Materialien kommen entweder Kunstfasern – leicht, wenig Feuchtigkeitsaufnahme, leider manchmal starke Geruchsbildung – oder hochwertige Wolle – etwas schwerer, wärmt aber auch im nassen Zustand und nimmt kaum Geruch an – in Frage. Baumwolle ist für anspruchsvolle Touren weniger geeignet, denn sie nimmt viel Feuchtigkeit auf und braucht sehr lange zum Trocknen.
Für Tagestouren benötigt man einen Regenschutz, eine Trinkflasche, Sonnenschutz, ein kleines Erste-Hilfe-Set und etwas Verpflegung für unterwegs. Bei Mehrtagestouren kommen noch Wäsche zum Wechseln, ein kleines Waschzeug und Kleidung für den Abend dazu. All das sollte in einem Rucksack von maximal 35 Litern Volumen Platz finden. Vor allem untrainierte Menschen sollten darauf achten, sich nicht zu viel Gepäck zuzumuten, denn die zusätzliche Belastung durch das Tragen kann eine schöne Wanderung schnell zur Quälerei werden lassen.

Zu diesem Buch

Dieser **Hikeline-Wanderführer** enthält alle Informationen, die Sie für Ihre Wanderung benötigen: exakte Karten, eine detaillierte Wegbeschreibung und die wichtigsten Informationen zu touristischen Attraktionen und Sehenswürdigkeiten.
Und das alles mit der **Hikeline-Garantie**: Die Routen in unseren Büchern sind von unserem professionellen Autoren vor Ort geprüft worden. Um höchste Aktualität zu gewährleisten, nehmen wir nach der Erhebung Korrekturen von Lesern bzw. offiziellen Stellen bis Redaktionsschluss entgegen, die dann jedoch teilweise nicht mehr an Ort und Stelle verifiziert werden können.

Papier

Alle unsere Wanderführer werden auf hochwertigem Synthetikpapier gedruckt, welches nicht nur reißfest und besonders leicht, sondern auch komplett wasserfest ist. Dadurch lassen sich die Bücher bequem in der Jackentasche tragen und auch bei Regen problemlos verwenden. Wenn das Buch stark durchnässt wurde, lassen Sie es einfach mit aufgefächerten Seiten trocknen.

wasserfest

Konzept

Am Beginn jeder Tour finden Sie grundlegende Informationen wie Start- und Zielort, die Länge, die zu bewältigenden Höhenmeter im Auf- und Abstieg, die Gesamtschwierigkeit, die durchschnittliche Wegzeit in normalem Gehtempo, ein Höhenprofil und die Anteile an Asphaltwegen, Wanderwegen und -pfaden sowie eine kurze Charakteristik der Tour. Die Gehzeiten und die Gesamtschwierigkeit werden bei allen Touren nach einem einheitlichen Prinzip ermittelt, somit sind Abweichungen von der Beschilderung vor Ort – bei der z. B. die Gehzeit oft von Gemeinde zu Gemeinde unterschiedlich berechnet wird – möglich.

Gesamtschwierigkeit der Tour

leicht

leicht: Angenehme Familienwanderung, insgesamt nur geringe Höhenunterschiede und keine starken Steigungen und Gefälle, wenige kurze steilere Abschnitte sind aber möglich. Die Tour verläuft meist auf breiten und gefahrlos zu begehenden Wegen, sie kann (fast) bei jeder Witterung begangen werden. Die Wanderung stellt keine großen Anforderungen an Ausrüstung, Erfahrung und Kondition.

mittel

mittel: Die Wanderung erfordert normale Kondition und etwas Ausdauer. Längere Steilabschnitte und schmale, steinige Pfade oder schwierig zu begehende Bereiche sind möglich, Trittsicherheit ist teilweise erforderlich. Im Gebirge können gesicherte Kletter- und Gehpassagen sowie Leitern vorkommen, die Hände werden – wenn überhaupt – nur auf wenigen Metern zur Fortbewegung benötigt. Die Wege können witterungsbedingt schwieriger begehbar und rutschig sein.

schwer

schwer: Die Tour erfordert abschnittsweise große Anforderungen an Kondition, Erfahrung und Orientierung. Große Höhenunterschiede mit z. T. auch längeren, steilen Abschnitten sind zu überwinden und/oder die Tour ist sehr lang sowie über weite Strecken schwierig zu begehen. Wege können ausgesetzt sein, im Gebirge kommen drahtseilgesicherte Passagen bzw. leichte Kletterstellen vor, Trittsicherheit ist unbedingt erforderlich. Die Begehbarkeit ist stark witterungsabhängig.

Karten

Eine Übersicht über die geografische Lage des Naturparks Schwarzwald Mitte/Nord gibt Ihnen die Übersichtskarte auf der vorderen inneren Umschlagsseite.
Die Detailkarten sind im Maßstab 1:35.000 erstellt. Dies bedeutet, dass 1 Zentimeter auf der Karte einer Strecke von 350 Metern in der Natur entspricht. Zusätzlich zum genauen Routenverlauf informieren die Karten auch über die Beschaffenheit des Bodenbelags bzw. über die Art des Weges sowie über kulturelle und gastronomische Einrichtungen entlang der Strecke. Die Höhenlinien haben einen Abstand von 25 Metern.
Allerdings können selbst die genauesten Karten den Blick auf die Wegbeschreibung nicht ersetzen. Stellen mit schwieriger Wegfindung werden in der Karte mit dem Symbol ⚠ gekennzeichnet, im Text finden Sie das gleiche Zeichen zur Markierung der betreffenden Stelle wieder, manchmal ergänzt durch ein Foto.
Die beschriebene Haupttour wird immer in Blau, Varianten oder Abstecher in Grün dargestellt. Die genaue Bedeutung der einzelnen Symbole wird in der Zeichenerklärung auf den Seiten 4 und 5 erläutert.

Textteil

Der Textteil besteht im Wesentlichen aus der genauen Routenbeschreibung. Stichwortartige Streckeninformationen werden von dem Zeichen ~ begleitet. Manche besonders markante oder wichtige Punkte auf der Strecke sind als Wegpunkte **1**, **2**, **3**, ... durchnummeriert und – zur besseren Orientierung – mit dem selben Symbol in den Karten und im Höhenprofil wieder zu finden. Bei Varianten wird das selbe System angewendet, allerdings mit Großbuchstaben **A**, **B**, **C**,...
Die Kilometerangaben, im Text hochgestellt, zeigen Ihnen die schon zurückgelegte Strecke seit dem Tourenstart an, sie sind auf hundert Meter gerundet. In Klammern finden Sie die Höhe des betreffenden Punktes. Der Wegpunkt **7** **5,1 (1.340)** ist also 5,1 Kilometer vom Ausgangspunkt der Tour entfernt und liegt auf einer Höhe von 1.340 Metern.

Ferner sind alle wichtigen **Orte** zur besseren Orientierung aus dem Text hervorgehoben. Die Symbole Ortsanfang und Ortsende kennzeichnen ein größeres, geschlossenes Siedlungsgebiet. Gibt es interessante Sehenswürdigkeiten in einem Ort, so finden Sie unter dem Ortsbalken die jeweiligen Adressen, Telefonnummern und Öffnungszeiten.

Die Beschreibung der einzelnen Orte sowie historisch, kulturell oder naturkundlich interessanter Gegebenheiten entlang der Route tragen zu einem abgerundeten Reiseerlebnis bei. Diese Textblöcke sind kursiv gesetzt und unterscheiden sich dadurch auch optisch von der Streckenbeschreibung.

Absätze in grüner Farbe behandeln Varianten und Ausflüge.

TIPP Textabschnitte in Blau heben Stellen hervor, an denen Sie auf den weiteren Wegeverlauf und auf mögliche Varianten hingewiesen werden. Sie geben auch Empfehlungen und Erläuterungen zu Sehenswürdigkeiten oder Freizeitaktivitäten etwas abseits der Route.

GPS-Navigation

GPS (Global Positioning System) erlaubt eine präzise Positionsbestimmung mittels Navigationssatelliten und einem Empfangsgerät, dem GPS-Empfänger. Die Navigation basiert auf dem UTM-System (Universal Transversal Mercatorprojection). Das UTM-Gitternetz unterteilt die Erde in 60 Zonen von je 6 Grad Breite. Die Positionsangabe setzt sich aus dem „East"- oder Rechtswert und dem „North"- oder Hochwert zusammen. Der „East"- Wert (E) gibt den Abstand zum jeweiligen Bezugsmeridian in Kilometern plus 500 Kilometer zur Vermeidung negativer Zahlen an. Der „North"- Wert (N) gibt den Abstand zum Äquator in Kilometern an.

GPS-Navigation in der Karte

Das Gebiet dieser Karten liegt in der Zone 32 und hat den Bezugsmeridian 9 Grad Ost. Um zu navigieren ist der GPS-Empfänger auf WGS 84 (World Geodetic System 1984) und UTM-Projektion einzustellen. Die Koordinaten (East und North) sind in der Karte in Kilometern, auf dem GPS-Empfänger in Metern angegeben. Für die GPS-Navigation ist auf den Karten ein grau gepunktetes Gitter mit einer Maschenweite von 1 Kilometer vorhanden. Da einige Karteninhalte hervorgehoben oder generalisiert dargestellt werden, ist eine absolute Lagegenauigkeit nicht immer garantiert.

10,1 km

dt Pforzheim – Stadt Pforzheim

Ziel: Pforzheim, Parkplatz beim Seehaus (Tiefenbronnerstraße 201)

Gehzeit: 3 Std. **Aufstieg:** 390 m **Abstieg:** 390 m

Hartbelag: 28 % **Wanderwege:** 40 % **Wanderpfade:** 32 %

Charakteristik: Am Rande des Schwarzwaldes liegt Pforzheim, die Goldstadt, das Zentrum der deutschen Schmuck- und Uhrenindustrie. Natur pur trifft man um Pforzheim herum aber auch an. Diese Wanderung führt von der Höhe Pforzheims beiderseits des Würmtales entlang. Die Würm besitzt im Abschnitt zwischen dem Ort Würm und dem Gasthof Kupferhammer noch weitgehend natürliche Ufervegetation. Nah am Ufer schlendern Sie bis zum Kupferhammer, hier starten alle drei Fernwanderwege durch den Schwarzwald (West-, Mittel- und Ostweg). Weiter geht es nun bergauf zum wunderschönen Wildpark und dann zurück zum Seehaus. Hier lockt der schöne Biergarten zur Einkehr.

Anfahrt: Vom Bahnhof Pforzheim mit der Stadtbuslinie 5 bis Seehaus.

Tipp: Wildpark Pforzheim – tierisch natürlich, tierisch günstig und tierisch interessant. Vor allem Kinder fühlen sich hier wohl. Die Fütterungen sind ein besonderes Erlebnis.

Seehaus

Das Seehaus war ursprünglich ein kleiner Jagdpavillon des Markgrafen von Baden, erbaut 1776. Seit 1881 wird es als Gaststätte genutzt und ist ein sehr beliebtes Ausflugsziel der Pforzheimer. Nach einer wechselvollen Geschichte, stand das Seehaus Anfang der 1990er Jahre kurz vor dem Verfall, bevor es schließlich aufwendig renoviert wurde.

Landgasthof Seehaus, Tiefenbronner Str. 201, 75175 Pforzheim, 07231/651185, ÖZ: Di-So 11.30-23 Uhr. Biergarten von Mai bis September.

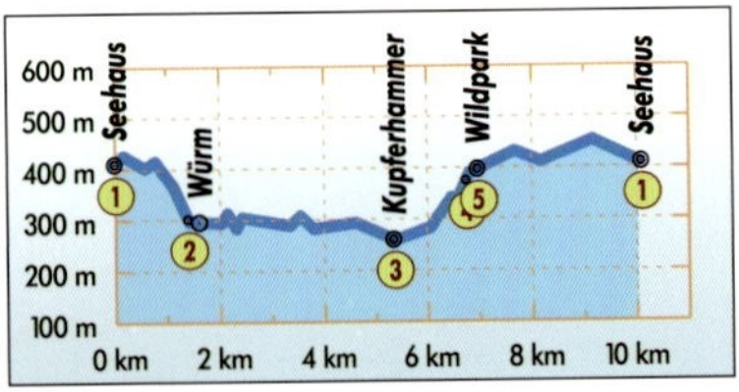

1 **0,0 (405)** Vom Parkplatz zum Seehaus ~ wenige Meter entlang der Straße Richtung Pforzheim ~ dann links Richtung Würm – Markierung schwarz/rote Raute (**Ostweg**) ~ erst über Wiesen, dann auf breitem Waldweg abwärts ~ vorbei an bemoosten Steinen hinunter zur **Würmtalstraße**.

Würm

2 **1,4 (300)** Über die Brücke und dann in Würm nach rechts in die **Talstraße** einbiegen ~ rechts in die **Täschenwaldstraße** ~ gegenüber einem Fabrikgebäude führt der Weg über Treppenstufen abwärts direkt an die Würm.

Die Quelle der Würm befindet sich im Schönbuch bei Stuttgart. Sie mündet bei Pforzheim in die Nagold und ist der einzige Fluss, der in den Schwarzwald hinein fließt. Schwer vorzustellen, dass bis Mitte des 19. Jahrhunderts auf der Würm jährlich für ca. 130.000 fl (fl = Gulden) Holz nach Holland geflößt wurde.

Unten angekommen links gehen ~ der Pfad schlängelt sich nun wunderschön am Fluss entlang, in stetigem leichten Auf und Ab über Stock und Stein.

Sie bleiben immer in Ufernähe ~ vorbei an Grenzsteinen von 1838 und dem Gedenkstein an die Glasbronnenquelle ~ an einem kleinen Wehr stoßen Sie auf den breiten Forstweg ~ auf der linken Flussseite Richtung Kupferhammer auf Asphaltweg weiter ~ kurz danach wieder ein Steg.

AUSFLUG Hier ist ein Abstecher auf die andere Uferseite zu einem hübschen Rastplatz möglich.

Der Weiterweg bleibt auf der linken Flussseite ~ gegenüber einer kleinen Säge wieder der schwarz/roten Raute folgen ~ links über Treppen aufwärts, der Wanderweg führt nun parallel oberhalb des Radweges am Hang entlang bis zur Gaststätte Kupferhammer.

Kupferhammer

Kupferhammer. Hier mündet die Würm in die Nagold. Es beginnen hier die drei großen Schwarzwaldhöhenwege des Schwarzwaldvereins: der Westweg nach Basel, der Mittelweg nach Waldshut und der Ostweg nach Schaffhausen. Der Name Kupferhammer stammt von einem Hammerwerk, das im 17. Jh. Erze verarbeitete. Heute steht dort die Gaststätte Kupferhammer.

Gaststätte Kupferhammer, Am Kupferhammer 1, ✆ 07231/67712, tägl. 10-24 Uhr, Biergarten im Sommer.

3 **5,4 (260)** Rechts über die Brücke, um den Kreisverkehr herum ~ dann in die **Seebergstraße** einbiegen.

INS ZENTRUM Wenn Sie hier geradeaus weiter gehen, gelangen Sie ins Stadtzentrum von Pforzheim.

Pforzheim

PLZ: 75172-75181; Vorwahl: 07231

- **Tourist-Information Pforzheim**, Im Neuen Rathaus, Marktpl. 1, ✆ 393700, www.pforzheim.de
- **Schmuckmuseum Pforzheim**, Jahnstr. 42, ✆ 392126, ÖZ: Di-So 10-17 Uhr. Das Schmuckmuseum ist ein einzigartiges Spezialmuseum, das sich der 5.000-jährigen Geschichte des Schmucks mit all seinen Facetten widmet.
- **Schmuckwelten Pforzheim**, Westliche Karl-Friedrich-Str. 56, ✆ 994444, ÖZ: Mo-Sa 10-19 Uhr, So 11-18 Uhr. Die Schmuckwelten präsentieren die Faszination und die Herstellung des Schmuckes von der Gewinnung der Rohstoffe bis zum vollendeten Schmuckstück.
- **Technisches Museum der Pforzheimer Schmuck- und Uhrenindustrie**, Bleichstr. 81, ✆ 392869, ÖZ: Mi 9-12, 15-18 Uhr, jeden 2. u. 4. So im Monat 10-17 Uhr. Im technischen Museum zeigen Goldschmiede und Uhrmacher ihre Handwerkskunst an historischen Maschinen.
- **Museum Johannes Reuchlin**, Ev. Schloss- und Stiftskirche St. Michael, Schlossberg 14, ✆ 392113, ÖZ: Mo, Fr 15-18 Uhr, So 12-17 Uhr. Der Humanist und Hebraist Johannes Reuchlin (1455-1522) schuf mit seiner Sprachlehre die Grundlage für die Bibelübersetzung ins Deutsche. Das Museum gewährt Einblicke in das Leben und Wirken des Humanisten und stellt sein Sprachlaboratorium vor.

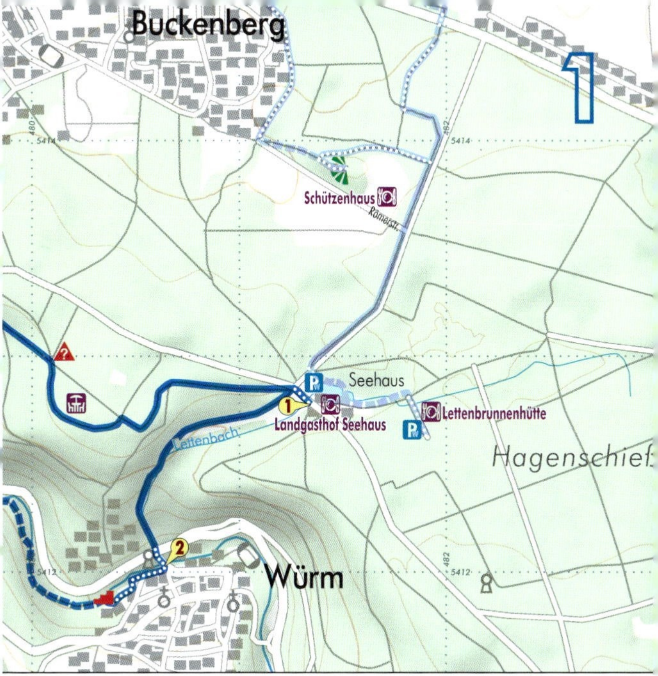

Schloss- und Stiftskirche St. Michael, Schlossberg 10. Die Schloss- und Stiftskirche ist das Wahrzeichen Pforzheims. Sie gilt als das „Steinerne Geschichtsbuch" der Stadt und ist zusammen mit dem nebenan gelegenen Archivturm der einzige größere Rest des mittelalterlichen Pforzheims. Der spätromanische Westbau wurde 1220 errichtet, das Kirchenschiff wurde 1270 vollendet. Die Baugeschichte ist bis heute nicht vollständig geklärt.

Herz-Jesu-Kirche, Weiherstr. 3. Der Architekt Albert Otto Linder erbaute von 1928 bis 1929 die Kirche mit einem ungewöhnlichen elliptischen Zentralbau. Die rauen Wände sind mit goldbraunem Travertin verkleidet, in die schlitzartig und stromlinienförmig Profilierungen eingeschnitten sind.

Matthäus-Kirche, Hochkopfstr. 30. Die von 1951 bis 1953 von Egon Eiermann errichtete Matthäus-Kirche ist einer der wichtigsten Kirchenneubauten der Nachkriegszeit. Prägendes gestalterisches Element sind die Wabenfenster mit dicken Buntglasscheiben.

Pforzheim liegt am Zusammenfluss der Flüsse Enz, Nagold und Würm und an der landschaftlichen Nahtstelle zwischen dem Schwarzwald, dem Kraichgau und dem Stromberg. Die Römer sollen an einer Enzfurt eine Siedlung errichtet haben und begründeten so die Geschichte der Stadt, deren Namen sich vom lateinischen „portus" (Hafen) ableitet.

Die erste urkundliche Erwähnung stammt aus dem Jahre 1067 in einer Urkunde Kaiser Heinrichs IV. Im 13 Jahrhundert verlegten die Markgrafen von Baden ihre Residenz nach Pforzheim. 1767 wurde zur Beschäftigung von Waisenkindern eine Uhrenfabrik eingerichtet. Damit beginnt der Aufbau der Uhren- und Schmuckindustrie.

Am 23. Februar 1945 zerstörten 379 britische Bomber die Stadt nahezu vollständig. Das Ziel war die feinmechanische Industrie, die Zünder für Bomben herstellte. Nach dem Wiederaufbau entwickelte sich Pforzheim schnell zum führenden wirtschaftlichen Zentrum der Region. Die selbst ernannten „Goldstadt" ist eng mit der Geschichte der Schmuck- und Uhrenindustrie verbunden. Bis zum heutigen Tag konnte sich Pforzheim als Hauptstadt der deutschen Schmuck- und Uhrenindustrie etablieren und genießt international den Ruf als Schmuckmetropole.

Nach nur wenigen Metern rechts auf dem **Seehauspfad** aufwärts ~ vorbei an schönen Rastbänken immer weiter nach oben ~ nach einer Rastbank am Wegweiser **Ehrbacher Weg** auf einem Pfad, markiert mit HW 10 und zusätzlich gelber Raute, weiter aufwärts ~ der Weg steigt immer weiter an ~ am Wegweiser **Seeberg** links Richtung Wildpark und Seehaus ~ kurz vor einer Teerstraße rechts aufwärts ~ in Serpentinen nach oben bis zum Zaun eines Geheges ~ kurz links dann rechts.

4 **6,7 (375)** Schon ist der Wildpark Pforzheim erreicht.

Wildpark, Tiefenbronnerstr. 100, ✆ 07231/393328, ÖZ: tägl. 10-18 Uhr. Der Wildpark ist ein Eldorado für Kinder. Großzügige Gehege und die Zucht nordischer Huftiere in artgemäßen Sozialgruppen sind das Markenzeichen des Wildparks. Im Zentrum liegen die Fischotter- und Waschbärengehege. Kinder können sich auch an Streichelgehegen erfreuen.

TIPP **Der Waldklettergarten befindet sich direkt im Wildpark. Beobachten Sie aus bis zu acht Metern Höhe Wildschweine, Luchse, Elche und viele andere Tiere.**

5 **7,0 (400)** Am Waldkindergarten vorbei, entlang der Gehege bis zu einem großen Spielplatz ~ den Schildern zum Hochseilgarten folgen ~ das Zeichen gelbe Raute leitet Sie nun bis zum Seehaus ~ an der Kreuzung am **Schoferweg** wird der Wildpark entgültig verlassen ~ auf Schotterweg immer weiter geradeaus bis Sie auf den **Kirchenweg** stoßen ~ am Wegweiser **Bodenwiesele** den oberen Weg Richtung Seehaus 1,8 km einschlagen ~ ⚠ an einer Wegkreuzung geht es rechts ~ der Weg beschreibt einen Bogen, führt vorbei an zahlreichen Rastbänken, leider etwas spärlich markiert ~ an einem morschen Baumstumpf dann wieder die gelbe Raute ~ am Wegweiser **Kirschweg** rechts leicht abwärts bis zu einer großen Kreuzung ~ beim Pritschenstein mit gelber Raute weiter bis zum Seehaus.

1 **10,1 (405)** Ende der Wanderung am Parkplatz Seehaus.

Seehaus

Tour 2

Geschichtsträch
zwischen Baden

Start/Ziel: Pforzheim, Parkplatz Letten
fenbronnerstraße 221)

Gehzeit: 3 Std. **Aufstieg:** 150

Hartbelag: 35 % **Wanderwege:** 47 %

Charakteristik: Der 4.000 Hektar große Grenzbereich des ehemaligen Baden und Württemberg wird durchzogen von einer alten Römerstraße, die Straßburg mit Pforzheim und Stuttgart-Cannstatt verband. Erst kommen Sie am ehemaligen „Wüsten See" vorbei, den Markgraf Karl-Wilhelm 1731 von der Stadt Pforzheim erwarb. Er legte einen Fischweiher an, später baute er hier einen Jagdpavillon aus dem das Seehaus entstand. Entlang der Eppinger Linie führt der Weg bis zu den Ruinen der Villa rustica portus. Sie zählt mit der Villa Rustica Enzberg zu den bekanntesten und größten Villen in Pforzheim und Umgebung. Anschließend stiefeln Sie gemütlich zur Lettenbrunnenhütte zurück. Im Naturfreundehaus kann man sich bei einer Vesper oder einem Stück Kuchen die unterwegs verlorenen Kalorien wieder zurückholen.

Anfahrt: Vom Bahnhof Pforzheim mit der Stadtbuslinie 5 bis Seehaus, 5 Minuten Fußweg bis zur Lettenbrunnenhütte.

Lettenbrunnenhütte

Lettenbrunnenhütte, Tiefenbronnerstr. 221, 75175 Pforzheim, ✆ 07231/680355, ÖZ: Sa ab 14 Uhr, So/Fei 9-18.30 Uhr. Das Naturfreundehaus liegt in der Nähe des ehemaligen markgräflichen Jagdhauses Seehaus im Pforzheimer Naherholungsgebiet Hagenschieß. Betreut wird es am Wochenende von ehrenamtlichen Mitgliedern der Naturfreunde-Ortsgruppe Pforzheim. Rustikale Vesper und kleine warme Speisen in gemütlichem Ambiente stehen auf der Karte.

1 **0,0 (430)** Vom Parkplatz Lettenbrunnenhütte, zurück zur Zufahrtstraße und diese überqueren ~ an der **Skulptur 11** Fußweg nach links

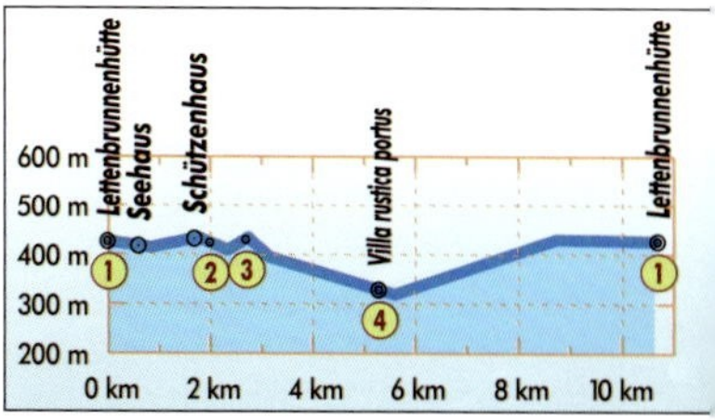

einschlagen ~ nach ca. 400 m kommt man auf die Straße und geht neben dieser geradeaus weiter ~ am See rechts über eine kleine Brücke ~ am Ufer entlang ~ wieder über eine Brücke am Ende des Sees ~ an der **Skulptur 2** nach links und gleich wieder rechts dem **Seerundweg 1** durch eine Hecke hindurch folgen ~ kurz darauf stößt man auf eine Straße ~ die Straße nach rechts versetzt überqueren und schon sieht man einen Weg abgehen.

Ein Hinweisschild Restaurant Schützenhaus und die Wanderzeichen HW 10 und gelbe Raute leiten Sie nun sicher weiter ~ dem Schotterweg im Wald parallel zur Straße folgen ~ am Wegweiser, der die Ziele Aussichtspunkt Haidach und Römischer Gutshof anzeigt, geradeaus weiter ~ nach ein paar Minuten an der **Römerstraße** ist die Einfahrt zum Schützenhaus erreicht.

Restaurant Schützenhaus, Kirschenpfad 1; 75181 Pforzheim, ✆ 07231/4434822, ÖZ: Mi-Mo.

2 **2,0 (425)** Geradeaus weiter auf dem HW 10 ~ bei Kilometer 2,6 treffen Sie auf den **Wimsheimer Pfad** ~ hier links ~ nach ca. 200 m an einer Wegkreuzung links bergauf ~ erst an einer Schranke vorbei, dann an der Zufahrt der ehemaligen Erddeponie weiter bis auf den „Gipfel".

3 **2,7 (430)** Hier hat man einen schönen Blick Richtung Schwarzwald und über Pforzheim. Auf dem selben Weg zurück bis zu einer Rechtskurve, an der ein Weg geradeaus in den Wald führt ~ diesem Weg folgen ~ ohne Markierung bergab Richtung Buckenberg.

Buckenberg

Nach ca. 300 m an einer Schranke vorbei und zum Wohngebiet und zum **Strietweg** ~ an der Kreuzung rechts auf einem asphaltierten Fußweg (gelbe Raute und Eppinger-Linien- Weg) bis zur **Wurmberger Straße** und zum Kreisverkehr ~ diesen rechts umrunden und der gelben Raute bergab folgen ~ nach ca. 30 m geht es gleich wieder rechts in den Wald hinein ~ an der Wegkreuzung links, mit gelber Raute weiter durch den Wald ~ am Wegweiser **Beim römischen Gutshof** rechts abbiegen ~ weiter zum Gutshof.

Villa rustica portus

Der römische Gutshof „Villa Rustica Hagschieß ", oder „Villa Rustica portus", gehört zu einer Reihe römischer Landgüter die im unmittelbaren Umfeld der römischen Stadt Portus la-

2
Enz
Villa rustica portus
Hagenschieß
Gasthof Hagensch
Im Altgefäll
Wurmberger Str.
Buckenberg
Schützenhaus
Römerstr.
Seehaus
Landgasthof Seehaus
Lettenbrunnenhütte
Lettenbach
Hagenschieß
Würm

gen. Die starke Bewaldung bewahrte die Ruine vor weiteren Zerstörungen oder Plünderungen. Die ältesten Berichte stammen aus dem Jahre 1832, ein erster Grundrissplan wurde 1879 erstellt. Der ummauerte Gesamtkomplex besteht aus acht Gebäuden die teilweise frei stehen.

4 **5,3 (330)** Innerhalb der Villa sehen Sie die gelbe Raute und das Zeichen des Eppinger-Linien-Weges, denen Sie nun weiter folgen ~ am Wegweiser **Schindersklamm** Richtung Seehaus bis zum Waldrand ~ rechts in das Industriegebiet, bis zur Straße **Im Altgefäll,** hier links ~ an der **Gablonzer Straße** nach rechts ~ am einem Einfahrtstor wieder rechts auf einem Wiesenweg und am Zaun entlang bis ein Querweg links weiter führt ~ nach wenigen Metern geht es dann rechts auf einem schmalen Weg weiter ~ die Fahrstraße überqueren und gleich wieder auf breitem Forstweg in den Wald ~ an der nächsten Kreuzung links halten und nach ca. 200 m rechts weiter mit gelber Raute ~ Sie befinden sich nun auf dem Hinweg ~ vorbei am Schützenhaus zum See und zurück zur Lettenbrunnenhütte.

1 **10,7 (430)** Ende der Wanderung.

Lettenbrunnenhütte

...enburg, Hauptbahnhof

...ufstieg: 340 m **Abstieg: 340 m**

...0 % **Wanderwege: 60 %** **Wanderpfade: 10 %**

Charakteristik: Neuenbürg verbindet man mit Schloss und Bergwerk. Diese Wanderung rund um Neuenbürg bringt Sie vom Tal der Enz hinauf nach Waldrennach. Erst kommen Sie am Angelstein mit seinen imposanten Felsblöcken vorbei. Im Zweiten Weltkrieg dienten die höhlenartigen Räume den Bewohner der Umgebung als natürlicher Bunker, wo sie Schutz fanden. Weiter geht es nach Waldrennach, dann bergab zum Besucherbergwerk Frischglück. Der Weg steigt nochmals an bis

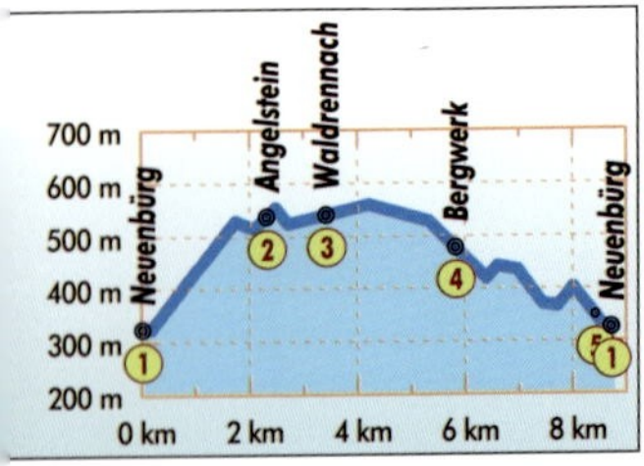

zum Schloss, hier residierten die Herzöge von Württemberg. Danach sollte man der malerischen Stadt Neuenbürg mit seinen Fachwerkhäusern noch einen Besuch abstatten.

Tipp: Besuch der interaktiven Ausstellung im Schlossmuseum Neuenbürg. Eine Art „begehbaren Film" mit Licht, Ton, und kunstvoll bearbeiteten Holzfiguren zum Märchen „Das kalte Herz".

Neuenbürg

PLZ: 75305; Vorwahl: 07082

Verkehrs- & Kulturamt, Rathausstr. 2, ✆ 7910-30, www.neuenbuerg.de

Schlossmuseum, ✆ 792860, ÖZ: Di-Sa 13-18 Uhr, So/Fei 10-18 Uhr, Winterpause im Jan. und Febr.

St. Georgs-Kirche, Vordere Schlosssteige, ✆ 792860. Die Wandmalerien der St. Georgs-Kirche gehören zu den wertvollsten spätgotischen Malereien in Baden-Württemberg. Die Bilderzyklen stammen aus dem 14. Jh. und zeigen Szenen aus

dem Leben Jesu. Der Turm stammt aus dem 16. Jh.

Schloss Neuenbürg, ✆ 792860, ÖZ: Di-Sa 13-18 Uhr, So/Fei 10-18 Uhr. Das Neue Schloss Neuenbürg thront 80 m über der Stadt auf einem sogenannten Umlaufberg in einer Enzschlaufe.

Neuenbürg liegt idyllisch in der Schlaufe des engen Enztales. Die Häuser schmiegen sich dicht an dicht auf dem schmalen Ufersaum der Enz und ziehen sich die steilen Hänge hinauf.

Die Gründung von Neuenbürg ist eng mit der Geschichte des Schlosses verknüpft. Aufgrund der Erzvorkommen siedelten bereits die Kelten in der Gegend. Bei Grabungen wurden neben Tongefäßen auch Hammer, Amboss und Pflugschare gefunden. Die ältesten Funde stammen etwa aus der Zeit von 500 v. Chr. Als im 12. Jahrhundert die erste Burg auf dem Schlossberg errichtet wurde, entstanden am Fuße des Berges die ersten Häuser. Bereits 1274 bekam der Ort das Stadtrecht.

Geprägt ist die Entwicklung der Stadt vom Erzabbau und von der Flößerei. Mitte des 18. Jahrhundert erlebte sie ihre Blütezeit, da sowohl die Erzgewinnung durch eingewanderte sächsische Bergleute als auch die Flößerei richtig in Schwung kamen.

Heute ist Neuenbürg mit seinen Teilorten Dennach, Arnbach und Waldrennach florierendes Unterzentrum mit insgesamt 7.600 Einwohnern.

1 **0,0 (325)** Vom Bahnhof zum Wegweiser **Neuenbürg Hauptbahnhof** ⁓ nun Richtung Waldrennach mit gelber Raute, direkt neben den Bahngleisen auf einem kleinen Fußweg über die Enzbrücke ⁓ ab nun geht es bergauf über die Bahntrasse und die Bundesstraße zu einer Bergkuppe bis zum Wegweiser **Neuenbürg Windhof.**

AUSFLUG Wenn Sie hier nach rechts den Hinweisschildern zum Schloss Neuenbürg folgen, gelangen Sie zum Schloss mit Ausstellung. Im Wanderheim haben Sie die Möglichkeit zur Einkehr.

Wanderheim am Schlossberg Neuenbürg, s. S. 30

Schloss Neuenbürg

5 **0,3 345** Nach links Richtung Waldrennach.

Die Waldrennacher Steige führt an mehreren, für den Nordschwarzwald typischen, Schindelhäusern vorbei.

An der Gabelung rechts ⁓ steil bergauf ⁓ an der nächsten Wegkreuzung geradeaus weiter Richtung Angelstein ⁓ nach ca. 1,5 km folgen Sie links dem **Obere Sackbergweg** mit blauer Raute ⁓ an der nächsten größeren Kreuzung geradeaus bis zum Wegweiser **Am Sägkopf** ⁓ hier links leicht bergab ~ die blaue Raute leitet Sie geradeaus auf einem breiten Forstweg ~ bald links auf schmalem Pfad bergauf zum Angelstein, am Wegesrand schon die ersten Sandsteinformationen.

Angelstein

2 **2,4 (535)** Direkt an den Felsen vorbei ~ unter einem Felsenbrocken hindurch ~ gleich danach ist links am Fels eine Gedenktafel angebracht ~ weiter auf schmalem Pfad durch den Wald ~ noch einmal leicht bergauf bis zu einem Bannwaldgebiet ~ der Pfad schlängelt sich durch eine kleine Hochfläche und geht dann wieder bergab, bis Sie wieder auf den breiten Forstweg stoßen ~ zurück bis zum Wegweiser Am Sägkopf ~ rechts der blauen Raute folgen und weiter Richung Waldrennach ~ kurz vor der Ortschaft vorbei am **Island-Pferdegestüt**.

Waldrennach

3 **3,4 (540)** Zum Friedhof von Waldrennach ~ an der nächsten Kreuzung geradeaus weiter auf der **Talblickstraße** bis zur Kreisstraße ~ diese überqueren, dann die zweite Straße (gelbe Raute) nach rechts, weiter bis zum Waldrand ~ dem Forstweg bis in eine Senke folgen ~ dort rechts ~ am nächsten querenden Forstweg wieder rechts bergab ~ bei der nächsten Möglichkeit links, nun dem Hinweisschild zum Bergwerk folgen.

Besucherbergwerk Frischglück

Besucherbergwerk Frischglück, ✆ 07082/792863, ÖZ: März-Okt., Sa-So/Fei 10-17 Uhr. Nur für Gruppen ab 10 Personen finden von Mittwoch bis Freitag nach vorheriger Anmeldung Führungen statt. Die Frischglückgrube vermittelt dem Besucher ein originalgetreues Bild der Abbautechnik vergangener Jahrhunderte.

4 **5,9 (475)** An der Infotafel links über Treppen zum Parkplatz hinab ~ die Straße überqueren und auf den Parkplatz ~ rechts in den Wald hinein ~ nun auf dem **Spectaculum-Ferrum-Pfad (SFP)** zurück nach Neuenbürg ~ auf dem breiten Forstweg abwechselnd mit dem Zeichen des SFP und gelber Raute immer im Wald ~ nach einiger Wegstrecke nochmals bergauf ~ bald stehen Sie wieder am Wegweiser Neuenbürg Windhof.

AUSFLUG **5** **8,4 (345)** Von hier aus lohnt noch ein Besuch des Marktplatz mit seinen schmucken Fachwerkhäusern, oder man geht direkt zurück zum Hauptbahnhof.

Gasthof zum Ochsen, Marktstr. 20, 75305 Neuenbürg, ✆ 07082/942684, ÖZ: Do-So 11-23 Uhr, Mo 11-14.30 u. 17-23 Uhr, Mi 17-23 Uhr

1 **8,7 (325)** Ende der Wanderung.

Neuenbürg

Am Angelstein

15,1 km

… an der Enz

…t: Höfen an der Enz, Bahnhof

…iel: Neuenbürg, Hauptbahnhof; Bahnverbindung alle 30 Minuten nach Höfen an der Enz

…ehzeit: 4½ Std. **Aufstieg:** 590 m **Abstieg:** 650 m

…artbelag: 16 % **Wanderwege:** 8 % **Wanderpfade:** 76 %

Charakteristik: Herrliche Streckenwanderung, mit guter Anbindung an das S-Bahnsystem. Durch das Förteltal wandern Sie auf die Langenbrander Höhe. Auf der Höhe führt der Weg durch den Wald bis zum Besucherbergwerk Neuenbürg. Es ist das Zentrum eines uralten Bergbaureviers, in dem schon die Kelten Eisenerz abgebaut und daraus Eisen geschmolzen haben. In den 1970er Jahren schlossen sich ein paar Enthusiasten zusammen um die Grube wieder zugänglich zu machen. Am 30. März 1985 wurde das Besucherbergwerk eröffnet. Über das Schloss Neuenbürg erreichen Sie die Altstadt von Neuenbürg rund um den Marktplatz.

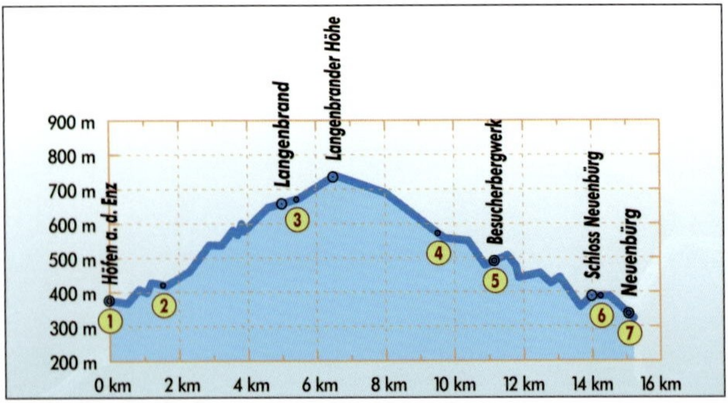

Höfen a. d. Enz

PLZ: 75339; Vorwahl: 07081

Touristik Höfen, Wildbader Str. 1, ✆ 7840, www.hoefen-enz.de

Freibad, Förteltal 4, ✆ 796237

Höfen an der Enz erlebte seine Blüte in den Jahren als der Holzhandel blühte und die Flößerei florierte.

1 **0,0 (375)** Vom Bahnhof Höfen geht es Richtung Ortszentrum ~ vor der Brücke am Eingang des Hotels Ochsen nach links am Bach entlang ~ rechts über die Enz zum Wegweiser **Rathaus-Brücke** ~ die Wildbader Straße überqueren und in den Kurpark ~ auf schmalem Wiesenweg bergauf ~ über Serpentinen gewinnt man sehr schnell an Höhe und kommt oberhalb des Kurparks zum Wegweiser nach Langenbrand ~ nun ins Förteltal mit blauer Raute, links im Tal sieht man das Freibad von Höfen ~ an den letzten Häusern von Höfen und an einem Spielplatz vorbei ~ dort links weiter zum Wegweiser **Grillplatz Förteltal**.

2 **1,5 (420)** Nach einem kurzen Stich bergauf ~ auf den breiten Forstweg nach rechts wechseln ~ auf einem Pfad weiter zum Wegweiser **Roßgrund** ~ hier links Richtung Langenbrand gehen ~ ⚠ nicht den Mittelweg nehmen!

Langenbrand

Hirsch, Forststr. 4, ✆ 07084/7527 ÖZ: Fr-Mi

An den ersten Häusern die **L 343** überqueren ~ links Richtung Parkplatz Felsenmeer.

3 **5,5 (670)** Nun weiter mit gelber Raute Richtung **Langenbrander Höhe** (hier oben gibt es zahlreiche Windräder) ~ auf breitem Forstweg immer geradeaus Richtung Waldrennach bis zum Wegweiser

Hirschgarte ~ auch wenn danach die Beschilderung spärlicher ist, dem breiten Forstweg immer weiter folgen und alle Abzweige ignorieren bis zur **Gänsebrunnenhütte**.

4 **9,5 (570)** Hier dem Wegweiser Bergwerk folgen ~ bald zweigt links ein Pfad ab ~ abwärts (Bergwerkzeichen an Baum) wandern ~ nochmals kurz aufwärts bis zum Eingang

des Besucherbergwerks Frischglück mit Kiosk und Rastmöglichkeit.

Besucherbergwerk Frischglück **s. S. 27**

5 **11,2 (490)** Danach geradeaus weiter mit gelber Raute Richtung Neuenbürg ~ die K 4581 überqueren ~ auf breitem Forstweg abwechselnd mit dem Zeichen des **Spectaculum-Ferrum-Pfads (SFP)** und der gelben Raute durch den Wald ~ nach einiger Wegstrecke an einer Kreuzung rechts abbiegen ~ mit gelber Raute und dem SFP Zeichen bergauf (nicht bergab!) ⚠ zur **Waldrennacher Steige** ~ weiter Richtung Neuenbürg ~ am Wegweiser **Neuenbürg Windhof** zum Einkehren ins Wanderheim.

Wanderheim am Schlossberg Neuenbürg, Hintere Schlosssteige 34, 75305 Neuenbürg, ✆ 07082/9444680, ÖZ: Di-So ab 11 Uhr

Dann weiter auf der **Hinteren Schlosssteige** bis zum Schloss Neuenbürg.

Schloss Neuenbürg (16. Jh.). Das Schloss beherbergt heute neben der Gastronomie auch

ein Museum zur Schloss- und Regionalgeschichte sowie das, im Museum integrierte, begehbare Theater „Das kalte Herz".

6 **14,2 (390)** Vom Schloss hinab zum Hauptbahnhof ist es nicht mehr allzu weit.

7 **15,1 (335)** Ende der Wanderung

Neuenbürg **s. S. 25**

4b
Neuenbürg
L338
Enz
Schlossmuseum
Schloss Neuenbürg
St. Georgs-Kirche
Eberhard-Essich-Hü
B294
Sägkopf
525
Angelstein
Eisenfurt
Island-Pferdegestüt
Waldrenn
B294
K4581
Besucherbergwerk Frischglück
Größelbach
Rotenbach
570
4a
Enzbrücke
32

Tour 5

Streckenwan…
durch das Eyachtal

Start: Eyachbrücke

Ziel: Bad Wildbad, mit S 6 zum Aus…
Eyachbrücke

Gehzeit: 3 Std. **Aufstieg:** 400 m

Hartbelag: 30 % **Wanderwege:** 69 % **Wanderpfad…**

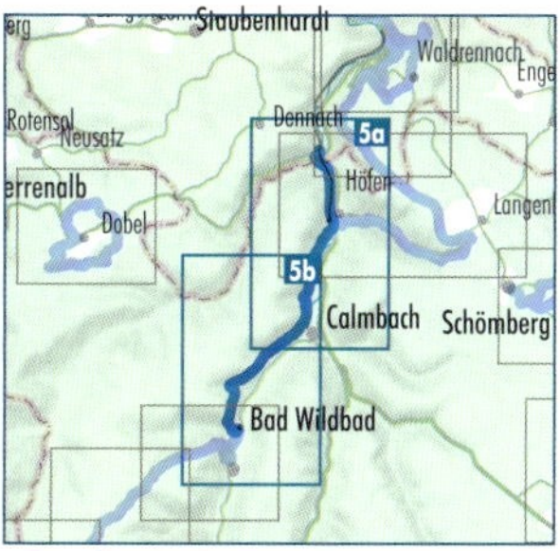

Charakteristik: Erst bequem von der S-Bahnhaltestelle Eyachbrücke an der Eyach entlang nach Höfen. Still schlängelt sich der glitzernde Flusslauf durch die Auen. Bis ins 19. Jahrhundert als der kleine „Flecken" Höfen noch keine eigene Kirche und Pfarrei besaß, mussten die Höfener Bürger zum Kirchenbesuch in den Nachbarort Calmbach wandern. Dieser alten Tradition folgen Sie zum Teil, und kommen zum Waldklassenzimmer. Weiter geht es Richtung Forsthaus Paulinenhöhe. Ab der Paulinenhöhe, einem der schönsten Aussichtspunkte auf Bad Wildbad, geht es nur noch bergab.

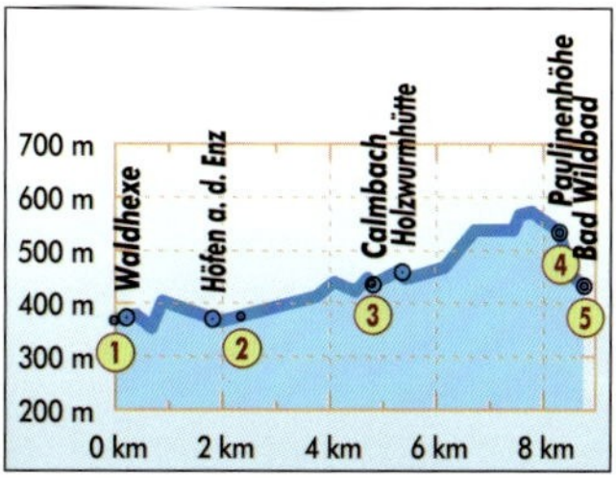

Anfahrt: Stadtbahnlinie S 6, Enztalbahn.

Tipp: Fischzucht Zordel im Eyachtal. Am Fischgrill direkt neben den Teichen schmecken die Forellen besonders gut.

Eyachbrücke

1 **0,0 (370)** Über den Bahnübergang Richtung Dobel gehen.

AUSFLUG Wenn Sie hier ca. 800 m geradeaus weiter gehen gelangen Sie zur Fischzucht Zordel.

Am Wegesrand

Fischzucht Zordel, Eyachtal 1, 75305 Neuenbürg/Eyachtal, 07082/60420

Den Hinweisschildern Richtung Höfen – Bad Wildbad nach links folgen ~ vorbei an der Gaststätte Waldhexe ~ weiter entlang der Bahnlinie und der Eyach.

Im quellfrischen Wasser der Eyach fühlen sich Forellen ausgesprochen wohl, denn die Eyach wird aus einem riesigen Waldgebiet gespeist. Sie ist ein Musterbeispiel für die Reinheit der Flüsse im Nordschwarzwald.

Auf Schotter an einem Sportplatz vorbei bis zur Kneipphütte des staatlichen Forstamtes Calmbach ~ weiter zum S-Bahn Haltepunkt ~ über die Gleise und dann der gelben Raute Richtung Ortsmitte Höfen folgen ~ linker Hand ein Wehr, vor der Enzbrücke laden einige Bänke zur Rast ein ~ Sie bleiben auf dem Uferweg und folgen der gelben Raute Richtung Bad Wildbad ~ vorbei an der Jugendstilvilla Commerell zum Hotel Ochsen ~ nun rechts aufwärts zum Bahnhof Höfen a. d. Enz.

Höfen a. d. Enz s. S. 29

2 **2,4 (375)** Bahnhof Höfen ~ auf der **Schönklingstraße** aus dem Ort hinaus, vorbei an alten Steinen geht es leicht aufwärts in den Wald ~ am **Franzosenbrunnen** geradeaus Richtung Schlosskopf, Calmbach.

Calmbach

Vor den ersten Häusern von Calmbach folgen Sie rechts dem Fußweg nach oben durch den Wald ~ bald wieder abwärts auf Wiesenweg ~ gegenüber einem Gartentor rechts am Hang entlang weiter, nicht abwärts ~ Sie stoßen auf einen breiten Forstweg, gehen wenige Schritte links und gleich wieder rechts auf breitem Schotterweg in den Wald ~ der Weg führt aufwärts, links unten Calmbach.

Immer der gelben Raute Richtung Wildbad folgen.

3 **4,8 (440)** Kurz danach das Waldklassenzimmer mit Rastmöglichkeit ~ anschließend Richtung Forsthaus Paulinenhöhe.

Auf dem Holzwurmpfad haben große und kleine Kinder Ihren Spaß. Immer wieder klären schöne Tafeln über das Baumtelefon usw. auf. Große Sprünge kann man dann selbst ausprobieren in einer Sandgrube und testen wie weit welches Tier springt.

Bei der **Holzwurmhütte** herrliches Panorama über Calmbach ~ an einer großen Wegkreuzung, am Panoramaweg leicht rechts Richtung Bad Wildbad ~ immer auf breitem Schotterweg bleiben ~ nach dem Waldspielplatz wird der Holzwurmpfad verlassen ~ geradeaus weiter bergauf ~ an einer Kreuzung mit Rastbank geradeaus auf halber Höhe am Hang entlang ~ bei einer

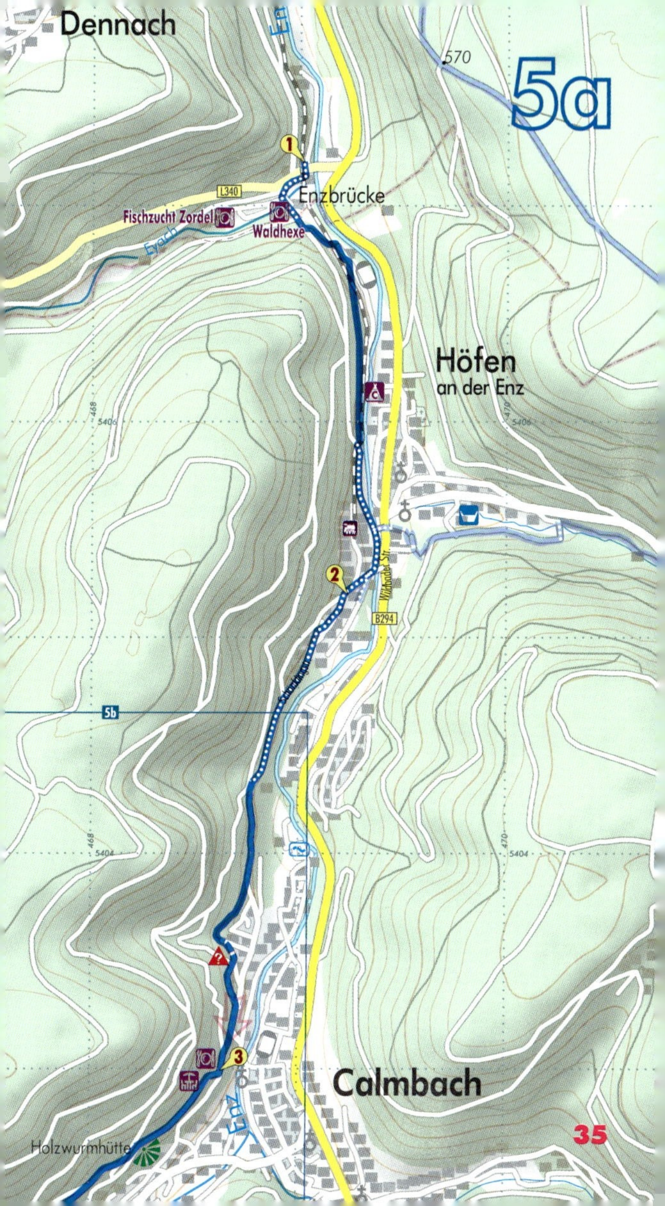

Dennach
5a
570
Enzbrücke
L340
Fischzucht Zordel
Waldhexe
Eyach
Höfen
an der Enz
468
5406
470
Wildbader Str.
B294
5b
5404
Calmbach
Enz
Holzwurmhütte

Kurhaus Bad Wildbad

INS ZENTRUM Wenn Sie am Bahnhof nach rechts gehen, gelangen Sie in die sehenswerte Innenstadt und zur Sommerbergbahn.

weiteren Rastbank, links weiter mit gelber Raute.

4 8,3 (535) Nach dem Waldaustritt ist die **Paulinenhöhe** erreicht.

Paulinenhöhe

Einer der schönsten Aussichtspunkte auf Bad Wildbad ~ Sie folgen nun der **Himmelsleiter**, ein Treppenweg bringt Sie zum Bahnhof Bad Wildbad mit blauer Raute abwärts ~ am Ludwig Hofacker Gemeindehaus links, dann über den Zebrastreifen zum Kinderspielplatz ~ über Treppen hinab zum Bahnhof Bad Wildbad.

5 8,8 (435) Ende der Wanderung am Bahnhof.

Bad Wildbad

PLZ: 75323; Vorwahl: 07081

Touristik Bad Wildbad GmbH, König-Karls-Str. 5, ✆ 10280, www.bad-wildbad-tourismus.de

Heimat- und Flößermuseum, OT Calmbach, Bergstr. 1, ✆ 930111, ÖZ: So 14-17 Uhr. Detailgetreue Modelle, imposante Bilddokumente und lebensnahe Figuren erinnern an die Flößerei, die über Jahrhunderte ein große Bedeutung im Schwarzwald besaß.

Sommerberg-Bahn, ✆ 3394, ÖZ: Mai-Sept., Mo-Fr 7-19.30 Uhr, Sa, So/Fei 9-21 Uhr. Die Standseilbahn erschließt seit 1908 die beliebte Wanderregion Sommerberg – und neuerdings auch den Bikepark. Sie überwindet 37 bis 52% Steigung in 6-7 Minuten. Oben können Sie die Downhillfahrer bestaunen und die Aussicht genießen.

Bikepark, ✆ 380120 od. 07441/952450, www.bikepark-bad-wildbad.de, ÖZ: Apr.-Okt., 10-18 Uhr. Bikestation (ÖZ: Mi-So 10-18 Uhr) mit Materialverleih, Downhillparcours, Fahrtechnikkurse, u.v.m.

Enzpromenade der Altstadt

Kurpark mit königlichem Kurtheater

Vitaltherme

5b
Calmbach
Holzwurmhütte
Enz
5a
Taubenäcker
L351
Paulinenhöhe
Bad Wildbad
Vital Therme
Sommerberg
5404
5402
5400
466
468

6,5 km

...obel, Parkplatz beim Kurhaus am Sonnentor ...mit Infoportal

...ehzeit: 1½-2 Std. Aufstieg: 191 m Abstieg: 191 m

...rbelag: 22 % Wanderwege: 78 % Wanderpfade: 0 %

Charakteristik: **Dobel thront weit oben im Nordschwarzwald. Der heilklimatische Kurort liegt umgeben von fast endlosen Wäldern auf einem sonnigen Hochplateau in 720 m Höhe. Wenige Schritte vom Kurpark entfernt steht das Wahrzeichen Dobels – der Wasserturm. Aber noch etwas besonderes gibt es in Dobel – den Europaweg. Alle Mitgliedsländer haben hier oben im Schwarzwald ihre eigene Rastbank. Der Europaweg bringt Sie auf knapp 6 km zu allen Mitgliedsländern Europas. Er führt vorbei an 27 Sitzbänken in den Farben der EU-Mitgliedsländer.**

Dobel

PLZ: 753359; Vorwahl: 07083

Kurverwaltung Dobel, Neue Herrenalber Str. 11, ✆ 74513, www.dobel.de

Wasserturm Dobel

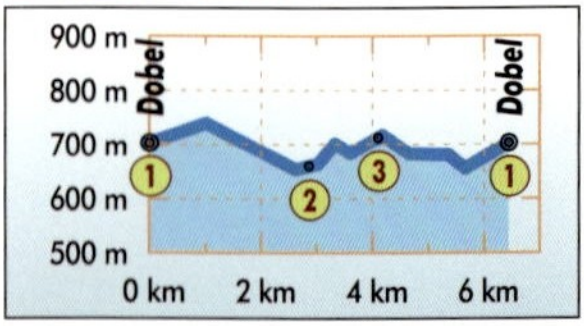

1 **0,0 (700)** Start ist am Parkplatz des Kurhauses in Dobel. Die rote Raute, das Westweg-Zeichen, führt Sie Richtung Wasserturm.

„Den Dobel" nennen Einheimische liebevoll den Hausberg. Wenn an kühlen Herbsttagen dichter Nebel die Täler verhüllt, scheint in Dobel oft die Sonne.

Von Bänkle zu Bänkle führt der Weg – jeweils eine für jeden Mitgliedsstaat.

Die EU zählt derzeit 27 Mitgliedsländere, eine Reihe weiterer Länder haben sich um eine EU-Mitgliedschaft beworben. Kennen Sie alle 27 Länder? Falls nicht, Notizblock mitnehmen und loswandern auf dem Europaweg in Dobel.

Durch das Sonnentor auf dem **Sonnenwegle** über die Hochfläche unterhalb des Wasserturmes bis zum **Brenntenwaldweg** ⤳ dann links in Richtung **Höhenstraße** ⤳ auf diesem Streckenabschnitt haben Sie herrliche Sicht auf den Albgau, die Rheinebene und an manchen Tagen auch bis zu den Vogesen ⤳ der Höhenstraße nach links folgen ⤳ ortseinwärts bis zum

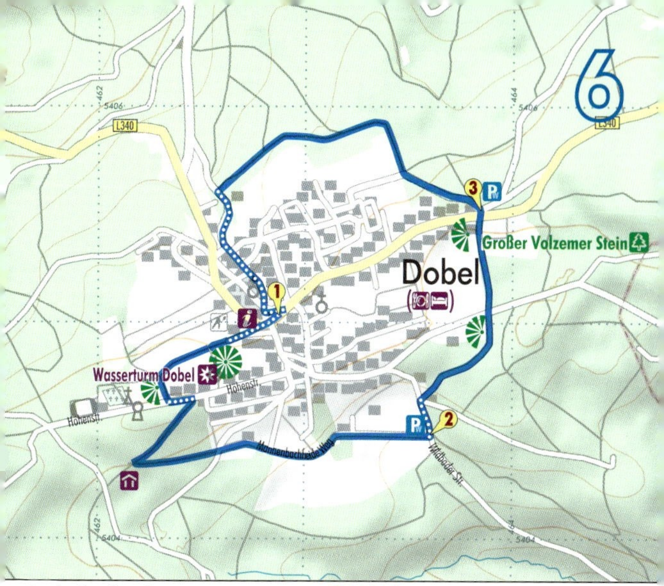

Bauhof ~ hier biegt man in spitzem Winkel in den, in südlicher Richtung abwärts führenden, **Westweg** ein ~ nach ca. 300 m links auf ebenem Weg zum Waldrand ~ bei der Kastanie führt der Weg auf dem **Mannenbachheideweg** weiter ~ über die Mannenbachheide mit ihren Magerwiesen bis zum Parkplatz Jägerbrunnen.

2 **2,9 (660)** Am Parkplatz links ~ ein kurzes Stück auf der **Wildbader Straße** aufwärts in Richtung Forsthaus ~ kurz vor dem Forsthaus biegt der Europaweg nach rechts in den Wald ab ~ nach ca. 350 m erreicht man den Waldrand und hat einen schönen Blick über Dobel. Entlang des Waldrandes leicht aufwärts bis zur **L 340**.

3 **4,1 (710)** Beim Waldparkplatz Horntannhalde die Straße überqueren ~ auf dem **Schwannerrain Weg** durch ein kurzes Waldstück ~ vorbei an der Waldklinik ~ leicht abwärts am Waldrand entlang und dann in den Wald hinein ~ auf dem **Ebene-Hardt-Weg** kommen Sie nach ca. 500 m

an eine Abzweigung ~ hier links auf freies Feld und dann zur **Brunnenstraße** ~ am Ende der Brunnenstraße in die **Neusatzer Straße** einbiegen ~ vorbei an der Kirche und dem Pfarrhaus ~ weiter Richtung Ortsmitte.

1 6,5 (700) Ende der Wanderung beim Kurhaus.

Dobel

13,3 km

...stein – Aussicht pur!

...rt/Ziel: Bad Herrenalb, Bahnhof

...Gehzeit: 4½ Std. **Aufstieg:** 690 m **Abstieg:** 690 m

...tbelag: 11 % **Wanderwege:** 72 % **Wanderpfade:** 17 %

Charakteristik: Die Rundwanderung zum Bernstein bietet neben guter Luft auch fantastische Ausblicke nach Baden und Württemberg. Die Sicht reicht bis ins Murgtal, zur Hornisgrinde, zum Fremersberg bei Baden-Baden, in die Rheinebene und an klaren Tagen sogar bis in die Vogesen und die Pfalz. Weiter geht es zum Maunzenstein und dann hinab ins idyllische Bernbach.
Oberhalb des Golfplatzes durch den Wald zurück nach Bad Herrenalb.

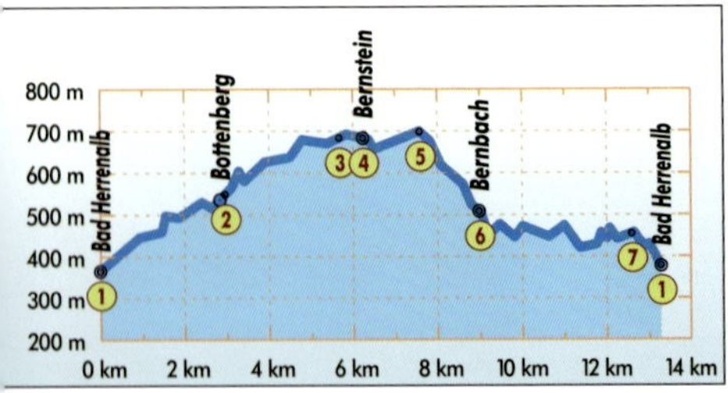

Tipp: Besuch der Siebentäler-Therme: Sie bietet ein umfassendes Wohlfühl- und Gesundheitserlebnis mit Badelandschaft, Massagedüsen, Gegenstromanlage u.v.m.

Bad Herrenalb

PLZ: 76332; Vorwahl: 07083

- **Tourismusbüro**, Rathauspl. 11, ✆ 500555, www.badherrenalb.de
- **Ziegelmuseum**, Graf-Berthold-Str. 4, ÖZ: Apr.-Dez., So 14-17 Uhr, zusätzlich Mai-Okt., Mi 14-16 Uhr. Sozialgeschichtliches und handwerkliches Wissen zur Ziegelherstellung und allgemein zur Geschichte des Daches.
- **Siebentälertherme**, Schweizer Wiese 9, ✆ 92590, ÖZ: tgl. 9-22 Uhr
- Ehem. **Zisterzienserabtei.** Gegründet 1149, später bedeutender Grundbesitz und damit Wirtschaftsfaktor in der Region, im 16. Jh. aufgehoben (es wurden sogar Prämien an heiratswillige ehemalige Mönche ausbezahlt) und noch gut 100 Jahre Weiterführung als Klosterschule. Heute sind von der ehemaligen Klosteranlage noch einige Gebäude vorhanden, z. B. Reste der romanischen Vorhalle. Der gotische Chor wurde 1739 zur evangelischen Kirche umgebaut.

Bad Herrenalb ist eine Kurstadt mit etwa 7.500 Einwohnern. Die Alb fließt durch Bad Herrenalb, sie entspringt zehn Kilometer südlich der Stadt. Bad Herrenalb hat übrigens über 60 Quellen. Das, seit 1965 aus 600 Meter Tiefe sprudelnde, Heil- und Thermalwasser ist zur Rekonvaleszenz von Herz-Kreislauf-, Galle- und Stoffwechselstörungen sehr gut geeignet.

1 **0,0 (370)** Start am Bahnhof von Bad Herrenalb.

1839 traktierte ein gewisser Doktor Weiß seine Patienten mit Albwasser, d.h. mit nasskalten Umschlägen und gründete die erste Wasserheilanstalt. Dies war der Start des Kurbetriebes im Dorf Herrenalb. Auch die gute Luft lockte Gäste aus nah und fern.

Am Vorplatz zahlreiche Wegweiser ~ der gelben Raute Richtung **Rehteich** 0,5 km folgen ~ beim Hotel am Kurpark rechts aufwärts ~ vorbei an zahlreichen Kliniken ~ den **Falkenburg Weg** aufwärts in den Wald ~ am Wegweiser **Rembergfeld** links Richtung Bernstein/Mauzenstein 5,5 km ~ auf dem **Bernsteinweg** immer weiter aufwärts, vorbei an einem Gedenkstein.

2 **3,0 (550)** An einer größeren Kreuzung links halten, rechter Hand ein Rastplatz mit Tisch und Waldarbeiterhütte ~ immer weiter bergauf Richtung Bernstein, unterwegs schöne Ausblicke über die Schwarzwaldhöhen.

3 **5,7 (685)** Am Wegweiser **Am Mauzenberg** links auf schönem Naturweg weiter.

Hier befinden wir uns auf dem historischen Grenzweg zwischen dem Großherzogtum Baden und dem Königreich Württemberg.

Bernstein (694 m)

- Ungewöhnlich großer Felsblock, der in großer Höhe durch Gletscherkräfte geformt und freigelegt wurde. An der Ostseite finden sich natürliche Hohlräume, die ursprünglich Kristallansammlungen beinhalteten und Zeugnis

Gipfelkreuz am Bernstein

der tektonischen Prozesse beim Einbruch des nahen Oberrheingrabens sind.

4 **6,3 (680)** Am Bernstein laden herrliche Rastbänke und eine fantastische Aussichtskanzel zum längeren Verweilen ein. Sogar ein Gipfelbuch gibt es hier.

Die Wortsilbe „Bern" wird vom althochdeutschen Wort „bero" abgeleitet und bedeutet „Bär". Im Nordschwarzwald sollen Bären bis ins Spätmittelalter heimisch gewesen sein.

Links abwärts Richtung **Wasen Hütte** mit blauer Raute.

VARIANTE Bei Nässe oder mit kleineren Kindern könnnen Sie vom Bernstein auf gleichem Weg zurück bis zur Kreuzung gehen, hier dann links Richtung Mauzenstein.

Schöner Pfad über Stock und Stein bergab ⁓ der Pfad stößt auf einen breiten Forstweg hier rechts gehen ⁓ leicht aufwärts bis zu einer Kreuzung ⁓ links halten, noch einmal ein fantastischer Blick in die Rheinebene Richtung Raststatt.

5 **7,6 (700)** Am Mauzenstein weiter Richtung Eckkopfquelle, Bernbach gelbe Raute ⁓ auf der **Bernbacher Steige** abwärts, alle Abzweigungen

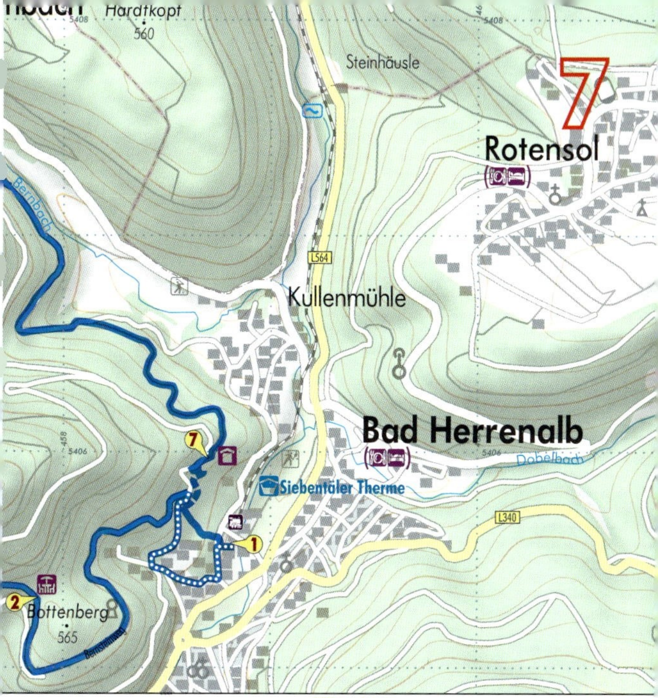

ignorieren ⁓ vorbei an der Spitzweghütte nach Bernbach.

Bernbach

6 **9,0 (510)** In Bernbach Richtung Kirche ⁓ gleich nach dem Gasthof Löwen rechts Treppenweg abwärts Richtung Obere Kullenmühle, Bad Herrenalb ⁓ unten im Tal rechts am Wassertretbecken vorbei ⁓ auf dem oberen Weg durch den Wald ⁓ links unten im Tal der Golfplatz von Bad Herrenalb ⁓ leicht abwärts, dann rechts dem **Falkensteinweg** Richtung Bad Herrenalb zum Falkenstein (Schutzhütte) folgen.

7 **12,6 (455)** Kurz nach der Falkensteinhütte links den Waldweg abwärts zu einem großen Felsen nehmen ⁓ bei der Rastbank rechts den Pfad am Hang entlang einschlagen ⁓ am nächsten alten Wegstein geradeaus weiter über einen Bachlauf an der Hangkante entlang ⁓ vorbei an feuchten Felsen ⁓ bis zu einer großen Wegkreuzung mit Rastbank ⁓ nicht den Laternenweg geradeaus nehmen, sondern links steil abwärts direkt zum Bahnhof Bad Herrenalb.

1 **13,3 (370)** Ende der Wanderung am Bahnhof.

Bad Herrenalb

42,0 km

Baden-Baden

aden-Baden, St. Bernharduskirche

Etappen, 2 - 5 Wandertage

.380 m *Abstieg:* 2.380 m

ag: 9 % *Wanderwege:* 84 % *Wanderpfade:* 7 %

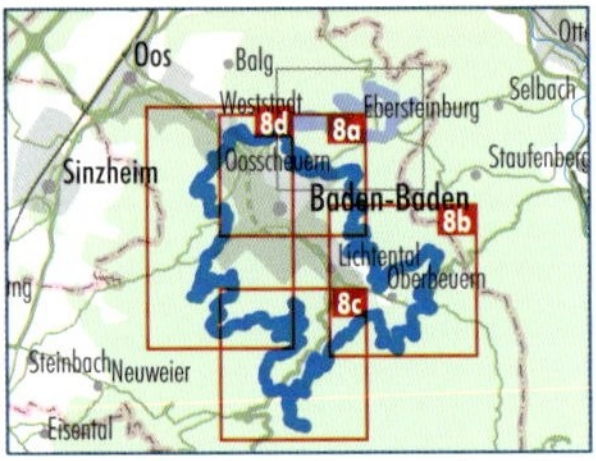

Charakteristik: Baden-Baden hat zwei Premiumwanderwege, der Panoramaweg ist einer davon. Wasserfälle, Aussichtskanzeln, Felstürme und einsame Seen wechseln einander ab. Daneben laden gemütliche Schutzhütten und Rastplätze zum Verweilen ein. Auf insgesamt 42 Kilometern, aufgeteilt in fünf Etappen zwischen fünf und elf Kilometern, kann man je nach Kondition und Laune die einzelnen Abschnitte kombinieren oder unabhängig voneinander begehen. Alle Ausgangs- und Endpunkte sind mit dem Bus bequem zu erreichen und bieten Übernachtunsmöglichkeiten.

Markierung: Einheitliche Wegbeschilderung mit grünem Kreis und der Aufschrift Panoramaweg.

Abschnitt 1 Bernharduskirche - Merkurbahn (~6km)

Baden-Baden

PLZ: 76530; Vorwahl: 07221

ℹ **Kur & Tourismus GmbH**, Schwarzwaldstr. 52 und Kaiserallee 3, ✆ 275200, www.baden-baden.de

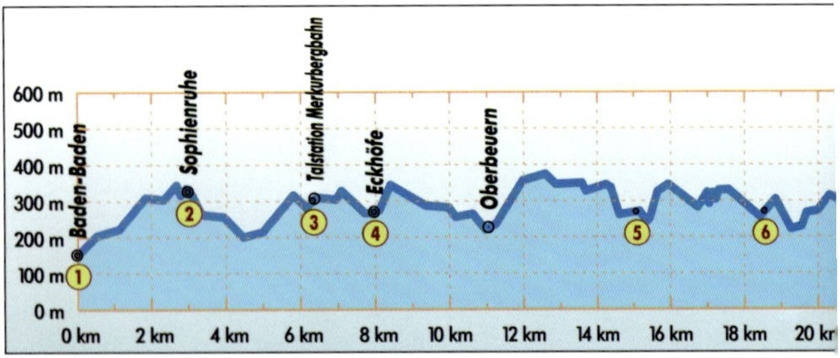

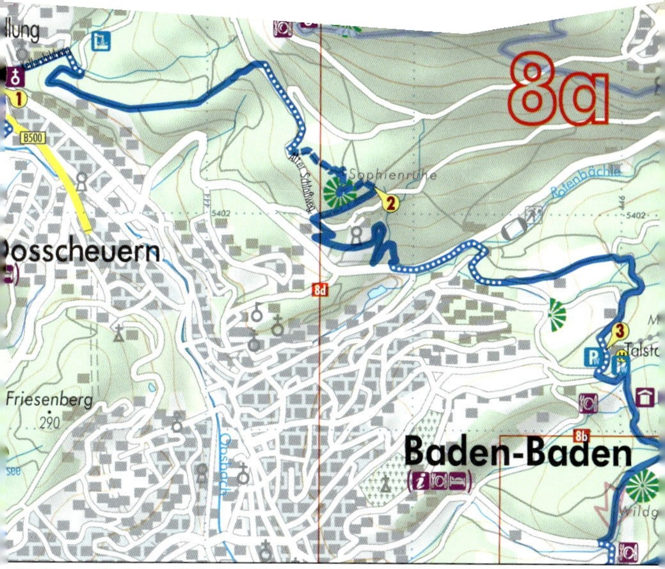

Museum für Kunst u. Technik d. 19. Jh. im Kulturhaus LA8, Lichtentaler Allee 8, ✆ 5007960, ÖZ: Di-So 11-18 Uhr.

Staatliche Kunsthalle, Lichtentaler Allee 8a, ✆ 300763, ÖZ: Di-So 11-18 Uhr

Museum Frieder Burda, Lichtentaler Allee 8b, ✆ 398980, ÖZ: Di-So 11-18 Uhr

Stadtmuseum, Lichtentaler Allee 10, ✆ 932277, ÖZ: Di-So 11-18 Uhr, Mi 10-20 Uhr

Kunst- und Kulturmeile. Auf 3,5 km liegen viele Sehenswürdigkeiten aufgereiht: Von West nach Ost das Festspielhaus, die klassizistische Trinkhalle, das Kurhaus, das neobarocke Theater, das Kulturhaus LA8, die prachtvolle Park- und Gartenlandschaft Lichtentaler Allee, die Staatliche Kunsthalle, das Stadtmuseum, das Museum Frieder Burda, das Kloster Lichtenthal und das Brahmshaus.

Kloster Lichtenthal, Hauptstr. 40, ✆ 50491, Führungen: Mi, Sa, So 15 Uhr. Im über 700

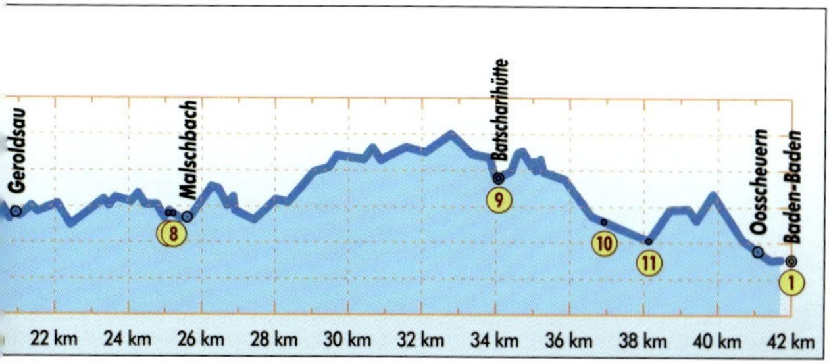

Jahre alten Zisterzienserinnenkloster sind Klosterhof und Abteikirche tagsüber frei zugänglich, Fürstenkapelle (mit gotischen Altarbildern) und Museum nur im Rahmen einer Führung.

Casino, Kaiserallee 1, ✆ 30240, Führungen auf Anfrage. Im traditionsreichsten Casino Deutschlands spielt man in prachtvollen, klassizistischen Sälen, dazu ein Zitat von Marlene Dietrich: „Das Casino Baden-Baden ist das schönste Casino der Welt und ich muss es wissen, denn ich kenne sie alle."

Altes Schloss, 1102 als Hohenbaden erbaut, 11.-15. Jh. Sitz der Badener Markgrafen, 1599 durch einen Brand zerstört.

Römische Badruinen, unter dem Schlossplatz, Zugang über Steinstraße/Tiefgarage Friedrichbad. 2.000 Jahre alte Badekultur, teilweise sehr gut erhalten.

Abschnitt 1 (~6 km)

Baden-Baden - Merkur-Bahn

1 **0,0 (155)** Von der **Bernharduskirche** aus führt Sie der **Kellersbildweg** zum **Pilgerhaus St. Bernhard**, wo der Aufstieg beginnt ~ der Weg führt am Waldrand entlang bis zum **Bernhardusbrunnen** ~ von hier geht es rechts in den Wald und in einer Spitzkehre hinauf zum **Balzenberg** ~ schon bald werden Sie mit einem tollen Ausblick auf Baden-Baden belohnt ~ durch wunderschönen Buchenhochwald stetig bergauf ~ dann biegen Sie in den **Alten Schloßweg** ein ~ auf schmalem Fußpfad durch artenreiche Eichen-Trockenwälder erreichen Sie die Sophienruhe, die eine phantastische Aussicht bietet.

Sophienruhe

2 **3,0 (330)** Jetzt geht es abwärts zum ehemaligen Landesgartenschaugelände, wo der Biergarten Waldschänke im Sommer zur Rast lädt ~ es folgt der Abstieg ins **Rotenbachtal** ~ kurz links an der Straße Richtung Eberstein entlang ~ dann rechts durch Kleingärten ~ später durch Streuobstwiesen bergauf mit ausgezeichneten Ausblicken ~ weiter bis zur Talstation Merkurbergbahn.

Talstation Merkurbergbahn

Ein Holländer wollte die Bahn auf den 668 Meter hohen Hausberg Merkur bauen. Am 16. August 1913 wurde sie feierlich eröffnet. Vom Merkur reicht der Blick sogar bis nach Rastatt und ins Murgtal. ÖZ: tgl von 10-22 Uhr.

Abschnitt 2 (~9 km)

Merkurbahn – Bushaltestelle Oberbeuren

3 6,3 (300) Von der Merkurbahn zum Rastplatz **Häslichmatt Hütte** weiter bis zum **Wildgehege** ~ nun rechts bergab entlang des Wildgeheges zum Weingut Eckberg ~ kurz darauf genießen Sie den Panoramablick auf Lichtental mit dem 1.000 Jahre alten Kloster.

4 8,0 (270) An den Eckhöfen führt der Weg erneut hinauf zum Wald und durchquert das schöne Gelände des **Altenpflegeheims Schafberg** ~ anschließend geht es abwärts zum **Haimbach** ~ auf schmalem Pfad kommen Sie bergab zum Hotel Forellenhof.

Waldhotel Forellenhof, Gaisbach 91, 76534 Baden-Baden, ✆ 07221/9740.

Im benachbarten Forellen-Schlemmer-Lädele gibt es stets frische Forellen direkt zum Mitnehmen und zum Probieren ~ ein kurzes Stück nach rechts bis zur Bushaltestelle Oberbeuren.

Bushaltestelle Oberbeuren

Abschnitt 3 (~10km)

Oberbeuren – Malschbach

5 15,0 (270) Zunächst neben der Straße bis zur ersten Brücke über die Oos ~ danach links ~ der Weg steigt steil durch Viehweiden hinauf zum Waldrand an ~ wieder macht der Panoramaweg seinem Name alle Ehre! Schon kurz nach dem Aufstieg wandern Sie meist am Waldrand entlang und passieren zahlreiche fantastische Aussichten auf die Berge Battert und Merkur ~ mit ständigem Blick auf Lichtental und in die Rheinebene immer am Waldrand entlang hinüber nach **Seelach**.

6 18,5 (270) Durch Wald und Wiesen geht es an Seelach vorbei Richtung Südwesten hinüber ins **Geroldsauer Tal** ~ kurz tangieren wir Geroldsau und wandern dann neben dem

Grobbach zum **Geroldsauer Wasserfall** ~ am Wasserfall dann weiter auf dem **Wasserfallrundweg**.

7 25,1 (280) Sie erreichen den Waldparkplatz Malschbach. An der Schwarzwaldhochstraße rechts gelangen Sie zur Bushalteselle oder zur Einkehrmöglichkeit.

Gasthaus Auerhahn, Geroldsauerstr. 160, 76543 Baden-Baden, ✆ 07221/7435, ÖZ: tägl. 7-24 Uhr. Der wunderschöne Biergarten mit alten Kastanien spendet Schatten und ist im Sommer eine Wohlfühloase.

Malschbach

Abschnitt 4 (~12 km)

Malschbach – Bushaltestelle Tiergarten

8 25,2 (280) Die **Schwarzwaldhochstraße** überqueren ~ weiter auf

Weststadt
8d
Altes Schloss
Ooswinkel Siedlung
Oosbach
St. Bernharduskirche
1
B500
Oosscheuern
Friesenberg
290
11
Unterer Waldsee
Oberer Waldsee
Fremersberg
Oosbach
8a
Baden-Baden
Fremersbergstraße
10
Batscharihütte
9
Gunzenbach
8c
Gelbe Eiche
Gunzenbächel
Wurzgartenkopf
495
49
Laisenberg

dem schmalen Sauwegle zu dem zwischen Wiesen und Obstbäumen schön gelegenen Weiler **Malschbach** ~ noch einmal senkt sich die Route zum **Ibach** ab ~ vom Talgrund geht es nun ca. 300 m aufwärts bevor Sie rechts in den **Hardweg** abzweigen, der zur Gelben Eiche, einer Schutzhütte, führt ~ auf dem **Sohldeichweg**, später auf der **Prisewitz-Allee** weitgehend eben dahin ~ sagenhaft schöne Aussichten säumen den Weg ~ weiter bis zum Louisfelsen und der Lache.

AUSSICHT Vom Louisfelsen und der Lache ist der Ausblick besonders schön.

AUSFLUG Von der Lache kann man einen Abstecher zur Yburg (mit Restaurant) hoch über Steinbach machen.

9 34,1 (380) Weiter zur **Batscharihütte** mit herrlicher Aussicht ~ abwärts auf dem **Dr. Ernst-Schlapper-Weg** zur AOK-Klinik und zur Bushaltestelle Tiergarten.

Abschnitt 5 (~5 km) Tiergarten - Bernharduskirche

10 36,9 (260) Am Tiergarten überqueren Sie die **Fremersbergstraße** weiter ins **Michelbachtal** und abwärts zu den **Waldseen**.

11 38,1 (205) Am Auslauf des Unteren Waldsees steigen Sie auf dem Naturlehrpfad zum Katzenstein hinauf ~ auf einem schmalen Pfad am Fuß des Katzensteins vorbei geht es zum **Pulversteinfelsen** ~ ein steiler Abstieg bringt Sie durch den Wald ins Stadtgebiet zur St. Bernarduskirche.

1 42,0 (155) Ende der Wanderung

Baden-Baden

9,8 |

...ersteinburg, Parkplatz/ Bushaltestelle Wolfs-schlucht

...zeit: 3-3½ Std. Aufstieg: 549 m Abstieg: 549 m

...elag: 11 % Wanderwege: 68 % Wanderpfade: 21 %

Charakteristik: Ebersteinburg ist ein Baden-Badener Stadtteil. Er liegt am Fuße der Burgruine Alteberstein. Bei guter Sicht sieht man von hier über die Rheinebene bis zu den Vogesen. Grandiose Aussichten und Wandergenuss pur bietet dieser, als Premiumweg ausgezeichnete, Wanderweg. Unterhalb der Battertfelsen, an den tollkühnen Kletterern vorbei, wandern Sie zur Ruine Altes Schloss Hohenbaden und zur Burgruine Alteberstein. Die

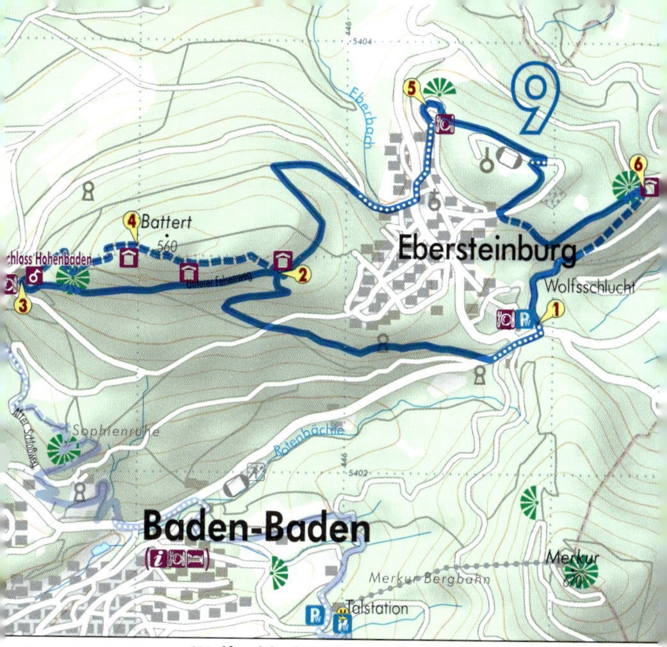

sagenumwogene Wolfsschlucht bildet den Abschluss.

Markierung: **Durchgehend mit blauem Kreis markiert.**

Parkplatz Wolfsschlucht

1 **0,0 (370)** Ab dem Parkplatz Wolfsschlucht mit Infotafel immer der Markierung Blauer Kreis und Ebersteinburg-Rundweg folgen ~ vom Parkplatz Richtung Baden-Baden ~ rechts Weg hinauf zur **Engelskanzel** einschlagen ~ am **Furtwängler Weg** links ~ am Gedenkstein für den Komponisten Wilhelm Furtwängler vorbei, dann an der nächsten Wegkreuzung rechts aufwärts zur Unteren Batterthütte.

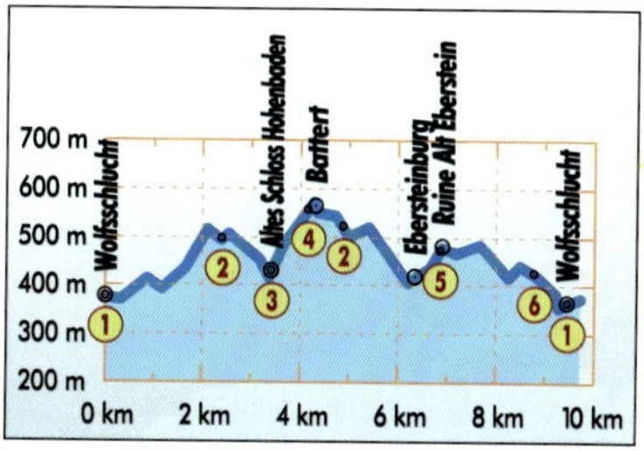

Untere Batterthütte

2 **2,4 (520)** An der Hütte nach links ~ der **Untere Felsenweg** führt Sie bequem am Südhang des Batterts entlang ~ bald erreichen Sie das Alte Schloss Hohenbaden.

Altes Schloss Hohenbaden

Altes Schloss Hohenbaden, Alter Schloßweg 10, ✆ 07221/26948, ÖZ: tägl. 10-22 Uhr

Die Burg Hohenbaden (Altes Schloss) ist das Wahrzeichen der Stadt. Hier wohnten einst die Markgrafen von Baden. Ende des 16. Jahrhunderts wurde sie durch einen Brand zerstört. Die Ruine ist aber herrlich erhalten. Vom Turm reicht der Rundblick auf die Schwarzwaldhöhen, hinab in die Rheinebene sogar bis zu den Vogesen. Und das Beste nicht nur für Badener - die Besichtigung des Schlosses ist sogar kostenlos. Noch eine Superlative gefällig? Im Rittersaal befindet sich die zur Zeit größte Windharfe Europas.

3 **3,4 (425)** Geradeaus zum Kiosk gehen ~ dann rechts durch das untere Schlosstor aufwärts ~ durch den oberen Torbogen die Anlage verlassen ~ steil aufwärts zur Ritterplatte mit blauem Kreis markiert ~ weiter über eine Felstreppe zur 600 Jahre alten Batterteiche und

4 **4,1 (555)** Obere Batterthütte.

Obere Batterthütte

AUSFLUG

Ein Abstecher hinunter zur imposanten Felsenbrücke lohnt sich unbedingt!

Weiter Richtung Untere Batterthütte/ Ebersteinburg ~ nach der Bergwachthütte, mit Notrufsäule, geht es über Stufen und auf einem Pfad hinab zur **Unteren Batterthütte**.

2 **4,9 (520)** Auf dem **Bienwaldweg** bis zum Abzweig des **Franzosenweges** ~ scharf rechts dem Franzosenweg zum Ortseingang von Ebersteinburg folgen.

Ebersteinburg

PLZ: 76530; Vorwahl: 07221

Verkehrsverein Ebersteinburg e.V.; Staufenweg 1, ✆ 24140, www.ebersteinburg.de

Ebersteinburg liegt 426 m hoch zwischen Murgtal und Oostal. Das „Bergdorf" gehört seit 1972 zu Baden-Baden. Um 1100 n. Chr. waren die Grafen von Eberstein dort ansässig und errichteten eine Burg.

Am Ortseingang rechts ~ dann durch den Ort ~ immer den Wegweisern Ruine Ebersteinburg folgen ~ am Burgparkplatz hinauf zur Ebersteinburg und zum Aussichtsturm. Ein herrlicher Blick ins Murgtal belohnt Sie für den Aufstieg.

Ruine Alt Eberstein

Ruine Alt Eberstein (12. Jh.). Von der einstigen Burg ist heute nur noch der Bergfried und die Schildmauer zu sehen. Ein begebarer Aussichtsturm bietet Fernblicke und ein Restaurant lädt zum Verweilen ein.

Restaurant Alt Eberstein, Rosenstr. 50, 76530 Baden-Baden, ✆ 07221/28899, ÖZ:

Ruine Alt Eberstein

Di-Sa 14-22 Uhr, So/Fei 12-22 Uhr

5 **6,8 (470)** Zurück am Parkplatz Markierung Richtung **Verbrannter Felsen** ~ am Trauf entlang, eine Straße querend, zu den Häusern von Ebersteinburg ~ kurz vor Ortsbeginn den Waldpfad links abwärts in Richtung **Luisenbrunnen** nehmen ~ ca. 150 m nach dem imposanten Felsen direkt am Weg links hinauf zu den Gärten ~ zur **Luisenhütte** mit Aussichtspavillon.

6 **8,8 (425)** Hinunter zur Wolfsschlucht ~ über den **Holzsteg** durch die malerische Schlucht hinauf zur Straße und zurück zum Parkplatz.

1 **9,8 (370)** Ende der Wanderung

Parkplatz Wolfsschlucht

Tour 10

Glüc… sgem…

suchen Sie Ihr G…

Start/Ziel: Schömberg, Feuerwehr

Gehzeit: 5 Std. **Aufstieg:** 440 m

Hartbelag: 35 % **Wanderwege:** 65 % **Wander…**

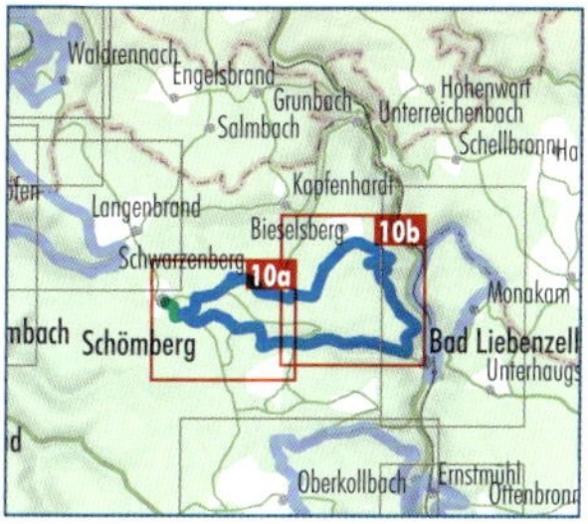

Charakteristik: Dieser Routenvorschlag passt zur „Glücksgemeinde Schömberg". Denn jeder ist seines Glückes Schmied, ob man die gemütliche Streckenwanderung wählt (13 km) oder die sportliche Rundwanderung (18,3 km) – bleibt allein ihre Entscheidung. Über die Sternwarte in Bieselsberg mit wunderschönem Panorama geht es zum Schlossberg und zur Burg Liebenzell – ein Muss ist die Turmbesteigung. Von hier kann man anschließend bequem zum Bahnhof Bad Liebenzell absteigen oder bergauf über Oberlengenhardt zurück nach Schömberg wandern. Einmalig ist auch der Aussichtspunkt Zollernblick. Hier reicht der Blick bis zur Schwäbischen Alb und in die Balinger Berge. Anschließend heißt es gemütlich dahin schreiten bis nach Schömberg.

Tipp: Die Tour kann auch bequem abgekürzt werden indem Sie von Bad Liebenzell mit der Bahn zum Ausgangsort zurück fahren.

Anfahrt: Kulturbahn (Pforzheim–Horb) Bahnhof Bad Liebenzell. Direktbus ab Pforzheim Linie 743 nach Schömberg; Bus von Bad Liebenzell nach Schömberg Linie 723.

Schömberg

PLZ: 72355; Vorwahl: 07427

- **Touristik & Kur Schömberg,** Lindenstr. 7, ✆ 14444, www.schoemberg.de
- **Narrenmuseum,** Stadtverwaltung Schömberg, ✆ 94020, ÖZ: nach Absprache. Es werden 50 historische Gewänder und Häser ausgestellt, Schriften, Fahnen und Urkunden geben einen Einblick über Entstehungsgeschichte, Tradition und Brauchtum der Schömberger Fasnet.

Schömberg galt lange als das deutsche Davos. Der Erfurter Kaufmann Hugo Römpler erfuhr nach vielen Heilversuchen hier im schonenden Mittelgebirgsreizklima einen Heilerfolg. Er gilt als Vater des Kurangebots in Schömberg. Seit November 2009 ist Schömberg amtlich eingetragene „Glücksgemeinde". Ziel des sich selbst auferlegten Glückskonzeptes ist es, nachhaltig die Zufriedenheit und das Erfüllungsglück der Bürger sicherzustellen. Inspiration holt man sich hierbei beim Glückspartner Bhutan. Seit 2010 gibt es sogar eine Glückspartnerschaft mit Bhutan.

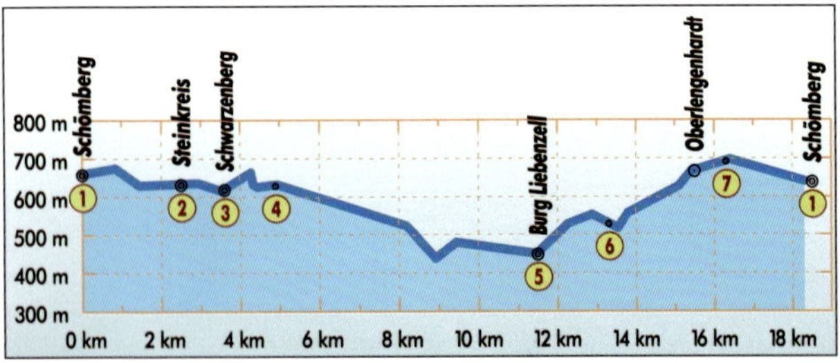

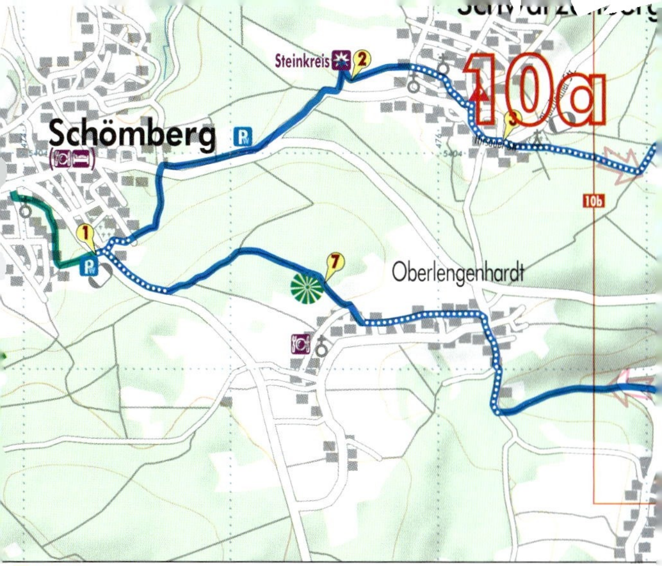

1 0,0 (650) Start am großen Parkplatz bei der Feuerwehr in Schömberg gleich am Ortseingang von Oberreichenbach kommend ~ nun der Markierung Blaue Raute Richtung **Schwarzenberg** folgen ~ in einen kleinen Wald eintauchen ~ links abwärts zur Fahrstraße ~ diese überqueren ~ bei der Klinik Schömberg rechts parallel zur Straße auf dem Gehweg ~ nach einem Wanderparkplatz links auf Schotterweg mit gelber Raute weiter ~ links auf der Wiese Abstecher zu einem der größten Steinkreise Deutschlands.

2 2,5 (635) An der langen Hecke entlang über Wiesen nach Schwarzenberg.

Schwarzenberg

Der gelben Raute folgen bis zur **Stuttgarter Straße** ~ ⚠ nun wenige Meter rechts zur **Hauptstraße** gehen ~ links abwärts auf der **Pforzheimer Straße**.

3 3,6 (620) Am Gasthaus Zum Rössle am Ortsausgang ~ rechts auf der **Hirsauer Straße** Richtung Kleintierzuchtverein ~ an der Friedhofskapelle entlang bis zum Wegweiser Friedhof ~ nun immer der blauen Raute bis zum **Mahdsbrunnen** (Infotafel) folgen ~ mit gelber Raute nach links Richtung Sternwarte ~ nach dem Waldaustritt öffnet sich ein schönes Panorama ~ geradeaus weiter bis zur **Sternwarte Bieselsberg**.

4 4,9 (630) Auf dem Asphaltweg weiter zum Wegweiser Sternwarte ~ der **Bieselsteige** Richtung **Burg Liebenzell** folgen ~ durch dichten Wald auf Forstweg erst gemächlich dann steiler abwärts ~ am Wegweiser **Rattenkönig** sind es bis zur Burg noch 2,5 km – allerdings ansteigend! Die Burg Liebenzell ist erreicht – die Turmbesteigung ist ein Muss.

Burg Liebenzell

Die Stauferburg (13. Jahrhundert) war bis ins 16. Jahrhundert bewohnt. Danach ist sie, bis auf den Turm und Teile der Mauer, verfallen. In den 1950er-Jahren wurde sie renoviert. Heute wird die Anlage als Tagungs- und Begegnungsstätte, Aussichtspunkt und als Restaurant genutzt.

VARIANTE Hier zweigt die alternative verkürzte Streckenwanderung ab. Mit blauer Raute über Treppen am Restauranteingang vorbei in den Ort Bad Liebenzell und zum Bahnhof Bad Liebenzell.

Bad Liebenzell

PLZ: 75378; Vorwahl: 07052

- **Tourist-Information**, Kurhausdamm 2-4, ✆ 4080, www.bad-liebenzell.de
- **Missionsmuseum**, Liobastr. 17, ✆ 17103, ÖZ: Mi, So 14.30-16.30 Uhr. Zu sehen sind Gegenstände, welche Missionare der Liebenzeller Mission aus Asien und Afrika mitgebracht haben, wie z. B. eine Palmhütte aus der Südsee oder einen japanischen Wohnraum.
- **Burg Liebenzell**, ✆ 1234, ÖZ: Di-So. In der Burg, die im 13. Jh. von den Grafen von Eberstein im staufischen Stil errichtet wurde, ist heute ein Café-Restaurant zu finden. Außerdem befindet sich hier noch das „Internationale Forum Burg Liebenzell" – dieses dient der außerschulischen, politischen Jugend- und Erwachsenenbildung.
- **Mineralbrunnen**, Hirsauer Str. 4, ✆ 408408. Hier werden das Bad Liebenzeller Mineralwasser, die „Paracelsus-Heilquelle" und alle Mineralbrunnen-Süßgetränke abgefüllt.
- **Städtisches Freibad**, Pforzheimer Str. 40, ✆ 932888, ÖZ: Mitte Mai-Mitte Sept., 7.30-19 Uhr
- **Paracelsus-Therme** mit Sauna Pinea, Reuchlinweg 1, ✆ 40 8608, ÖZ: Mo-Sa 8-21 Uhr, So/Fei 8-20 Uhr. Dem Kurort Bad Liebenzell angemessen, bietet die Therme neben Schwimmen viele andere Möglichkeiten zur Erholung. Eine sogenannte Duftinsel, bei der man sich auf beheizten Granitplatten liegend durch mediterrane Düfte entspannen kann, eine Felsengrotte als Dampfbad, Saunen und Solarien, Außenbecken mit Sprudelliegen sowie Entspannungsprogramme.

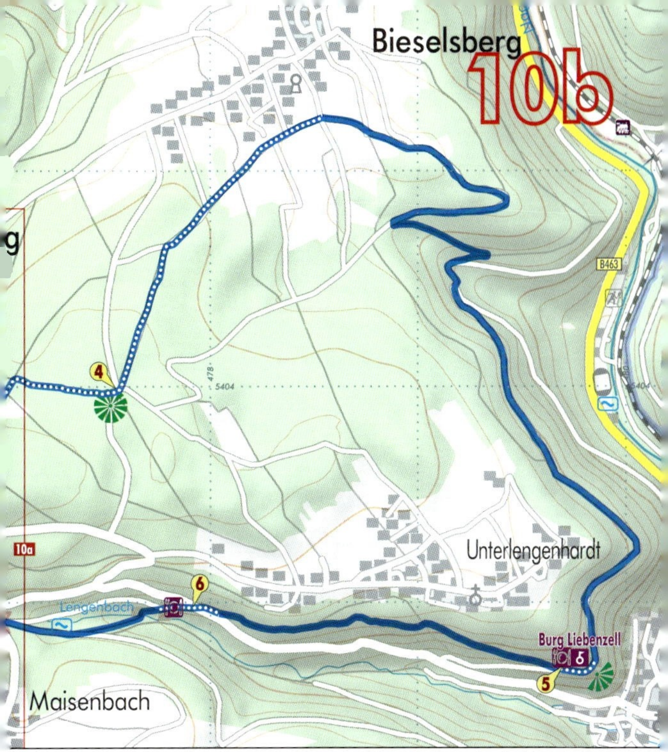

Im **Kurpark** können Sie im Apothekergarten über 160 heimische Arzneipflanzen und Heilkräuter kennen lernen. Am **Planetenweg**, auch im Kurpark zu finden, ist das Sonnensystem nachgestellt.

5 **11,5 (450)** Für den Rundweg der Fahrstraße, an den Parkplätzen vorbei, folgen ~ gelbe Raute rechts Richtung **Sommerhalde – Oberlengenhardt** ~ auf breitem Waldweg immer geradeaus aufwärts ~ am Wegweiser Sommerhalde links hinunter zur Landstraße.

6 **13,3 (530)** Abwärts zur **Maisenbacher Sägmühle** ~ am Wegweiser rechts ~ den **Sägmühlenweg** aufwärts Richtung Oberlengenhardt-Schömberg wählen ~ der Weg steigt nochmals kräftig an bis Oberlengenhardt.

Oberlengenhardt

PLZ: 75328; Vorwahl: 07084

Zollernblick, Zollernstr. 17, ✆ 6256, ÖZ: Do-Di 10-24 Uhr

Das Dorf Oberlengenhardt liegt auf 670 Metern und ist von Wäldern mit

Kirche in Schömberg

ebenen Wanderwegen umgeben. Es ist eines der letzten, in seiner traditionellen Siedlungsstruktur erhaltenen, Waldhufendörfer.

Am Wegweiser in Oberlengenhardt links Richtung **Zollernblick – Schömberg** gehen ~ aus dem Ort hinaus, dann rechts aufwärts zum **Hohenzollernblick** mit Fernsicht zum Hohenzollern, der Schwäbischen Alb und zum Stuttgarter Fernsehturm.

7 **16,3 (695)** Mit gelber Raute durch den Wald ~ am Wegweiser **Wernerwald** der blauen Raute Richtung Feuerwehr Schömberg folgen ~ die letzten Meter auf dem Rad- und Fußweg neben der Landstraße abwärts zurück bis zum Parkplatz bei der Feuerwehr.

1 **18,5 (650)** Ende der Wanderung.

INS ZENTRUM Durch den Kurpark gelangen Sie ins Zentrum und zum Rathaus – hier locken am Ende der Wanderung die kulinarischen Genüsse.

Schömberg

9,8 km

…s wildromantische Monbachtal

…rt/Ziel: **Bad Liebenzell, Bahnhof**

…ehzeit: **3 Std.** Aufstieg: **390 m** Abstieg: **390 m**

…rtbelag: **33 %** Wanderwege: **33 %** Wanderpfade: **34 %**

Charakteristik: Das wildromantische Monbachtal ist ein landschaftliches Kleinod ersten Ranges. Teilweise steigt der Wanderer hier über Steinbrocken und umgestürzte Bäume sowie über den Monbach. Moosbewachsene Steine und eine Vegetation, die man fast „schwäbischen Urwald" nennen könnte, kennzeichnen dieses Gebiet. Die Monbachschlucht wurde 1901 erschlossen und ist Teil des Schwarzwald Ostweges. In Monakam angelangt hat man die Möglichkeit einzukehren. Es gibt überhaupt nur einen Grund, diesen Weg nicht zu gehen: Hochwasser.

Tipp: Da der Weg auch nahe am Bachlauf entlang und über Naturwege führt, ist festes, wasserdichtes Schuhwerk notwendig. Auch für Familien mit Kindern ist der Weg sehr spannend.

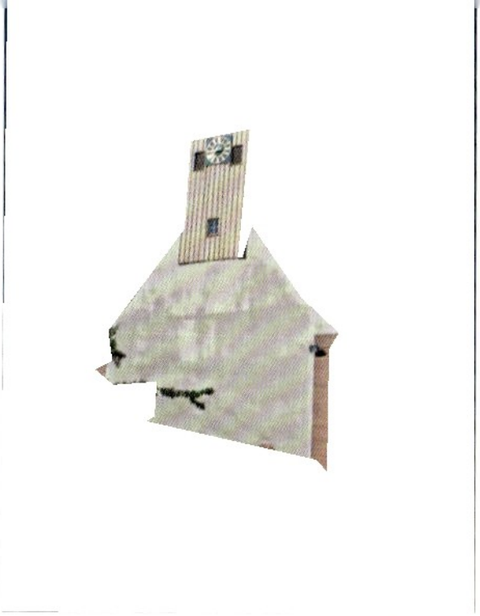

Bad Liebenzell s. S. 56

1 0,0 (335) Vom Bahnhof Bad Liebenzell zur Brücke über die Nagold ~ dann rechts direkt am Ufer der Nagold entlang Richtung Markgrafenbrücke ~ immer mit Markierung schwarz/rote Raute (Ostweg) an der Nagold entlang ~ vorbei am Campingplatz zur **Markgrafenbrücke** ~ über die Brücke ~ rechts und gleich wieder links über die Eisenbahnschienen ~ dann zur Bushaltestelle Blindenheim hinauf ~ die Asphaltstraße verlassen und auf breitem Forstweg in den Wald ~ dem Wegweiser **Monbachtal** folgen ~ am alten Bahnwärterhaus vorbei ~ danach leicht rechts Richtung Monbachbrücke ~ der Weg wird zum Pfad und das Landschaftsschutzgebiet Monbachtal beginnt ~ leicht abwärts zu einer Minigolfanlage ~ rechts ins Monbachtal ~ dem Weg immer geradeaus folgen ~ erst einige Meter oberhalb des Monbachs, doch dann geht es bald über Stock und Stein ganz nah am Bach entlang.

2 3,4 (340) Mal rechts mal links des Baches durch das wildromantische Tal ~ vorbei an total bemoosten Steinen, über Baumstämme immer tiefer ins Monbachtal hinein.

3 5,6 (440) Weiter bis zur **Rolf Hammann Hütte** ~ nun wechseln wir immer öfter die Bachseite und es wundert vermutlich niemand mehr, warum man den Weg bei Hochwasser nicht gehen kann. Erst kurz vor der Monbachbrücke wird das Tal wieder breiter ~ an der Monbachbrücke ein ganzer Schilderwald ~ rechts aufwärts mit gelber Raute Richtung Monakam ~ die nächsten 600 m haben es in sich.

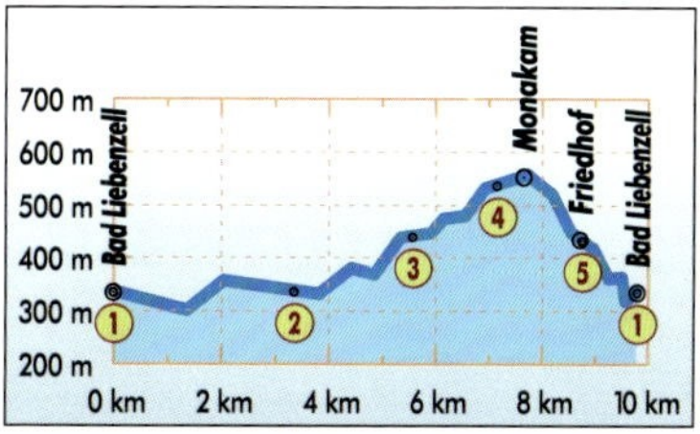

Monakam

Monakam ist heute ein Ortsteil der Stadt Bad Liebenzell, eingemeindet wurde er in der Zeit der Kreis- und Ge-

Bei Monakam

meindereformen der 1970er Jahre. Monakam ist als Luftkurort ausgezeichnet. Eine Besonderheit steht in der Evangelischen Kirche - ein kunstvoller Altarschrein der Spätgotik aus dem Jahre 1497. Besichtigungen sind von April bis Oktober möglich. Informationen unter ✆ 070523858.

4 7,1 (540) Dem Wegweiser **Monakamer Kirchweg** folgen ~ in die **Brunnenstraße** zur Evangelischen Kirche mit dem herrlichen Altar ~ weiter am Pfarrhaus vorbei zum Waldrand ~ dort links und gleich wieder rechts gelbe Raute - Wegweiser Bad Liebenzell ~ am Ende des **Iltisweges** links ~ kurz abwärts, dann rechts immer dem Monakamer Kirchweg folgen ~ durch ein Feriendorf, dann über einen Pfad, markiert mit gelber Raute, weiter abwärts zum Waldfriedhof.

5 8,8 (435) Durch den Friedhof gehen ~ danach mit Blick auf die **Burg Liebenzell**, steiler abwärts bis zur Landstraße ~ nun entweder rechts und dann über die Jägerbrücke ins Ortszentrum, oder links vorbei am Bau- und Landwirtschaftsmarkt zurück zum Bahnhof.

1 9,8 (335) Ende der Wanderung.
Bad Liebenzell

Bad Liebenzeller Mineralwasser

Zum Durstlöschen noch ein Bad Liebenzeller Mineralwasser?
Bereits seit dem Mittelalter ist der Ort wegen seiner heilenden Quellen bekannt. Der Bad Liebenzeller Mineralbrunnen wurde im Jahr 1928 vom damaligen Bürgermeister, Gottlob Klepser, gegründet. Das Bad Liebenzeller Mineralwasser war schon damals wegen seiner heilsamen Wirkung beliebt. Wurde anfänglich nur das Bad Liebenzeller Mineralwasser abgefüllt, hat sich das Sortiment der Bad Liebenzeller Mineralbrunnen AG bis heute ständig erweitert.

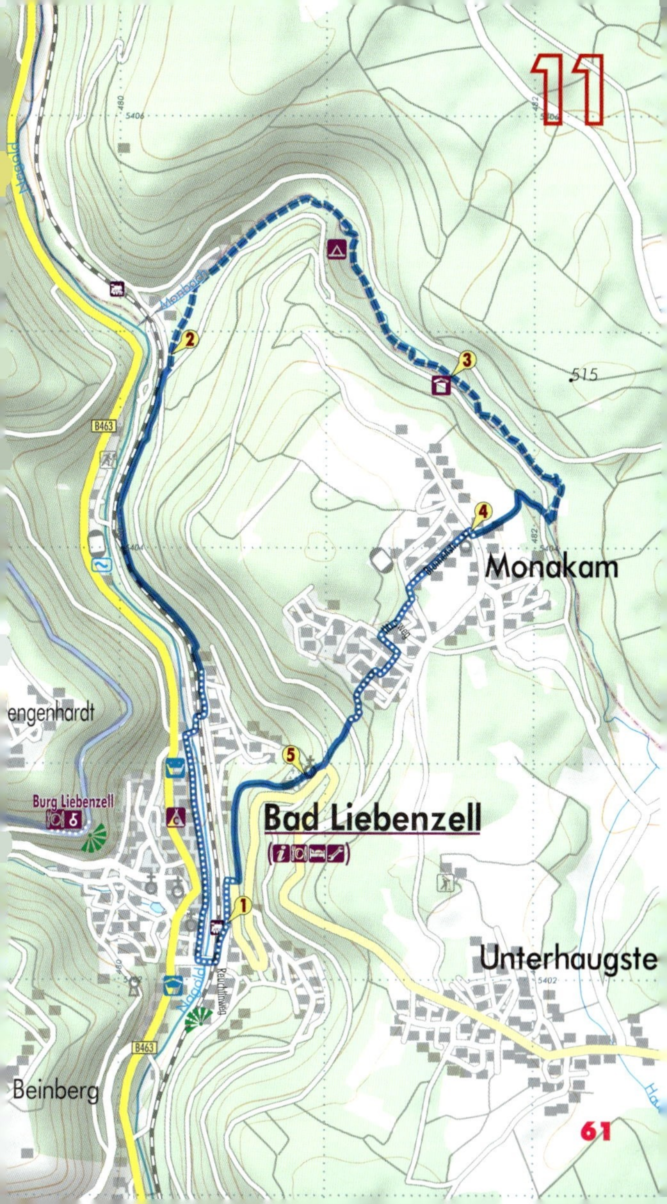
11
Nagold
Monbach
B463
Monakam
515
Burg Liebenzell
engenhardt
Bad Liebenzell
Unterhaugste
Beinberg
Reuchlinweg
Brunnenstr.
1
2
3
4
5
5406
5404
5402
480
482

9,5 km

und Klingen

Hirsau, Bahnhof

it: 3 Std. Aufstieg: 420 m Abstieg: 420 m

elag: 32 % Wanderwege: 48 % Wanderpfade: 20 %

Charakteristik: Hermann Hesse war viel wandern in und um Calw – zahlreiche Gedichte und Erzählungen bezeugen dies. Calw liegt an zwei überregionalen Fernwanderwegen - dem Gäurandweg und dem Ostweg. Ein besonderes Erlebnis ist aber auch die Rundwanderung zur wildromantischen Wolfsschlucht. Es ist schon etwas Trittsicherheit nötig um dieses Kleinod zu durchwandern. Die Schlucht ist geologisch gesehen jung und verändert sich ständig. Weiter geht es durch die Fuchsklinge zum Gasthaus, es ist an das ehemalige Bahnwärter Häuschen angebaut. Hier war einst ein Haltepunkt der Bahnlinie Hirsau - Weil der Stadt.

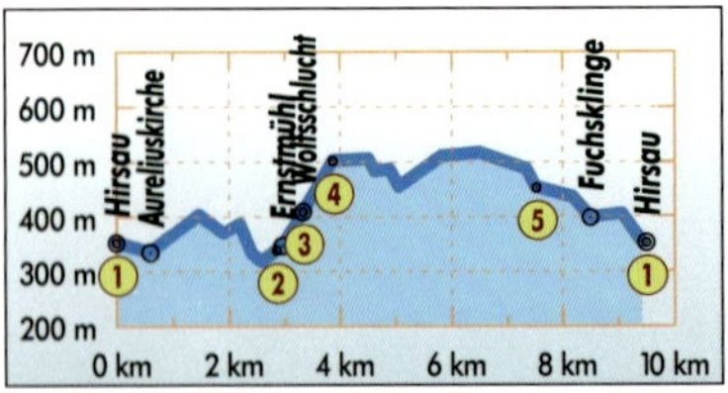

Hirsau

PLZ: 75365; Vorwahl: 07051

Stadtinformation Calw, Marktbrücke 1, ☎ 968810, www.calw.de

Klostermuseum Hirsau, Calwer Str. 6, ☎ 59015 od. ☎ 167260, ÖZ: April-Okt., Di-So 14-17 Uhr. Das Klostermuseum wurde 1991 in Zusammenarbeit mit dem Badischen Landesmuseum eröffnet. An der Nordseite der Aureliuskirche angebaut gibt das Museumsgebäude selbst Zeugnis der Hirsauer Klosterkultur. In Text- und Bildtafeln, unterstützt durch Fundgegenstände, bekommt man einen Einblick in die Hirsauer Klosterkultur, das Leben der Mönche und die Geschichte des Kurortes Hirsau im 19. und 20. Jh.

Kloster Hirsau, ÖZ: frei zugänglich, Führungen: Mai-Okt., So 11 Uhr. Das ehemalige Benediktinerkloster St. Peter und Paul ist 1692 im Pfälzischen Erbfolgekrieg von französischen Truppen zerstört worden. Die romanische Säulenbasilika ist gut erhalten, der gotische Kreuzgang, die spätgotische Marienkapelle und die Ruinen eines Renaissanceschlosses sind baugeschichtlich bedeutend. Heute werden in den Klosteranlagen die Klosterspiele Hirsau abgehalten, die jährlich über 6.000 Besucher anziehen. Im ehema-

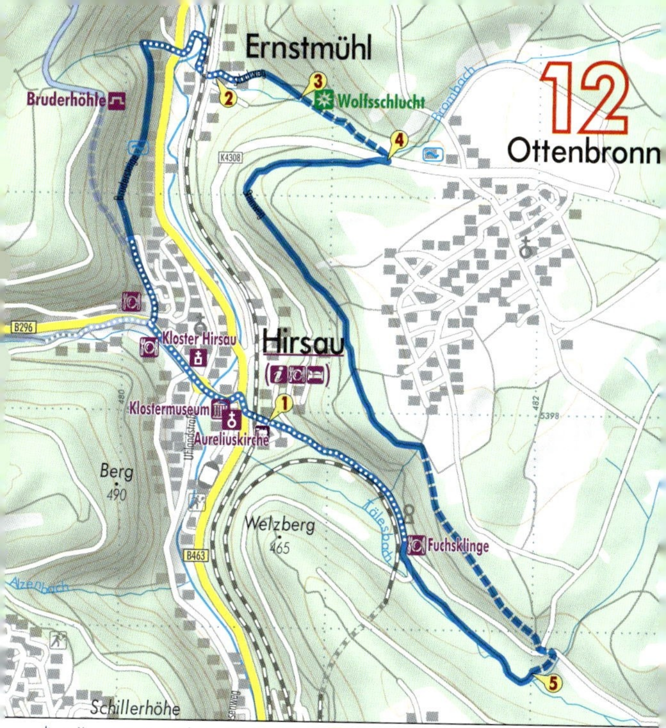

ligen Kreuzgang ist ein Klostergärtlein zu besichtigen, in dem etwa 50 heimische Heilkräuterarten gedeihen. Die spätgotische Marienkapelle (1505) überstand die Zerstörung von 1692 unversehrt.

Aureliuskirche, Aureliuspl. 7, ✆ 2610, ÖZ: Mo-So 10-17 Uhr. Bereits seit dem Jahr 830 wirkten Benediktinermönche in Hirsau. Die Aureliuskirche stammt noch aus dieser ersten Klosteranlage aus dem Jahr 1070. Heute dient sie Hirsaus katholischer Gemeinde. Hier finden regelmäßig die Aureliuskonzerte statt.

1 **0,0 (350)** Vom Bahnhof Hirsau dem Wegweiser rote Raute Richtung Kloster folgen ~ vom Parkplatz am Kloster einfach über die Straße

Kloster Hirsau

rechts zum Klostereingang ~ am oberen Tor vorbei und dann die **Brudersteige** und **Conventrain** hinauf ~ nach rechts mit gelber Raute Richtung Ernstmühl ~ oberhalb der Häuser von Hirsau in den Wald.

Ernstmühl

Bei den Häusern von Ernstmühl rechts ein steiles Sträßchen hinunter ~ über die Bundesstraße und die **Nagoldbrücke** ~ unter der Eisenbahnunterführung hindurch.

2 2,9 (340) Am Wegweiser **Ernstmühl** zur Wolfsschlucht weiter nach links mit gelber Raute ~ bald die gelbe Raute verlassen ~ nach rechts den **Schulweg** hinauf zum Wald in Richtung Wolfsschlucht einschlagen ~ steiler Aufstieg aus dem Ort hinaus ~ nun auf schmalem Naturweg geradeaus ~ beim Wegweiser Ernstmühler Berg 390 m kurz dem Ostweg folgen ~ über eine kleine Holzbrücke zum nächsten Wegweiser ~ hier nach links mit gelber Raute (Ostweg verlassen!) zum Einstieg in die Wolfsschlucht.

Wolfsschlucht

3 3,3 (410) Über eine Holzbrücke und dann aufwärts über Stock und Stein ~ erst direkt neben dem Bachlauf, dann über Stufen weiter bergauf ~ am Ende der Schlucht über einen schmalen steilen Serpentinenpfad die Schlucht verlassen ~ nun zur K 4308, diese überqueren.

4 3,9 (505) Auf dem **Steinweg**, einem Forstweg, leicht aufwärts mit gelber Raute ~ bequem auf breitem Waldweg durch Mischwald ~ alle Abzweigungen ignorieren ~ auf herrlich weichem Wiesenweg leicht bergauf ~ vorbei an einem Forststand ~ oben an der Kuppe wieder die gelbe Raute ~ geradeaus Richtung **Fuchsloch** halten ~ bald leicht abwärts durch hohen Nadelwald ~ vom Fuchsloch weiter mit gelber Raute Richtung **Fuchsklinge** ~ am Wegweiser **Mönchloch** rechts zur Fuchsklinge ~ nun weiter mit blauer Raute ~ auf herrlichem Pfad abwärts ~ wir stoßen auf einen breiten Weg ~ wenige Schritte abwärts, dann sofort links auf Pfad weiter durch die Fuchsklinge.

5 7,6 (455) Hier gibt es auch an einigen Stellen die Möglichkeit direkt an den Bach zu gehen um die

Füße zu kühlen ~ am Wegweiser Fuchsklinge rechts Richtung Hirsau halten.

Waldrestaurant Fuchsklinge, Waldstr. 44, 75365 Calw-Hirsau, ☎ 07051/934571, ÖZ: Mo, Di, Fr, Sa 11-14 Uhr und 17-24 Uhr.

Hier befand sich einst der Haltepunkt Fuchsklinge der Bahnlinie Hirsau - Weil der Stadt. Eine Gruppe von Aktivisten möchte diese Bahn wiederbeleben. Landschaftlich wunderschön ist die Strecke ganz sicher.

Der Straße nach Hirsau folgen ~ vorbei am großen **Kaiser-Wilhelm-Stein** ~ am Wegweiser **Hirsau-Kurwald** ist die Bahnstation ganz nah.

1 9,5 (350) Ende der Wanderung **Hirsau**

16,8 km

...ng pur in Oberreichenbach

...iel: **Oberreichenbach, Rathaus**

...ehzeit: **4½ Std.** Aufstieg: **690 m** Abstieg: **690 m**

...artbelag: **22 %** Wanderwege: **56 %** Wanderpfade: **22 %**

Charakteristik: In Oberreichenbach auf der Höhe ist man der Sonne immer ein Stück näher. Vorbei am Felsenmeer führt die Tour nach Oberkollbach. Am Kollbrunnen kann man die Wasservorräte auffüllen. Ein schmaler Pfad bringt Sie zur frei zugänglichen Bruderhöhle. Sie ist durch Auswitterung und Unterwaschung der festen Konglomeratbänke entstanden. Anschließend erreichen Sie das Weltkulturerbe Kloster Hirsau. Westlich von Hirsau befindet sich das Schweinbachtal, ein

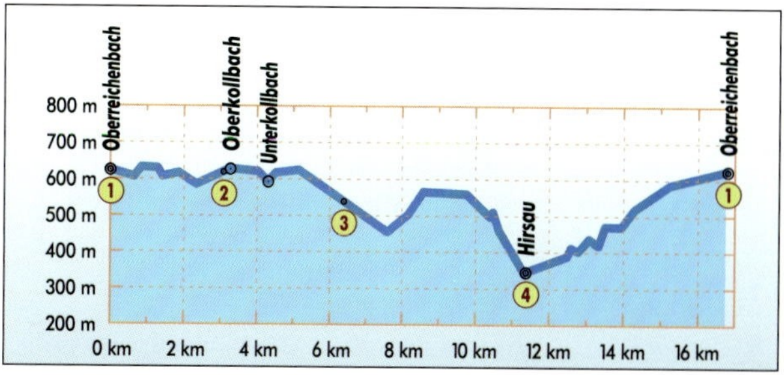

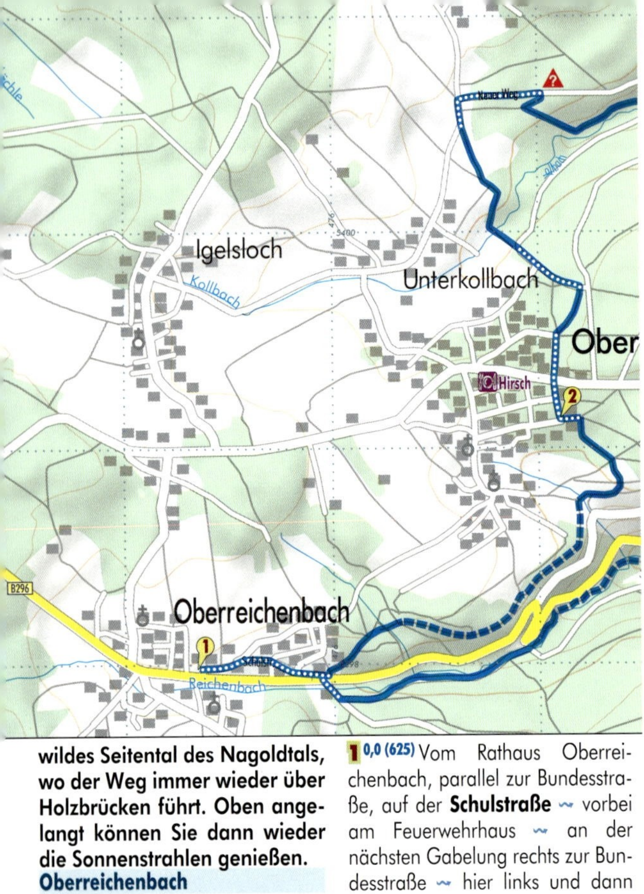

wildes Seitental des Nagoldtals, wo der Weg immer wieder über Holzbrücken führt. Oben angelangt können Sie dann wieder die Sonnenstrahlen genießen.

Oberreichenbach

PLZ: 75394, Vorwahl: 07051

Bürgermeisteramt Oberreichenbach, Schulstr. 3, ☎ 96990, www.oberreichenbach.de

Ursprünglich gehörte Oberreichenbach den Grafen von Calw. 1303 kam der Ort an das Kloster Hirsau und blieb dort als Vogtei bis ins 18. Jahrhundert.

1 **0,0 (625)** Vom Rathaus Oberreichenbach, parallel zur Bundesstraße, auf der **Schulstraße** ~ vorbei am Feuerwehrhaus ~ an der nächsten Gabelung rechts zur Bundesstraße ~ hier links und dann wieder links in die **Fichtenstraße** ~ an der nächsten Kreuzung rechts der gelben Raute folgen ~ der Weg geht in einen schmalen Naturweg über und führt nun am Hang entlang bis zum Felsenmeer ~ der Pfad trifft auf einen breiten Forstweg, diesem scharf links folgen

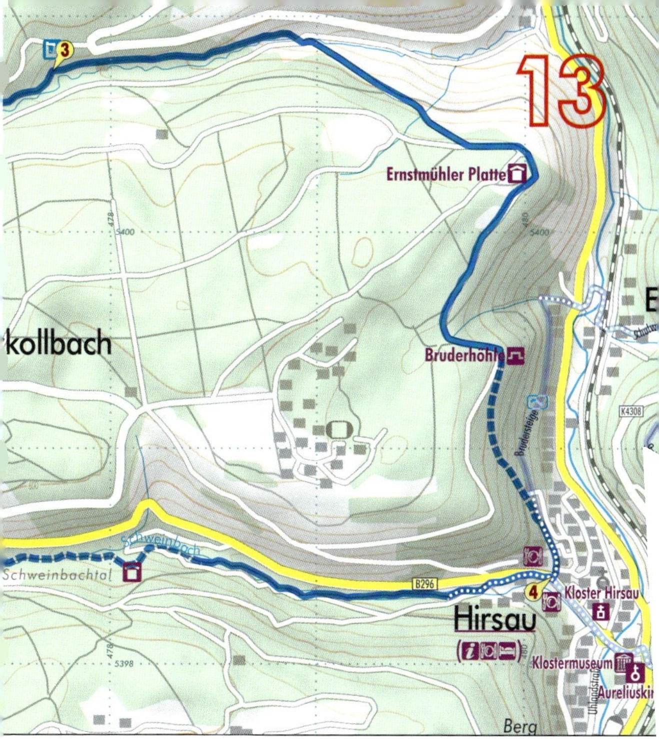

~ am nächsten Wegweiser weiter Richtung **Kollbachbrücke** ~ den breiten Forstweg sofort nach links verlassen ~ aus dem Wald hinaus ~ weiter auf einem Wiesenweg, der zu einem freistehenden Haus führt ~ hier der blauen Raute in den Ort folgen.

Oberkollbach

Gasthof Hirsch, Alte Badstr. 7, ✆ 07051/51195, ÖZ: Do-Di 11.30-14 Uhr u. 17.30-21 Uhr.

2 **3,1 (620)** An der ersten Straße nach rechts ~ das Neubaugebiet auf dem **Tiroler Weg** durchschreiten ~ die blaue Raute führt weiter zum Bettelstock ~ am Wegweiser **Tiroler Wald** Markierungswechsel, nun mit

gelber Raute nach links auf einem breiten Forstweg durch Mischwald ~ immer geradeaus ~ in einer Rechtskurve geradeaus weiter, der Weg ist nun schmäler ~ über eine Holzbrücke bis der Wald endet ~ schon nach ca. 50 m geht es mit blauer Raute rechts wieder in den Wald ~ an einem Asphaltsträßchen nach rechts und bereits nach 150 m wieder rechts ~ auf dem **Neuen Weg**, einem breiten Forstweg, mit blauer Raute ~ ⚠ am Wegweiser **Hinterer Kollbach** scharf rechts mit blauer Raute Richtung **Kollbachtal – Kollbachbrücke – Bad Liebenzell** ~ es geht etwas steiler bergab immer auf dem Weg bleiben ~ an der nächsten Weggabelung links weiter ~ am Kollbrunnen kommt glasklares Wasser.

3 6,4 (540) Am Brunnen geradeaus weiter ~ am Wegweiser **Simmersfelder Weg** nun mit gelber Raute Richtung **Bruderhöhle** ~ wieder bergauf ~ durch die Bäume sehen Sie bald links unten die ersten Häuser von Bad Liebenzell, bald ist der Bergrücken umrundet ~ an der Schutzhütte **Ernstmühler Platte** bergab durch Mischwald zur **Bruderhöhle** ~ dann weiter bis zu den ersten Häusern von Hirsau ~ abwärts zur Hauptstraße.

Hirsau **s. S. 62**

AUSFLUG: Hier lohnt ein Abstecher zum Klostergelände.

4 11,4 (345) Nach rechts in das **Schweinbachtal** und zum Steinernen Brückle.

Schweinbachtal

Unten am Bach, nach den Wohnhäusern, endet das Fahrsträßchen ~ romantisch geht der Weg nun am Bach entlang Richtung Oberreichenbach ~ über zahlreiche Brücken, vorbei an Felsbrocken und bemoosten Steinen durch das idyllische Schweinbachtal ~ dann auf einem Fahrweg weiter bergauf ~ kurz vor einer Rasthütte rechts über den Bach und dann gleich wieder links weiter auf schmalem Pfad ~ am Wegweiser **Steinernes Brückle** nur noch 1.000 große Schritte bis nach Oberreichenbach.

1 16,8 (625) Ende der Wanderung

Oberreichenbach

Tour 14

Rundwanderung C

Start/Ziel: Calw, Markplatz

Gehzeit: 4 Std. **Aufstieg:** 560

Hartbelag: 48 % **Wanderwege:** 45 %

Charakteristik: Bewundernswert ist die Altstadt von Calw mit dem historischen Marktplatz. Hermann Hesse wurde in Calw am 2. Juli 1877 geboren. Heute finden wir in Calw viele Hinweise auf diesen bedeutenden Dichter und Schriftsteller. Aus Calw hinaus geht es leichtfüßig nach Kentheim mit der sehenswerten Kirche St. Candidus aus dem Jahr 1075. Dann steigt der Weg nach Zavelstein über den Stubenfelsen kräftig an. Doch der Aufstieg wird belohnt – Zavelstein ist ein Juwel. Das pittoreske Städtchen erinnert ein wenig an die gute alte Zeit. Ein Augenschmaus ist auch die wilde Krokusblüte im frühen Frühjahr. Im Wanderheim lässt es sich herrlich rasten, bevor es über das Zavelsteiner Brückle und den Schafottplatz nach Calw zurück geht.

Tipp: Die Besichtigung von Calw ist unbedingt empfehlenswert.

Calw

PLZ: 75365; Vorwahl: 07051

Marktplatz Calw

Stadtinformation Calw, Sparkassenpl. 2, ✆ 167399, www.calw.de

Eisenbahnmuseum Stellwerk 1, Bahnhofstr. 59, ✆ 20541, ÖZ: auf Anfrage. 1872 erreichte man mit der Schwarzwaldbahn erstmals die Stadt Calw. Die Strecke wurde mittlerweile außer Betrieb genommen. Das Stellwerk 1 Calw Süd aus dem Jahr 1889 ist das älteste noch existierende der königlich württembergischen Staatsbahn.

Gerbereimuseum, Badstr. 7/1, ✆ 3751, ÖZ: April-Okt., So 14-17 Uhr. Das Gebäude der Gerberei Balz wurde um 1800 errichtet. Im Erdgeschoss befinden sich die Wasser-

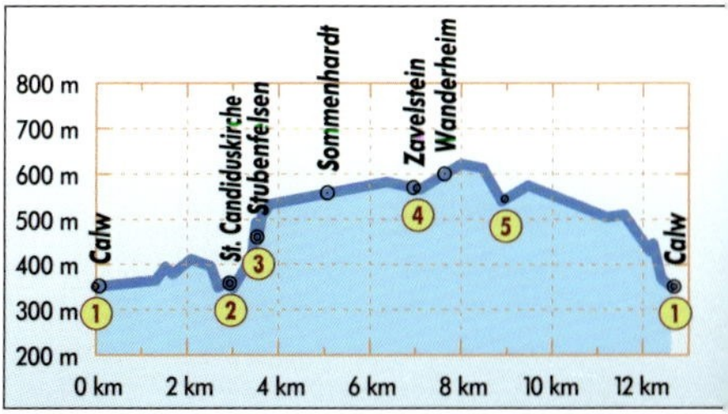

werkstätten mit den historischen Maschinen. Im Obergeschoss wird mit Hilfe einer Gerbereieinrichtung die Trockenverarbeitung und die Vermessung der Felle gezeigt. Im ehemaligen Wohngeschoss gibt es eine Dokumentation über die verschiedenen Methoden und die Tradition des Gerbens in Calw.

🏛 **Internationales Hermann-Hesse-Museum**, Marktpl. 30, ✆ 7522, ÖZ: April-Okt., Di-So 11-17 Uhr, Nov.-März, Di-So 14-17 Uhr. Im historischen Stadtpalais „Haus Schüz", nahe dem Geburtshaus des Dichters, ist 1990 das Hermann-Hesse-Museum eröffnet worden. Zu sehen sind u. a. Erstausgaben, Manuskripte, Fotos, Zeichnungen und Aquarelle aus seinem vielgestaltigen Lebenswerk sowie die multimediale Ausstellung Weltflechtwerk.

🏛 **Palais Vischer** (Museum der Stadt), Bischofstr. 48, ✆ 167260, ÖZ: April-Okt., Sa, So 14-17 Uhr. Das stattliche Gebäude wurde 1787-91 vom Chef der Floß- und Holzhandels-Compagnie Johann Martin Vischer nach Plänen des Stuttgarter Herzoglichen Oberbaudirektors Reinhard Fischer errichtet. Zu sehen ist ein Einblick in die gehobene Wohnkultur der damaligen Zeit, sowie Bilder und Objekte zur Stadtgeschichte, wichtigen Personen und besonderen Ereignissen.

🏛 **Spielzeugmuseum**, Bischofstr. 1, ✆ 167260, ÖZ: auf Anfrage. Thema: Puppen, Figuren, Bauernhöfe und Burgen aus der

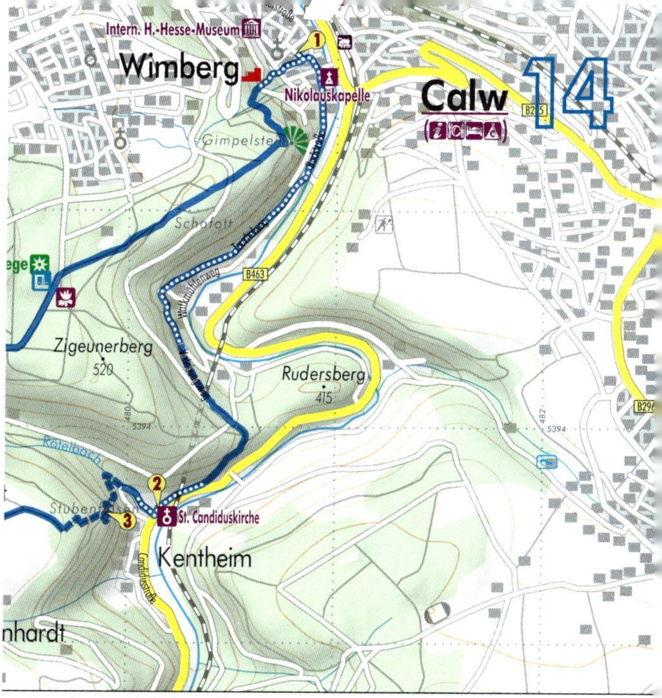

Sammlung des Schriftsteller- und Journalistenehepaars Rebmann aus Böblingen.

Die **Nikolauskapelle** stammt aus dem Jahr 1400. Diese Kapelle wird oft als Wahrzeichen von Calw bezeichnet. Die gotische Kapelle ist St. Nikolaus, dem Schutzpatron gegen hohes und stürmisches Wasser, geweiht. Bei der Renovierung 1926 wurden die Figuren von Christophorus und St. Nikolaus, die bei der Reformation im 16. Jh. entfernt wurden, gegen die Figuren eines Tuchhändlers und eines Flößers ersetzt.

Stadtkirche St. Peter und Paul. Es handelt sich um ein neugotisches Bauwerk aus dem 19. Jh., einige Teile der Kirche sind jedoch älter. Zum ersten Mal wurde die Kirche im Jahre 1262 urkundlich erwähnt. 1634 und 1692 wurde die Kirche durch Kriege zerstört. Eine Steintafel an der rechten Seite des südlichen Eingangs ist der einzige Teil, der alle Zerstörungen und Neubauten überlebt hat.

Der Lange, Im Zwinger 22, ✆ 167260, ÖZ: April-Okt., Sa, So 14-17 Uhr. Im einzig erhaltenen Turm der Stadtbefestigung befanden sich im unteren Teil drei übereinanderliegende Gefängnisse, darüber eine Wohnung für einen Wächter. Auch das angebaute dreistöckige Haus war ein Gefängnis, seit 1990 ist darin das Archiv der Stadt untergebracht.

Georgenäum, Im Zwinger 3. Heute ist dort die Musikschule mit den Aureliussängern untergebracht. Im Einweihungsjahr 1871 legte hier der Stifter Generalkonsul Emil von Georgii-Georgenau mit 745 Büchern den Grundstein für die heutige Stadtbibliothek.

Geburtshaus von Hermann Hesse, Marktplatz. Hermann Hesse ist in diesem Haus in der Wohnung im zweiten Stock rechts, am Montag, dem 2. Juli 1877, um halb sieben Uhr abends, zur Welt gekommen. Seit der Heirat der Eltern 1874 wohnten diese bis zum Umzug nach Basel 1881 mit ihren Kindern in dieser Wohnung.

1 0,0 (350) Die Tour startet am Marktplatz in Calw ~ leichtfüßig schlagen wir den Radweg Richtung Kentheim ein ~ nach der IHK rechts, auf dem **Teuchelweg** aufwärts mit blaugelber Raute aus der Stadt hinaus ~ bei den letzten Häusern Nr. 61-63, rechts in den **Verlobungsweg** ~ der Pfad steigt an und stößt auf einen breiten Forstweg ~ dem Forstweg nach links folgen ~ an einer großen Gabelung geradeaus, abwärts Richtung Baumwollspinnerei, Kentheim ~ unten rechts auf dem Gehweg nach Kentheim.

Kentheim

PLZ: 75365; Vorwahl: 07051

St. Candiduskirche. Kentheim hat mit der Candiduskirche die älteste im Kirchenbezirk Calw. Die erste sichtbare Bauphase ist Reichenauer Ursprungs (erste Erwähnung 1075), über eineinhalb Jahrhunderte befand sich hier ein Frauenkloster für das Kloster Hirsau. Schöne Fresken aus dem 14. u.15. Jh.

2 2,9 (355) Die Fahrstraße überqueren, mit gelber Raute Richtung Sommenhardt, Burg Zavelstein ~ der Weg schlängelt sich nach oben entlang des Rötelbachs ~ dann links Richtung Lützenhardt/Sommenhardt ~ ein wildromantischer Pfad führt steil aufwärts am Hang entlang ~ dem Pfad immer weiter Richtung Stubenfelsen folgen ~ direkt durch die beiden Felsblöcke hindurch ~ dann den Pfad rechts einschlagen.

3 3,5 (460) Nun stehen Sie oben auf dem **Stubenfelsen** ~ weiter aufwärts Richtung Lützenhardt an weiteren Felsen vorbei ~ nach dem Aufstieg stößt der Pfad auf einen breiten Forstweg ~ links weiter gehen, nun bequem durch Felder nach Lützenhardt.

Lützenhardt

In Lützenhardt links halten ~ vorbei an einigen schönen Häusern bis Sommenhardt.

Sommenhardt

In Sommenhardt am Wegweiser der gelben Raute Richtung **Wanderheim Zavelstein** folgen ~ am Gasthof Sonnenhof Löwen links.

Gasthof Sonnenhof Löwen, Calwer Str. 20, Sommenhardt, 75385 Bad Teinach Zavelstein, ✆ 07053/8856

Neben einem kleinen Fahrsträßchen auf dem Gehweg nach Zavelstein.

Zavelstein

PLZ: 75385; Vorwahl: 07053

Teinachtal-Touristik, Bad Teinach-Zavelstein, Rathausstr. 5, ✆ 9205040, www.teinachtal.de

An der Sporthalle und der Feuerwehr vorbei ~ durch die **Schulstraße** ~ links abwärts am Friedhof entlang zur Ortsmitte.

4 7,1 (570) Links lohnt ein Abstecher zur Burgruine Zavelstein.

Burgruine Zavelstein

Burgruine Zavelstein, im frühen 13. Jh. als Vogtburg von dem Grafen von Calw erbaut, im 17. Jh. durch die Franzosen zerstört. Heute ist es eine gut erhaltene Ruine mit herrlichen Ausblick von dem 30 m hohen Turm. Die Turmbesteigung ist ein Muss. Für Kinder ist die mittelalterliche Burgruine mit ihren alten Gemäuern, Treppen und dem angrenzenden Spielplatz ein wahres Paradies.

Auf gleichem Weg zurück ~ am Friedhof aufwärts ~ am Wegweiser **Zavelstein/Schulstraße** weiter aufwärts gehen ~ hier schlendert man durch das Naturschutzgebiet der Krokusse ~ linker Hand liegt das Wanderheim.

Wanderheim, Fronwaldstr. 48, 75385 Bad Teinach-Zavelstein, ✆ 07053/92940, ÖZ: ganzjährig Di-So

Geradeaus in den Wald gehen, ab jetzt immer der schwarz-roten Raute (Ostweg) bis Calw folgen ~ auf gut markiertem Weg gemächlich bergab gehen ~ eine Fahrstraße queren ~ in der Senke über das **Zavelsteinerbrückle**.

5 **9,0 (545)** Nach dem Zavelsteinerbrückle aufwärts am Wölflesbrunnen vorbei zum Wildgehege.

Ein Grillplatz mit Bänken und Feuerstellen lädt zur Rast.

Unterhalb der großen Hütte geht es rechts auf schmalem Weg in den Wald ~ weiter zum **Calwer Schafott** und **Gimpelstein** ~ durch Tannenwald, dann über einen Treppenweg steiler bergab ~ vom Stadtgarten Calw sind es noch wenige Meter abwärts bis zum Calwer Marktplatz mit Hesse-Museum.

1 **12,7 (350)** Ende der Wanderung

Ruine Zavelstein

Calw

Hermann Hesse

Hesse selbst war ein begeisterter Wanderer und hinterließ so manchen Vers darüber: „Oh, ihr Wanderburschen, ihr fröhlichen Leichtfüße, jedem von euch sehe ich wie einem König nach, mit Hochachtung, Bewunderung und Neid". Bereits in seiner Jugend hat Hesse in seiner schwäbischen Heimat, im „Nordschwarzwald", im Gäu und auf der Schwäbischen Alb „Fußreisen" unternommen. Später hat sich der Radius, den er sich zu Fuß erschlossen hat, auf die Bodenseegegend, den Schweizer Jura, das Berner Oberland, das Tessin, das Oberengadin und auf Oberitalien erweitert. Laut Hesse ist Calw „die schönste Stadt zwischen Bremen und Neapel, Wien und Singapore", urteilen Sie selbst.

5,4 km

avelstein, Marktplatz

1½ Std. Aufstieg: 120 m Abstieg: 120 m

67 % Wanderwege: 33 % Wanderpfade: 0 %

Charakteristik: Diese kurze Wanderung bietet alles – kleine Weiler wie Sommenhardt und Lützenhard, Naturschönheiten wie das Naturschutzgebiet Krokuswiesen und herrliche Aussichtspunkte.

Der Weg führt fast ohne nennenswerte Steigungen über freies Feld und durch kleine Waldabschnitt. Er ist bei jeder Witterung gut zu begehen. Den Abschluss bildet die Burgruine Zavelstein mit der Turmbesteigung sowie die Besichtigung der vielen historischen Gebäude Zavelsteins, die sonntags meist ab ca. 13 Uhr geöffnet haben.

Tipp: Einkehr im Wanderheim - traumhaft idyllisch am Ortsrand von Zavelstein gelegen. Vor allem im Sommer ist der Biergarten ein Anziehungsmagnet.

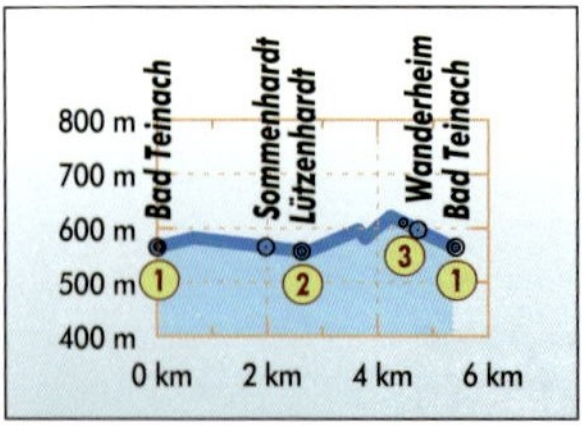

Zavelstein s. S. 72

1 **0,0 (565)** Start ist am Marktplatz beim **Gasthof KroneLamm** ~ am Friedhof entlang in die **Schulstraße** gehen ~ immer weiter aufwärts bis zum Wegweiser **Zavelstein/ Schulstraße** ~ nun rechts weiter Richtung Sommenhardt immer auf der Schulstraße bleibend aus dem Ort hinaus.

Sommenhardt

Am **Gasthof Löwen** ist Sommenhardt erreicht ~ rechts auf der **Calwer Straße** und der **Schwarzwaldstraße** weiter ~ links in die **Birkenwaldstraße** einbiegen, nun bequem nach Lützenhardt.

Lützenhardt

2 **2,6 (560)** In Lützenhardt am Wegweiser geradeaus Richtung **Oberer Waldacker** 1,6 km, **Wanderheim Zavelstein** 2,2 km ~ nach wenigen Metern ⚠ gegenüber Haus 50 sofort links über Wiesenweg an Pferdekoppeln entlang ~ immer geradeaus ~ an Wohnhäusern entlang ~ an der nächsten Kreuzung weiter geradeaus ~ hinter einem Mehrfamilienhaus zum Waldrand ~ vorbei an zahlreichen Rastbänken ~ die Fahrstraße überqueren ~ geradeaus weiter ~ linker Hand

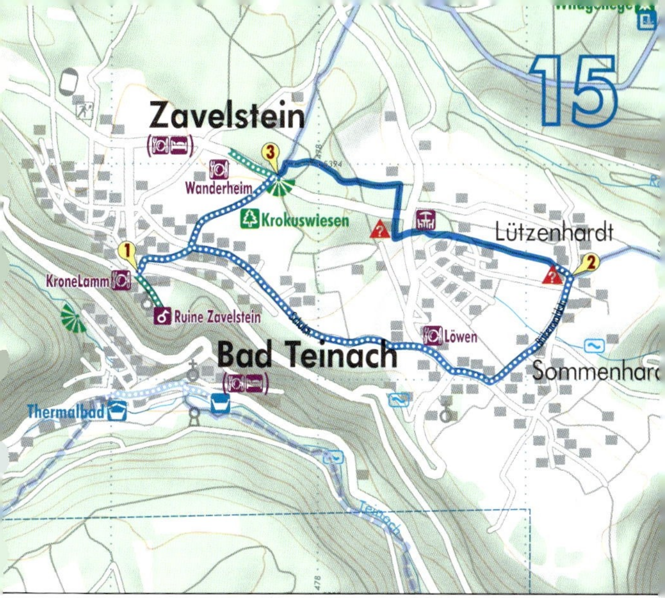

liegt wieder Sommerhardt ⇝ ⚠ wenige Meter weiter biegt rechts unser Weg in den Wald ab ⇝ abermals eine Fahrstraße überquerend, weiter geradeaus in den Wald ⇝ kurz vor einer großen Wiese links ⇝ bei der nächsten Möglichkeit, nach einem Holzlagerplatz, wieder links ⇝ auf herrlich weichem Waldboden nahezu geradeaus ⇝ über einen Forstweg hinweg, bis zum Waldrand ⇝ am Wegweiser **Oberer Waldacker** nach links Richtung **Ruine Zavelstein**, nun auch als **Krokus-Weg** markiert ⇝ dann ganz kurz rechts auf dem Asphaltsträßchen ⇝ herrlicher Aussichtspunkt über Zavelstein.

3 **4,5 (610)** An der Kreuzung links.

AUSFLUG Wenn Sie hier geradeaus weiter gehen kommen Sie zum Wanderheim mit Einkehrmöglichkeit.

Wanderheim Zavelstein, ✆ 07053/92940, ÖZ: ganzjährig

Auf dem Ostweg (schwarz-rote Raute) und auf dem Krokusweg bergab durch das Naturschutzgebiet Krokuswiesen.

Naturschutzgebiet Krokuswiesen

Die Krokuswiesen bei Zavelstein sind die einzigen Flächen in Baden-Württemberg, wo der, auch als Frühlings-Safran bezeichnete, Krokus wild wächst. Warum gibt es hier so viele Krokusse? Zahlreiche Vermutungen existieren so zum Beispiel, dass Benjamin Buwinghausen von Wallmerode die Krokusknollen um 1620 von einer Auslandsreise mitbrachte und im Schlossgarten anpflanzen ließ. Von dort aus soll dann die Ausbreitung des Krokus in die Zavelsteiner Bauerngärten ihren Lauf genommen haben. Eines ist sicher - in den Frühlingswochen werden die Wiesen von tausenden Krokussen übersäat. Die Zavelsteiner Krokuswiesen sind als Naturschutzgebiet ausgewiesen.

Vor uns liegt schon die Burg Zavelstein ~ am Spinnerinnenkreuz aus dem Jahr 1447 vorbei abwärts ~ an dieser Stelle ist eine Spinnerin im Schneesturm umgekommen ~ immer dem Ostweg folgend leicht rechts abwärts bis zur Kreisstraße **K 4307** beim **Gasthaus Krone**.

1 **5,4 (565)** Ende der Wanderung

Zavelstein

AUSFLUG

Hier lohnt sich als krönender Abschluss links ein Abstecher zur Burgruine Zavelstein.

Burgruine Zavelstein s. S. 73

15,0 km

n in Neubulach

t/Ziel: Bad Teinach, Freibad

ehzeit: 4½ Std. **Aufstieg: 630 m** **Abstieg: 630 m**

belag: 38% **Wanderwege: 25 %** **Wanderpfade: 37 %**

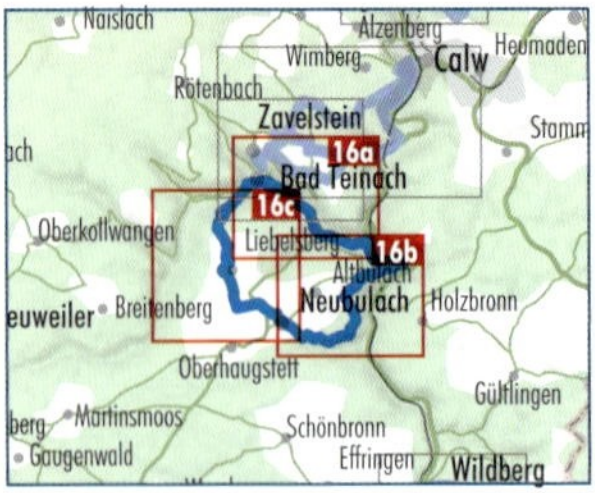

Charakteristik: Vom Kurort Bad Teinach windet sich der Weg zunächst oberhalb der Teinach entlang zum Bahnhof, der doch ganze drei Kilometer entfernt liegt. Ab jetzt geht es hoch hinauf zur Ruine Waldeck mit ihren wehrhaften Mauern. Durch den Wald und am Feldrand entlang,

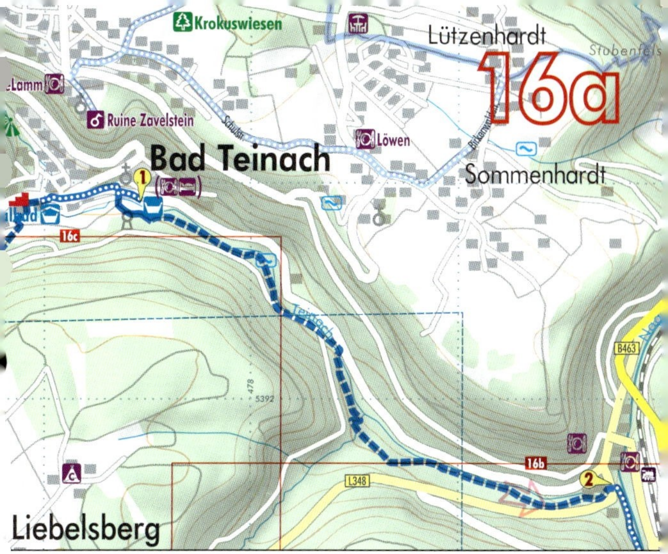

gelangt man zur historischen Altstadt von Neubulach. Diebesturm und Rathaus, ehemalige Bergvogtei und Marktplatz – ein Ensemble wie aus dem Bilderbuch. Hier auf der sonnigen Höhe erreichen Sie Liebelsberg. Auf dem Ostweg gelangen Sie zurück zum Ausgangspunkt ins tiefe Tal der Teinach.

Bad Teinach

PLZ: 75385; Vorwahl: 07053

Teinachtal-Touristik, Rathausstr. 5, ✆ 9205040, www.teinachtal.de

Mineraltherme Bad Teinach, Otto-Neidhart-Allee, ✆ 92670, ÖZ: tägl. ganztägig. Hier lässt es sich nach der Wanderung herrlich entspannen. Die heilende und vitalisierende Kraft des Thermalwassers wirkt auch für müde Wanderfüße anregend.

In Bad Teinach haben die Hirschquelle und das, seit Jahrhunderten bekannte Teinacher Mineralwasser, ihre Heimat. Der Betrieb liegt im Tal, umgeben von den dichten Wäldern des Nordschwarzwaldes.

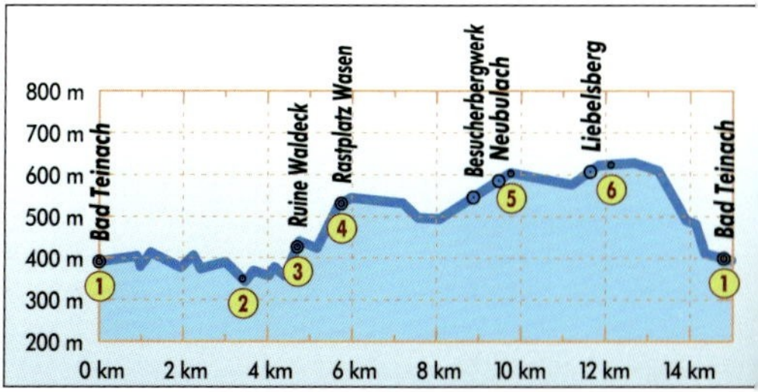

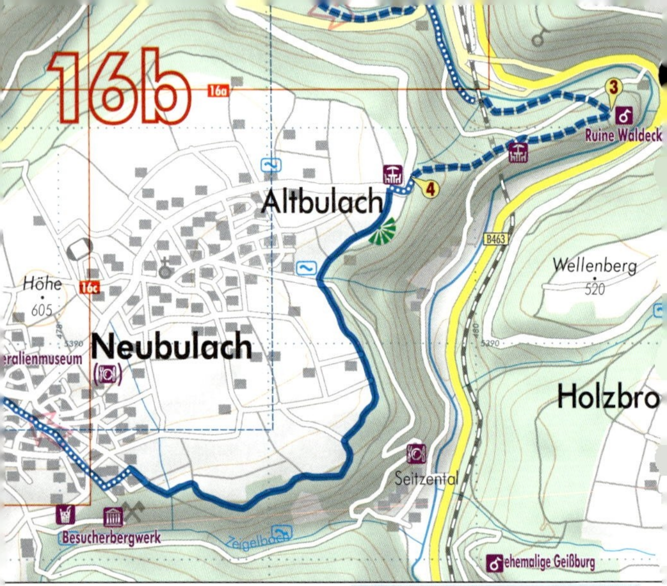

1 **0,0 (395)** Am Freibad Bad Teinach dem Wegweiser blaue Raute Richtung **Bahnhof Bad Teinach** folgen ⁓ über die Teinach-Brücke, dann sofort links Wiesenweg aufwärts ⁓ oberhalb des Freibades entlang ⁓ auf bequemen Waldweg immer geradeaus ⁓ unten plätschert die Teinach ⁓ an Forellenteichen vorbei bis zur Fahrstraße ⁓ links abwärts.

2 **3,4 (350)** Beim **Hotel Teinachtal** die Fahrstraße überqueren (wenige Meter links Richtung Bahnhof Teinach) ⁓ dann den Weg Richtung **Ruine Waldeck** einschlagen ⁓ am Umspannwerk Teinach vorbei ⁓ durch die Unterführung ⁓ rechts auf einem Pfad immer weiter aufwärts zur Ruine Waldeck.

Ruine Waldeck

3 **4,7 (425)** Ruine Waldeck.

Ruine Waldeck (12. Jh.). Romantische Ruine auf schmalen, felsigen und dicht bewaldeten Bergrücken.

Wann diese Spornburg errichtet wurde ist unklar. 1140 wird erstmals ein Ortwin von Waldeck erwähnt. Die Herren von Waldeck waren grafenähnlichen Standes und hatten sich im Laufe des 13. Jahrhunderts ein umfangreicheres Territorium erwirtschaftet. Angst und Bange wurde es früher den Leuten, wenn sie im 13. Jahrhundert auf der Burg Ritter sahen. Diese lebten vom Raub, Plünderung und der Geiselnahme. Heute sind von der Ruine Waldeck nur noch Grundmauerreste erhalten.

Über Stufen weiter hinauf ~ oben auf Naturweg am Kamm entlang bis zum Rastplatz **Geigerles Lotterbett** ~ danach links auf Schotterweg steil bergauf (Wegweiser Neubulach) ~ an einer großen Kreuzung nicht den alten Schildern folgen, sondern geradeaus auf dem Waldpfad immer weiter aufwärts ~ fast oben, der Asphaltstraße nach links folgen.

4 **5,8 (530)** Am Rastplatz Wasen mit Spielplatz eine Pause einlegen ~ links dem Feldweg Richtung Minigolf Neubulach folgen ~ unterwegs immer wieder schöne Ausblicke ~ an einem historischen Wegweiser weiter Richtung Neubulach ~ der Panoramaweg führt nun am Hang entlang ~ immer am Waldrand weiter ~ dann durch ein Waldstück ~ nach einem kurzen Aufstieg links schon die Häuser von Neubulach.

Neubulach

PLZ: 75387; Vorwahl: 07053

Teinachtal-Touristik, Marktpl. 3, ✆ 969510, www.neubulach.de

Besucherbergwerk, ÖZ: Apr.-Okt., Mo-Sa 11-16 Uhr, So, Fei 11-17 Uhr, Führungen immer zur vollen Stunde. Viel Interessantes

Rathaus Neubulach

über den Silberbergbau, der hier im Mittelalter eine Blütezeit erlebte.

Mineralienmuseum „Kristallwelten" in der Bergvogtei, Marktpl. 1, ✆ 969526, ÖZ: Apr.-Okt., Di-Fr 10.30-12.30 u. 14-16 Uhr, Sa, So/Fei 10.30-12.30 u. 13.30-17 Uhr. Im historischen Amtshaus (13. bzw. 16. Jh.) werden Erze und verschiedene Kristalle (Azurit, Malachit, Chenevixit, Olivenit und Riesenquarz) gezeigt.

Minigolfplatz, ÖZ: April-Okt.

Die Stadt Neubulach zählt heute mit Ihren fünf Teilorten über 5.500 Einwohner. Sie liegt geografisch fast in der Mitte zwischen den beiden Oberzentren Pforzheim und Freudenstadt, sowie zwischen den Mittelzentren Calw und Nagold.

Die Stadt wurde schon früh als Bergbauregion entdeckt. Bereits um das Jahr 1100 n. Chr. wurde unter dem süddeutschen Adelsgeschlecht des Pfalzgrafen von Tübingen mit dem Silberabbau begonnen. Das Silberbergwerk wurde 1970 geschlossen. Heute befindet sich dort neben einem Besucherbergwerk auch ein Heilstollen. Die reine und feuchtigkeitsgesättigte Luft fördert die Genesung von Atemwegserkrankungen.

Im Neubaugebiet aufwärts ~ bei Haus Nr. 48 links gehen ~ der Weiterweg führt rechts aufwärts zum Minigolfplatz – wieder gelbe Raute Richtung Ortsmitte Neubulach ~ an der Hauptstraße links und gleich wieder rechts ~ ohne Markierung kommen Sie zur Kirche und zur Ortsmitte mit Marktplatz.

5 9,7 (605) Zentrum von Neubulach ~ an der Bergvogtei (heute Schwärzwälder Mineralienmuseum) links ~ durch das Silbertor, auch Calwertor genannt ~ geradeaus weiter auf der **Calwerstraße** bis zum Fußgängerübergang ~ danach links Richtung Sportplätze/Tierklinik ~ an der Tierklinik geradeaus weiter auf Wiesenweg ~ an den Pferdekoppel entlang bis zu einem Feldweg ~ dann rechts Richtung Liebelsberg ~ nach einem Fabrikgebäude dem Ostweg bis Bad Teinach folgen.

Liebelsberg

6 12,1 (625) In Liebelsberg Richtung Rathaus gehen ~ ⚠ kurz vor dem Rathaus links in die **Weihergasse** einbiegen ~ vorbei am Dorfweiher zum **Wasserturm** ~ auf asphaltiertem Fahrweg zum Waldrand ~ mit schwarz-roter Raute bergab ~ zum Schluss noch über Treppen zum **Kurpark** von Bad Teinach.

1 15,0 (395) Ende der Wanderung

Bad Teinach

Tour 17

Einmalige
Kaltenbronn

Start: Kaltenbronn, Bushaltestelle

Ziel: Bad Wildbad, Bahnhof

Gehzeit: 3 Std. **Aufstieg:** 190 m

Hartbelag: 8% **Wanderwege:** 91 %

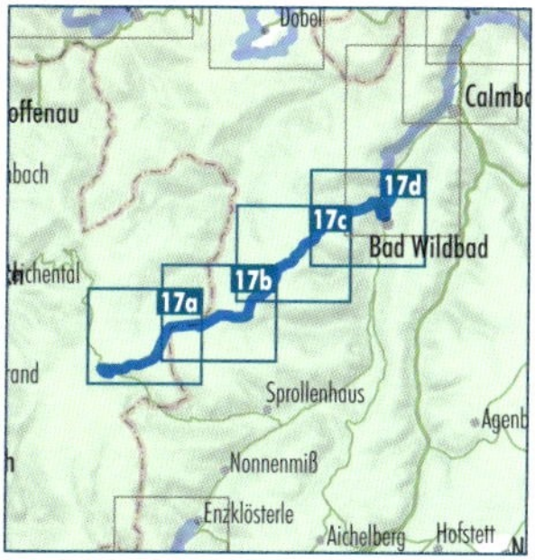

Charakteristik: Eine herrliche Genusstour führt nahezu ohne Aufstiege durch das fantastische Wildseemoor zur Grünhütte und zum Sommerberg, dem Hausberg von Bad Wildbad. Das Wildseemoor auf dem Höhenrücken zwischen dem Murgtal und dem Enztal bei Kaltenbronn gilt als das größte Hochmoor Mitteleuropas. Auf den Sommerberg führt sogar eine Bergbahn, die dem ehemaligen Schultes Karl Baetzner zu verdanken ist. Er wollte das Sommerberg-Gebiet als Höhen-Kurbezirk mit der Stadt verbinden. Heute gilt sie als eine der modernsten Seilbahnen Deutschlands, 300 Meter über dem Tal und der Kurstadt.

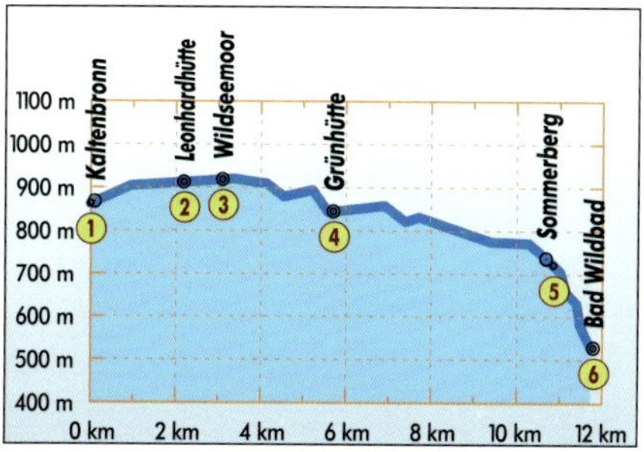

Anfahrt: Parken in Bad Wildbad am Bahnhof. Mit dem Bus Linie 7780 gelangen Sie stündlich nach Kaltenbronn, Besucherzentrum.

17a
Brotenaubach
Toter Mann
940
458
5396
3
Rotwasser
17b
5396
Leonhardhütte
2
Kaltenbronn
Wildgehege
Hotel Sarbacher
Infozentrum
1
Kegelbach

Wildsee

Kaltenbronn (Gernsbach)

PLZ: 76593; Vorwahl 07224

Naturpark-Infozentrum mit sehenswerter Naturpark-Ausstellung, Kaltenbronn 600, ✆ 655197, www.infozentrum-kaltenbronn.de.

Hotel Sarbacher, Kaltenbronner Str. 598, 76593 Gernsbach-Kaltenbronn, ✆ 07224/93390, ÖZ: Di-So

1 **0,0 (860)** Von der Bushaltestelle Kaltenbronn zum **Informationszentrum** gehen ~ weiter aufwärts entlang der Straße auf dem Gehweg Richtung **Hotel Sarbacher** ~ dann dem Wegweiser Mittelweg (rote Raute mit senkrechtem Mittelstrich) zum Wildseemoor 2,6 km folgen ~ an einem **Wildgehege** entlang ~ nach wenigen Metern geht der Mittelweg links ab ~ Sie gehen aber mit gelber Raute geradeaus weiter Richtung **Wildseemoor/ Grünhütte**.

2 **2,2 (910)** Weiter zur **Leonhardhütte** ~ wenige Meter danach führt rechts der Weg auf Holzbohlen ins Wildseemoor.

Wildseemoor

Urwüchsige Wälder mit bizarren Baumgestalten umgeben das Moor. Die beiden größten von mehreren Moorseen in der Region sind der Hornsee und der namengebende Wildsee. Die Entstehung der Moore hat vor mehr als 10.000 Jahren stattgefunden. Heute sind die Moore einzigartige und seltene Lebensräume, mit hoch spezialisierten Tier- und Pflanzengemeinschaften.

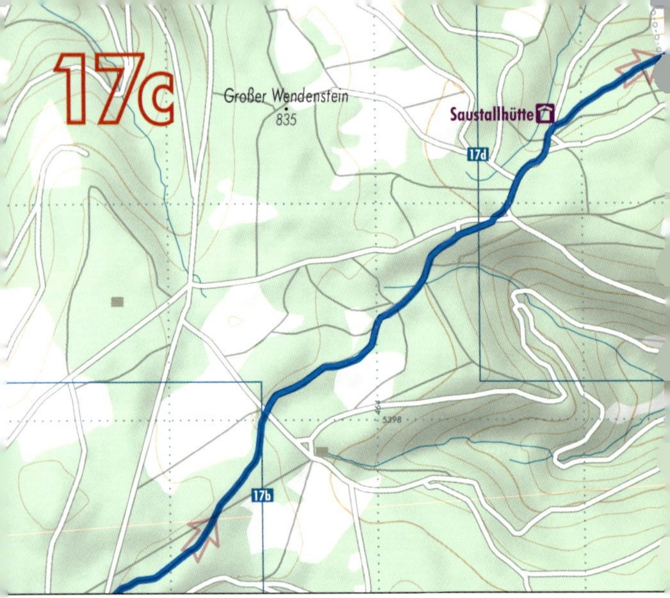

3 **3,1 (920)** Am See lohnt sich eine Pause, hier ist auch ein Schild **Grünhütte** zu sehen ⁓ der Weg geht auf Eichenbohlen weiter ⁓ nun stoßen Sie wieder auf den Mittelweg (rote Raute mit dem Mittelstrich) ⁓ immer geradeaus bis zum Wegweiser **Blockhauswald** 870 m ⁓ hier weiter auf breitem Forstweg bis zur **Grünhütte**.

Waldgaststätte Grünhütte, Dietersbrunnenweg 14, 75337 Enzklösterle,
✆ 07081/8627, ÖZ: März-Okt., tgl. 10-18 Uhr

4 **5,7 (845)** Weiter Richtung **5 Bäume/Bad Wildbad** auf Forstweg ganz gerade durch den Wald ⁓ an der nächsten Kreuzung rechts weg zum Wegweiser **Langenwaldebene** ⁓ am Wegweiser **5 Bäume** den Mittelweg verlassen (nun gelbe Raute) ⁓ geradeaus zum nächsten Wegweiser, dann immer Richtung **Sommerberg** ⁓ an der **Saustallhütte** geht es rechts auf breiten Forstweg weiter ⁓ beim Schlepplift eben auf Schotterweg zum Sommerberg.

5 **10,9 (720)** Am Eingang der Sommerbergbahn geht es links mit gelber Raute abwärts.

VARIANTE: Alternativ ist eine Fahrt mit der Bergbahn hinunter nach Bad Wildbad möglich.

Auf schmalem Naturpfad im Zick-Zack bergab ⁓ der Pfad endet an einem Parkplatz ⁓ dem Sträßchen abwärts in den Ort zur Vital Therme folgen ⁓ zur Talstation der Bergbahn und zur Fußgängerzone.

Bad Wildbad liegt im tief eingeschnittenen Tal der jungen (Großen) Enz. Die Siedlungen klettern an den Hängen des 731 m hohen Sommerberges hinauf. Damit hat Bad Wildbad Anteil an zwei Klimazonen: zum einen am Schonklima des Enztals, zum anderen am milden Reizklima der umliegenden Schwarzwaldhöhen.

6 **11,8 (530)** Ende der Wanderung am Bahnhof.

Bad Wildbad **s. S. 36**

km

…klösterle, Touristinformation am Kurhaus

…Std. **Aufstieg:** 600 m **Abstieg:** 600 m

Wanderwege: 60 % **Wanderpfade:** 24 %

Charakteristik: Diese wunderschöne Rundtour führt von Enzklösterle an der Forellenzucht Petersmühle im Tal entlang bis zum Enzursprung. Dann geht es bergauf, bevor Sie zum spannendsten Teil der Tour kommen. Der Bärlochkarweg führt zu außergewöhnlichen Naturphänomen. Während der Eiszeit von einem Gletscher ausgehöhlt, ist das Kar heute von dichtem Urwald überwuchert. Hier wird die Natur sich selbst überlassen. Über Stock und Stein, über Brücken und umgestürzte Baumstämme führt der Erlebnisweg. Die „Schwäbische Urwaldtour" im Schwarzwald hält viele spannende Details bereit.

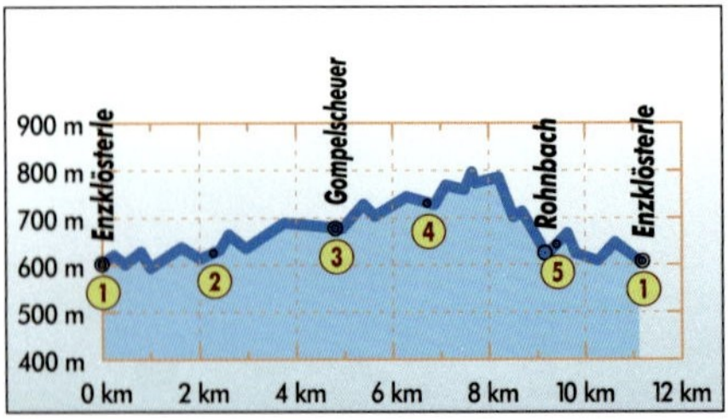

Enzklösterle

PLZ: 75337; Vorwahl: 07085

Kurverwaltung, Friedenstr. 16, ✆ 7516, www.enzkloesterle.de

Enzklösterle bietet etwas einmaliges für Urlauber: Die Nebelfrei-Garantie! 50 % des Übernachtungspreises werden rückerstattet, wenn im Ort an 2 Tagen (bei insgesamt 7 Übernachtungen) Nebel mit Sichtweite unter 100 Metern herrscht.

1 **0,0 (605)** Von der Touristinformation am Kurhaus kurz auf der Straße aufwärts ~ dann links abwärts zum **Campingplatz Müllerwiese** ~ immer an der **Enzpromenade** entlang Richtung Hetschelhof, Petersmühle ~ über die Fahrstraße zu den Sportplätzen, hinauf zum Parkplatz des SV Enzklösterle.

2 **2,3 (625)** Nach links dem Sträßchen ins Tal hinein folgen ~ gelbe Raute Richtung **Forellenhof Petersmühle**.

Forellenhof Petersmühl, Petersmühlweg, ✆ 07085/7431 od. 1442, ÖZ: ab Juni Do, So 11-16, Biergarten und Forellenverkauf.

Weiter geradeaus zur **K 4367**

18
Enzklösterle
Hirschkopf
910
Schneckenkopf
755
Hirschbach
Krone
1
Lappach
L351
Lappach
5390
460
Mittelenztal
Großer Hummelberg
825
Rohnbach
5
Rohnbach
Forellenhof
2
Süßbächle
K4367
4
Bärenkopf
855
460
Große Enz
3
Enzquelle
Gompelscheuer
B294
ppeltal
utschbahn
460
5386
Wolfsbach

⁓ kurz links und dann rechts am Wegweiser Petersmühle Richtung **Gompelscheuer** ⁓ oberhalb der Enz entlang ⁓ mit blauer Raute auf breitem Forstweg ⁓ am Wegweiser Gompelscheuer rechts abwärts zur Brücke.

3 4,8 (680) An der Fahrstraße rechts zum Enzursprung.

Enzursprung

Hier entspringt die große Enz. Poppelbach und Kaltenbach werden mit dem Quell-Ursprung vereint.

Ein kurzes Stück der blauen Raute folgen bis zum Wegweiser **Enzquelle** ⁓ dann den **Schulweg** aufwärts nehmen ⁓ bis zum alten Schulhaus mit Türmchen ⁓ danach rechts Richtung Enzklösterle (gelbe Raute) vorbei an einem kleinen Spielplatz auf der Höhe entlang ⁓ an einer großen Wiese zweigt der Pfad links ab ⁓ durch Bannwald ⁓ immer weiter aufwärts (gelbe Raute) ⁓ der Pfad stößt auf einen breiteren Weg ⁓ hier nach rechts aufwärts bis der Weg auf einen breiten Forstweg stößt.

4 6,7 (730) Nun links den **Bärlochkarweg** einschlagen.

Dieser Name wirft ein Licht auf längst vergangene Zeiten, als hier noch Braunbären in Höhlen hausten.

Nun immer auf dem **Bärlochkarweg** weiter ⁓ vorbei an den Infotafeln 2 und 3 ⁓ dann rechts durch richtigen Urwald über zahlreiche Baumstümpfe und Brücken ⁓ der Pfad kommt auf einen breiteren Weg ⁓ hier rechts abwärts auf wurzelreichem Wegabschnitt zwischen gigantische Fichten und Tannen hindurch ⁓ wieder rechts ⁓ der Pfad führt nun steil abwärts ⁓ unten auf breiter Forststraße nach rechts zu einer Kreuzung ⁓ hier links der gelben Raute folgen ⁓ nach dem Wegweiser Bärlochkar rechts abwärts weiter Richtung Enzklösterle, Enzpromenade ⁓ links der Fahrstraße folgen.

5 9,4 (645) Am Wegweiser **Rohnbach-Brückle** über die Holzbrücke Richtung Enzklösterle 1,8 km ⁓ dann nach rechts, leicht ansteigend oberhalb der Enz weiter ⁓ bei den

Urwalderlebnis...

ersten Häusern aus dem Wald ~ rechter Hand die **Rußhütte** ~ geradeaus weiter nochmals ansteigend ~ hoch über dem Campingplatz kommen Sie nun am **Landgasthof Krone** in Enzklösterle an ~ rechts Richtung Kurhaus.

1 **11,2 (605)** Ende der Wanderung am Kurhaus.

Enzklösterle

Riesenrutschbahn Poppeltal, Eschentalweg, 75337 Enzklösterle-Poppeltal
07085/7812, ÖZ: April-Okt., tgl. 10-18 Uhr

TIPP Für Familien lohnt sich nach der Wanderung noch ein Besuch der längsten Riesenrutschbahn Süddeutschlands!

13,4 km

Nagold

t/Ziel: Nagold, Bahnhof

ehzeit: 4½ Std. **Aufstieg: 360 m** **Abstieg: 360 m**

artbelag: 59 % **Wanderwege: 41 %** **Wanderpfade: 0 %**

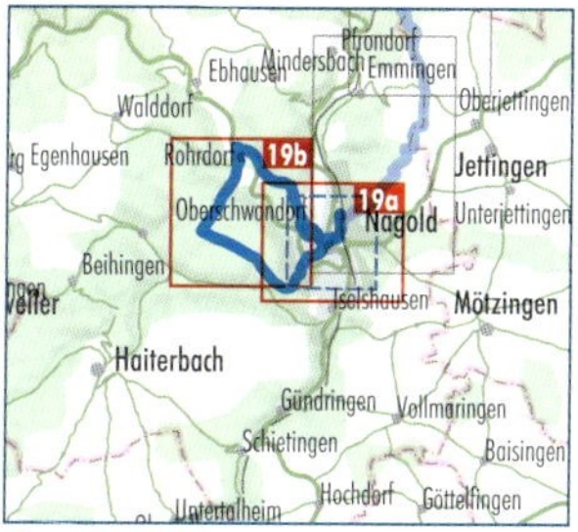

Charakteristik: Sie durchstreifen das Zentrum von Nagold mit zahlreichen alten Gebäude, bevor es hoch hinaus geht. Alle Hänge rund um Nagold sind bebaut, nur der steile Schlossberg nicht. Auf der Höhe des Berges hat man das städtische Treiben schnell vergessen. Die eiserne Wetterfahne knarrt im Wind und die dicken Burgmauern schlucken den Lärm der Stadt. Auf dem Gäurandweg geht es bis Rohrdorf. Alle Wege führen in Rohrdorf zum Schloss, dem früheren Stützpunkt des Johanniter Ordens. Über die alte Poststraße mitten durch den Wald wieder nach Nagold zurück.

Nagold s. S. 93

1 0,0 (430) Start am Bahnhof Nagold ⁓ am **Bahnhofsstüble** dem Wegweiser **Ruine Hohennagold** folgen ⁓ am Bahnübergang geradeaus weiter ⁓ **Gäurandweg** bis Rohrdorf (Hagebutte in grüner Raute) ⁓ Fußweg ohne Ampel zum Zentrum ⁓ am Steinhaus vorbei zur Nagold ⁓ auf dem Steg ein Wegweiser **Ruine Hohennagold**, durch den Park ⁓ dann links steil bergauf auf breitem Schotterweg zur Ruine ⁓ um den Berg herum ⁓ über einzelne Stationen eines Naturlehrpfads ⁓ Pfad rechts zur Ruine Hohennagold.

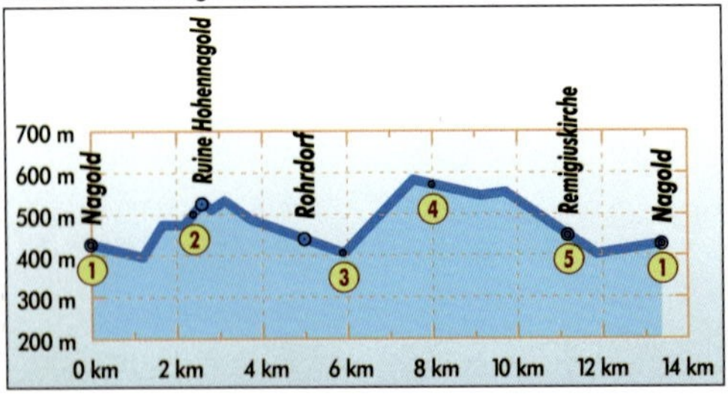

Burgruine Hohennagold

Burg Hohennagold. Burg Hohennagold ist heute nur noch eine Ruine. Die ältesten Mauerreste der Ruine stammen aus dem 13. Jh. Nachdem die Burg während des Dreißgjährigen Krieges schwer beschädigt wurde, gab der Herzog von Württemberg sie 1646 zum Abbruch frei.

Die Burg auf gleichem Weg verlassen.

2 2,4 (500) Dann dem breiten Weg geradeaus sanft bergauf folgen ⁓ linker Hand die **Eibenhütte** ⁓ immer geradeaus, dann den Wald verlassen ⁓ vorbei an der Gaststätte des Hundesportvereins zum Wegweiser **Heiligenkreuz** 492 m ⁓ links geht es nun Richtung Rohrdorf, immer noch auf dem Gäurandweg, leicht bergab ⁓ die kleine Straße endet an der B 28.

Rohrdorf

Die B 28

überqueren und an der nächsten Kreuzung links ~ dann über die Nagold, vor der Kreissparkasse in Rohrdorf ein Wegweiser ~ Sie verlassen nun den Gäurandweg, der nun rechts wegführt.

3 **5,9 (410)** An der Kirche geradeaus vorbei Richtung Nagold 4 km (gelbe Raute) die gelbe Raute biegt dann an einer Aussichtsbank links ab ~ der Weg geht geradeaus weiter bis zum **Schützenhaus** ~ immer geradeaus bergauf ~ nun im Mischwald bis auf die Kuppe ~ einen breiten Weg queren und immer geradeaus weiter.

4 **8,0 (575)** An der **Alten Poststraße** wieder Markierung (gelbe Raute), dieser nach links folgen.

Weiter zum Wegweiser **Bruchschlägele** zum Nagold-Bahnhof sind es noch 2,2 km ~ geradeaus

Ruine Hohennagold

am Wegweiser Häfelehütte Markierungswechsel (blaue Raute) ⁓ vorbei am Naturfreundehaus.

Naturfreundehaus, In den Mulden 1, 72202 Nagold, ✆ 07452/4147, ÖZ: ganztägig Di-So.

5 **11,2 (450)** Weiter bergab in den Ort zur Remigiuskirche.

Die Remigiuskirche ist die älteste Kirche im Nagolder Raum. Sie trägt bedeutende Fresken von 1320-1325. Südlich ist eine kreuzrippengewölbte Kapelle mit Fresken aus dem Anfang des 16. Jahrhunderts angefügt. Zur Besichtigung Schlüssel beim Hausmeister im Remigiusweg 3 abholen.

An der nächsten Kreuzung mit blau-gelber Raute in die Stadt ⁓ durch die Unterführung ⁓ immer weiter Richtung Zentrum ⁓ am Busbahnhof geradeaus auf die Kirchen zu ⁓ zurück zum Bahnhof.

1 **13,4 (430)** Ende der Wanderung **Nagold**

Nagold

Nagold

PLZ: 72202; Vorwahl: 07452

- **Tourist-Information**, Rathaus, Marktstr. 27-29, ✆ 681135, www.stadt-nagold.de
- **Museum im Steinhaus**, Badg. 3, ✆ 681282, ÖZ: Di, Do, So/Fei 14-17 Uhr. Das Museum ist im Steinhaus, dem wahrscheinlich ältesten Haus der Stadt, eingerichtet und wurde 1989 eröffnet. Anhand von Wechselausstellungen werden Informationen zur Vergangenheit und zur Gegenwart Nagolds geboten.
- **Johanneskirche**, Bahnhofstraße. Die evang. Stadtpfarrkirche wurde 1870/74 aus Buntsandstein erbaut.
- **Remigiuskirche** (8. Jh.), Fresken von 1320-25 mit Szenen über das Leben Jesu und die Passion.
- **Burg Hohennagold.** Burg Hohennagold ist heute nur noch eine Ruine. Die ältesten Mauerreste der Ruine stammen aus dem 13. Jh. Nachdem die Burg während des Dreißgjährigen Krieges schwer beschädigt wurde, gab der Herzog von Württemberg sie 1646 zum Abbruch frei.
- **Badepark Nagold**, ✆ 67602
- Themenspezifische **Stadtführungen**, Näheres bei der Tourist-Information
- **Alter Turm**, Ecke Marktstraße/Turmstraße. Der Überrest der alten Stadtkirche „Zu unserer lieben Frau" (um 1360) gilt heute als Wahrzeichen der Stadt Nagold.

Remigiuskirche

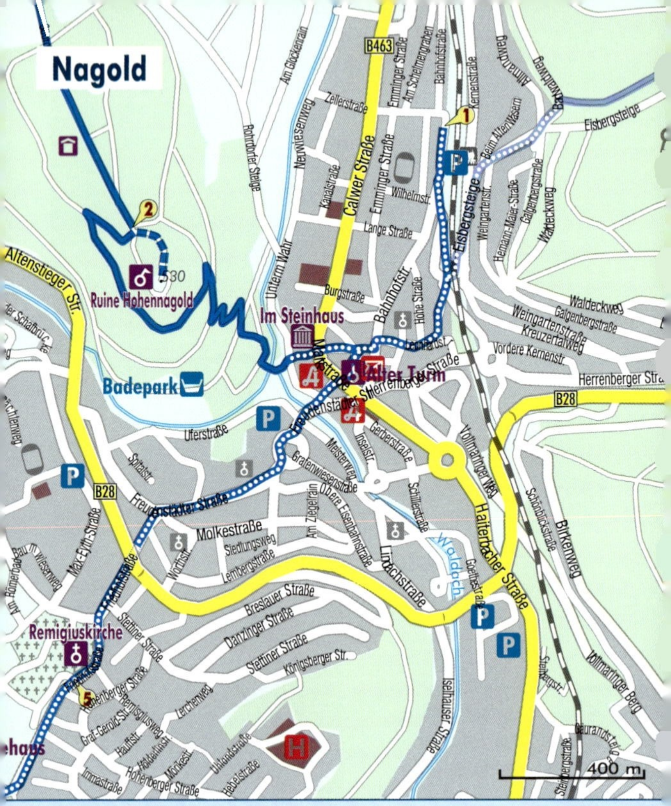

Die Besiedlung von Nagold, reizvoll am Übergang vom rauhen Schwarzwald in den Heckengäu gelegen, reicht bis in die Römer- und Keltenzeit zurück. Die Stadt war bis ins 19. Jahrhundert hinein vor allem bäuerlich und handwerklich orientiert. Heute ist sie auch industriell geprägt und wird als ein „Tor zum Schwarzwald" bezeichnet. Das Rathaus von Nagold mit seinen Arkaden und die zahlreichen alten Gebäude in der Fußgängerzone zeugen vom ehemaligen Reichtum der Stadt. In Nagold wurden viele Jahre die Schulmeister ausgebildet, sehr zur Freude von Gastwirten und der Weiblichkeit des Ortes. Im Hotel Post nächtigten früher Pferde und Kutscher, die auf dem Weg nach Stuttgart oder nach Freudenstadt waren.

Tour 20
Unterwegs auf

Start: Nagold, Bahnhof
Ziel: Wildberg, Bahnhof
Gehzeit: 3½ Std. **Aufstieg:** 40[illegible]
Hartbelag: 31% **Wanderwege:** 69 %

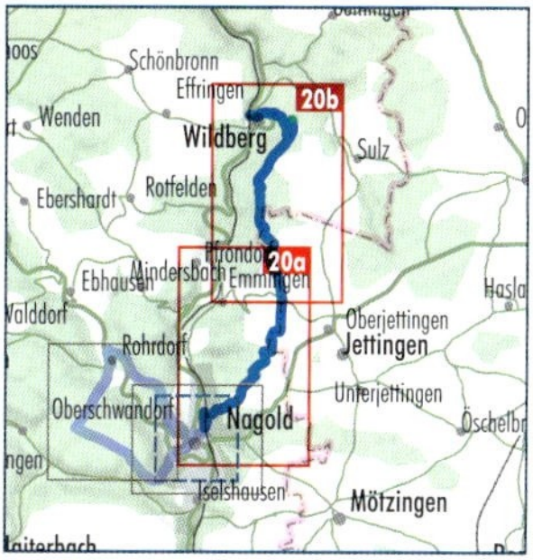

Charakteristik: Das Heckengäu stellt einen vielseitigen Natur- und Kulturraum dar. Es grenzt östlich an den Nordschwarzwald bei Nagold. Hoch hinauf geht es auf dem Gäurandweg. Auf der Höhe sieht man am gegenüberliegenden Hang die Ruine Hohennagold am Schlossberg. Ab jetzt gibt es immer wieder grandiose Aussichtspunkte zu den Tausendern der Alb, zum Feldberg und ins Neckartal. Vorbei am Segelfluggelände geht es hinab nach Wildberg, kurz vor der Stadt nochmals ein letzter Aussichtspunkt. Die einmalige Lage der Stadt auf dem „wilden Berg" ist hier gut zu erkennen.

Anreise: Parken am Bahnhof in Wildberg und dann mit der Nagoldtalbahn oder dem Bus nach Nagold.

Markierung: Durchgehend Grüne Raute mit roter Hagebutte.

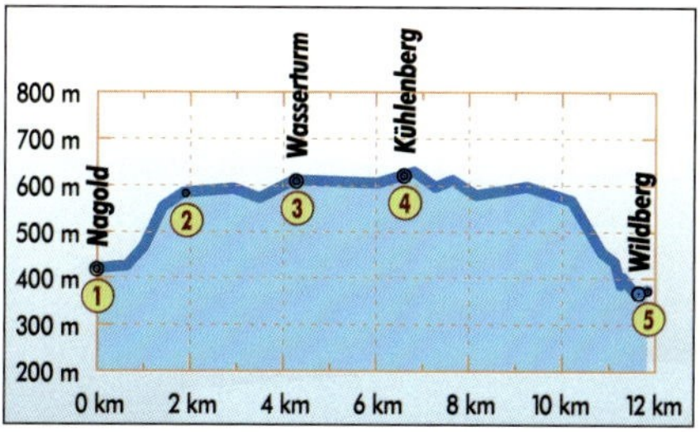

Nagold s. S. 93

1 **0,0 (420)** Am Bahnhofsstüble ein Wegweiser **Gäurandweg** ~ hier Richtung Kühlenberg gehen ~ Fußweg entlang der Gleise, dann links über den Bahnübergang ~ wieder

links und dann rechts aufwärts dem Sträßchen folgen ~ die **Eisbergsteige** führt steil aufwärts ~ bei den letzten Häusern (großer Spielplatz) am Wegweiser rechts Richtung neuer **Wasserturm** steil aufwärts ~ nach dem Waldaustritt herrliches Panorama über die Schwarzwaldberge.

2 **1,9 (585)** Links Richtung **Hochseilgarten** und sofort wieder rechts auf Schotterweg.

Hochseilklettergarten, Am Eisberg 1, 72202 Nagold, ✆ 0175/2772298, ÖZ: Di-So 10-19 Uhr

Geradeaus über offene Wiesenlandschaft ~ durch ein kleines Wäldchen ~ hinter dem Sportplatz wieder über offene Felder ~ am letzten Baum links halten ~ immer am Waldrand entlang ~ abwärts und wieder aufwärts ~ ⚠ an der Waldecke beim Forststand gibt es keine Markierung ~ hier nach rechts über die Wiese und dann links aufwärts zum nächsten Forststand ~ oben kurz links der Asphaltstraße folgen ~ dann rechts Richtung Windrad und Umspannwerk ~ am Häuschen wieder die

Pfrondorf
20a
Emmingen
K1024
20b
Wasserturm
3
Tausender der Alb
580
5380
B28
Elsberg
565
2
Hochseilklettergarten
Elsbergstraße
B463
1
Galgenberg
560
Nagold
Mitteres
540
Alter Turm
B28

Wegmarkierung ⤳ hier oben lohnt es sich einmal um 360° zu drehen und das fantastisches Panorama auf die Schwäbische Alb in Richtung Neckartal und in den Schwarzwald zu genießen.

3 4,3 (610) Direkt weiter zum Wasserturm mit dem Aussichtspunkt Tausender der Alb ⤳ weiter auf dem **Gäurandweg** links Richtung **Kühlenberg** ⤳ über die K 1024 geradeaus auf den Kühlenberg zu ⤳ zum Turm am Kühlenberg mit **Hornisgrinde-Blick**.

Die Hornisgrinde ist mit 1.164 m der höchste Berg des Nordschwarzwaldes.

4 6,6 (625) Kurz danach links ab Gäurandweg ⤳ Richtung Sulzer Eck abwärts bis zum Wegweiser **Wasen** ⤳ gleich wieder rechts Richtung **Sulzer Eck** ⤳ der Schotterweg steigt nochmals an ⤳ rechts am Hang ist ein Segelflugplatz ⤳ weiter zum Sulzer Eck mit großem Grillplatz und Schutzhütte.

AUSFLUG Auch wenn der Weg mit blauer Raute links abwärts führt, lohnt es sich noch kurz geradeaus weiter zu gehen um den herrliche Ausblicke auf den Nordschwarzwald zu genießen. Auf gleichem Weg zurück zum Sulzer Eck.

Mit blauer Raute in Serpentinen abwärts Richtung Wildberg ⤳ immer weiter abwärts ⤳ über die Nagold-Brücke, dann lockt ein Bummel durch die Stadt.

5 11,9 (375) Direkt zum Bahnhof kommt man am Arrestturm und an der Stadthalle vorbei.

Wildberg

PLZ: 72218; Vorwahl: 07054

Stadt-Info Wildberg, Marktstr. 2, ✆ 201-0, www.wildberg.de

Museum Wildberg im Fruchtkasten des Klosters Reuthin, ✆ 92410 od. ✆ 20122, ÖZ: März-Okt., So/Fei 11-17 Uhr, Nov.-Feb., So/Fei 13-16 Uhr. Themen: Geschichte Wildbergs, Textilproduktion, Kulturgeschichte der Kleidung, „Von der Tracht zur Konfektionskleidung", Wandel der Wohnkultur.

Kloster Reuthin. Das frühere Dominikanerinnenkloster war die Grablege des mächtigen Hohenberger Geschlechts. Einen Endpunkt der Klostergeschichte markiert der Brand im Jahre 1824, dem die Klausur mit der ehemaligen Klosterkirche zum Opfer fielen. Seither erinnern nur die Umfassungsmauern, der Kurgarten und natürlich der mächtige Fruchtkasten an die Zeit des mittelalterlichen Klosters. Im nach dem Brand neu errichteten Gebäude wurde zunächst das Forstamt einquartiert, heute beherbergt es die Musikschule und den Polizeiposten der Stadt Wildberg.

Die Fachwerkhäuser, die steinerne Hirsch-Brücke, der Arrestturm, die ehemalige Klosteranlage Maria Reuthin und der Hexenturm mit Teilen der historischen Stadtbefestigung lohnt es zu erkunden.

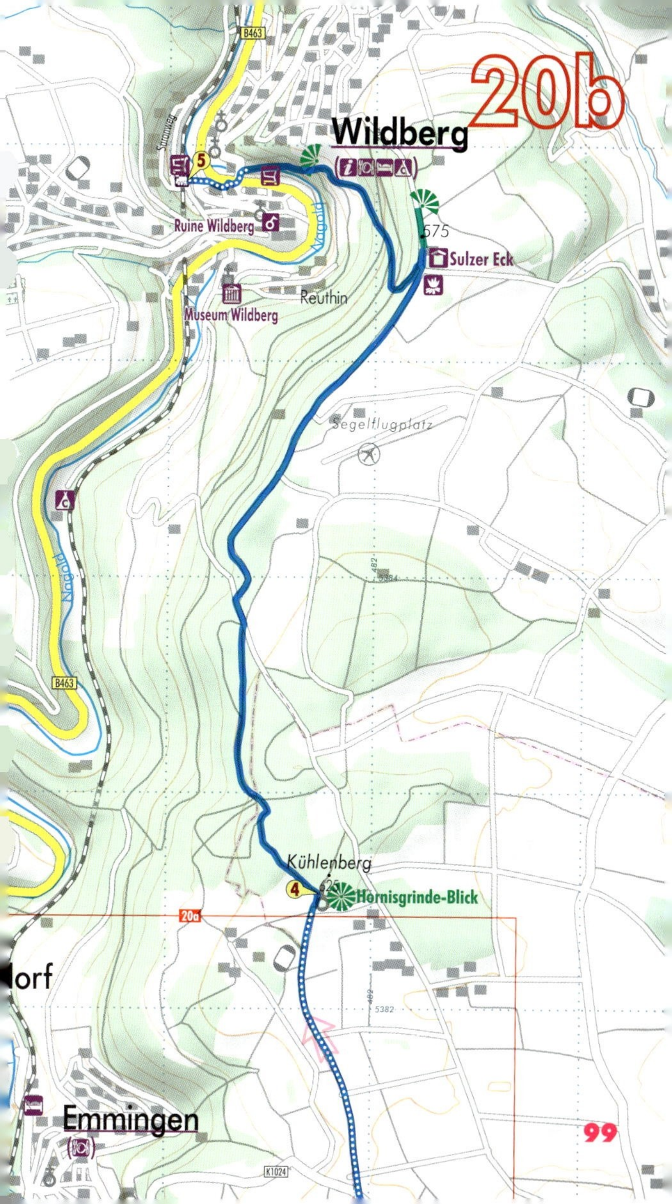

20b
Wildberg
B463
Ruine Wildberg
Nagold
575
Sulzer Eck
Reuthin
Museum Wildberg
Segelflugplatz
482
5384
Kühlenberg
625
Hornisgrinde-Blick
20a
orf
5382
Emmingen
K1024

11,7 k

… Zinsbachtal

…anderparkplatz „Vorderer Katzensteig“ an der …4726, Pfalzgrafenweiler Richtung Edelweiler

…zeit: 3½ Std. Aufstieg: 380 m Abstieg: 380 m

…artbelag: 24% Wanderwege: 70 % Wanderpfade: 6 %

Charakteristik: Diese Rundwanderung durch das Zinsbachtal bietet schöne Aussicht und eine romantische Flusslandschaft mit einigen Mühlen. Die Wanderung führt oberhalb der Zinsbachmühle durch das Tal zur Kohlsägmühle. Eine Besichtigung der über 400 Jahre alten Kohlsägemühle, welche noch voll funktionsfähig ist, lohnt sich in doppelter Hinsicht. Kulturell auf jeden Fall und kulinarisch, wenn man Schnitzelfan ist! Dann geht es bergauf nach Wörnersberg. Über den Katzensteg und den Mariengarten gelangen Sie zum Ausgangspunkt zurück.

Tipp: Traditionsreiche Schwarzwälder Pferderassen werden seit Generationen im Schwanen in Pfalzgrafenweiler Kälberbronn gezüchtet.

Pfalzgrafenweiler

PLZ: 72285, Vorwahl: 07445

Gästeinformation Pfalzgrafenweiler, Hauptstr. 1, ✆ 851827, www.pfalzgrafenweiler.de

Hotel Schwanen, Pferdekutschen- und Planwagenfahrten, Große Tannenstr. 10, ✆ 1880

1 **0,0 (615)** Start am Wanderparkplatz **Vorderer Katzensteig** mit gelber Raute in Richtung **Zinsbachmühle** ~ auf dem kleinen Teersträßchen bergab ~ nach ca. 300 m rechts den **Schwendeweg** einschlagen ~ immer geradeaus, alle Abzweigungen ignorieren ~ am **Büchelesbrunnen** nach links in Richtung Zinsbachmühle ~ ab jetzt dem Ostweg (schwarz-rote Raute) folgen.

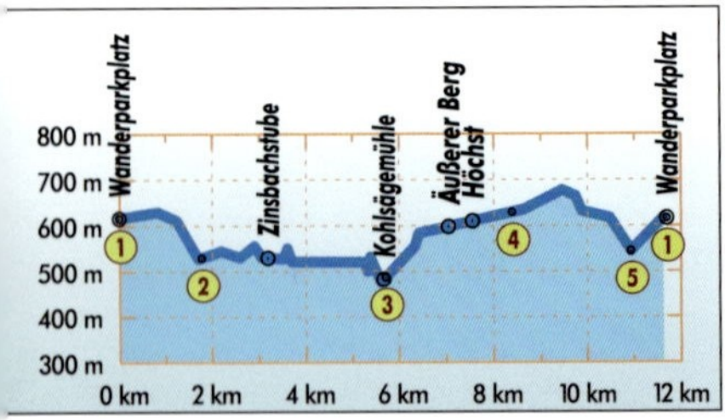

Überlebt haben zwei Sägemühlen im Zinsbachtal, das Sägewerk der Familie Kalmbach aus Wörnersberg und die zur Stadt Altensteig gehörende Kohlsägmühle mit angegliedertem Gasthaus an der Einmündung des Dürrbachs.

Garrweiler
21
Kohlsägemühle
B328
3
Grömbach
K4727
5380
468
Äußerer Berg
600
Höchst
615
Wörnersberg
4
Zinsbachstube
Taubenteich
468
5378
2
Zinsbach
5
Schwendeweg
Büchelesbrunnen
Grömbach
Edelweiler
1
468
5376
Pfalzgrafenweiler

2 1,8 (530) Am Wegweiser Zinsbachmühle geradeaus weiter Richtung **Kohlsägemühle** ~ erst auf einem Sträßchen und dann auf einem Naturweg ~ der herrlich weiche Untergrund beflügelt den Schritt ~ immer weiter dem schmalen Pfad entlang des Zinsbachs folgen ~ bald sieht man links durch die Bäume ein Sägewerk ~ am Wegweiser **Kohlsteige** zur Kohlsägmühle 0,2 km abbiegen.

3 5,7 (485) An der Kohlsägmühle der Straße Richtung Wörnersberg ca. 350 m folgen.

Kohlsägmühle, Kohlmühle 3, 72213 Altensteig, 07453/952357, ÖZ: tägl.

Dann zweigt links ein Weg ab, ohne Markierung auf Wiesenweg erst in Serpentinen, dann geradeaus ~ im Wald steil bergauf ~ am Waldaustritt auf einem Schottersträßchen weiter aufwärts nach Wörnersberg.

Zinsbach und Kohlsägmühle

Wörnersberg

In Wörnersberg ist der ländliche Dorfcharakter und die für den Nordschwarzwald typische Siedlungsform noch gut erkennbar.

An der Kreisstraße am Wegweiser Wörnersberg wieder gelbe Raute ~ weiter Richtung Zinsbachmühle.

4 8,4 (630) Kurz vor dem Kreisverkehr mit einer Kapelle, links auf Asphaltweg neben der Straße gehen ~ der Weg stößt auf die Fahrstraße, ihr nach links Richtung Sportplatz folgen ~ immer an der Kreisstraße entlang, bis am rechten Straßenrand ein größerer freier Platz kommt ~ hier die Kreisstraße verlassen ~ links in den Wald hinein ~ ein breiter Waldweg führt abwärts ~ der Erdweg stößt auf ein Schottersträßchen ~ weiter links abwärts Richtung **Katzensteg – Zinsbachmühle** ~ bald auf einem Pfad abwärts bis zum Wegweiser Katzensteig.

5 10,9 (545) Auf dem Katzensteg, den Zinsbach überqueren, kurz geradeaus weiter ~ dann führt ein Pfad bergauf.

Auf halber Höhe ist ein Mariengarten zu bestaunen. Hier stand bis ins 16. Jahrhundert die Wallfahrtskapelle „Unserer lieben Frauen Zinsbach". In über 400 freiwillig geleisteten Arbeitsstunden hat der Schwarzwaldverein Pfalzgrafenweiler in den Jahren 2005 und 2006 einen Gedenkplatz errichtet. Mit dem Aufstellen eines Glockenturmes 2009 wurde der Platz abschließend fertig gestellt. Die große goldene Ja-

kobsmuschel ist ein Geschenk von Diane Herzogin von Württemberg.

Wenige Meter rechts abwärts gehen ~ dann sofort wieder links ~ auf breitem Weg aufwärts bis zum Parkplatz.

1 **11,7 (615)** Ende der Wanderung am Wanderparkplatz.

Pfalzgrafenweiler

TIPP Unbedingt nach der Wanderung einen Besuch der nordöstlich gelegenen Ortschaft Altensteig einplanen.

Hoch über der Stadt wacht das romantische Altensteiger Schloss mit seinen beiden Rundtürmen, die im Volksmund Himmel und Hölle genannt werden. Die als Gesamtanlage unter Denkmalschutz stehende Altstadt ziert sich mit viele Fachwerkhäuser aus dem 15. bis 18. Jahrhundert. In kaum einem Bildband Baden-Württembergs fehlt die einmalige Altstadtansicht von Altensteig.

2 **18,9 km**

…n-Tour Baiersbronn

Start/Ziel: Baiersbronn, Parkplatz beim Sessellift im Sankenbachtal

Gehzeit: 5½ Std. **Aufstieg: 860 m** **Abstieg: 860 m**

Hartbelag: 10% **Wanderwege: 72 %** **Wanderpfade: 18 %**

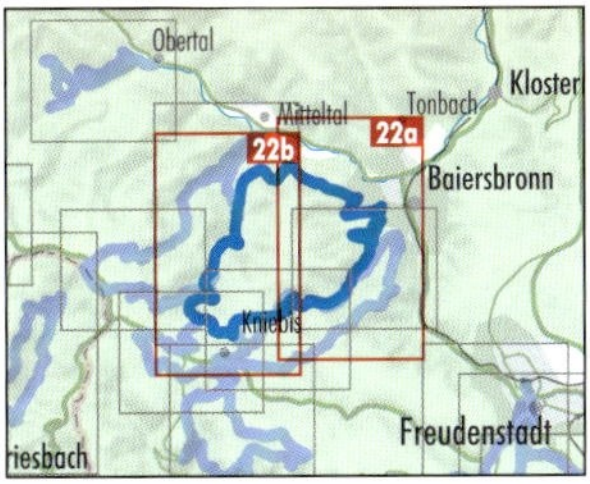

Charakteristik: Die Zwei-Seen-Tour ist eine Tour der Baiersbronner Himmelswege. Schon bei den ersten zwei Kilometern fällt es schwer diese Tour nicht zu einer „Bänkles-Tour" zu machen, denn im Sankenbachtal warten idyllische Plätze zum Rasten. Ein vernünftiger Wanderer weiß, wenn noch fast 18 Kilometer vor einem liegen, darf man nicht zu früh verweilen. Am Sankenbachsee sollte man sich dann wirklich eine Pause gönnen. Die nächste Wegstrecke entlang des Sankenbachwasserfalls ist sicher einer der spektakulärsten Abschnitte. Die über 100 Höhenmeter die man überwindet, merkt man kaum, da es so viele interessante Fotomotive gibt. Auf der Höhe führt der Weg dann fast bis nach Kniebis. Am Ellbachseeblick sind Sie dem Wanderhimmel ganz nahe. Auf dem Rückweg geht es bergab auf dem Holzweg, wo Sie viel über den Wald erfahren können.

Markierung: Der Weg ist durchgehend mit einer Libelle markiert.

Baiersbronn

PLZ: 72270; Vorwahl: 07442

- **Baiersbronn Touristik**, Rosenpl. 3, ✆ 84140, www.baiersbronn.de
- **Hauff's Märchenmuseum**, Alte Reichenbacher Str. 1, ✆ 3654 o. 84140, ÖZ: Mitte Dez. bis Mitte Nov., Mi, Sa, So 14-17 Uhr

Die, insbesondere für ihre Spitzengastronomie bekannte, Gemeinde

Sankenbachwasserfall

Baiersbronn hat auch viel für Wanderer zu bieten. Hier befindet sich mit dem 1.153 Meter hohen Dreifürstenstein, nahe der Hornisgrinde auch der höchste Punkt des ehemaligen Landesteils Württemberg.

1 **0,0 (570)** Start am Sessellift im Sankenbachtal in Baiersbronn ~ vom Sessellift geht es rechts über die Wiese zum **Sankenbach** ~ am Bach entlang ~ dann die Bachseite wechseln zum Weiler **Kienbächle** ~ immer weiter am Bach entlang aufwärts ~ ein **Wildgehege** und ein Spielplatz lassen so manches Kinderherz höher schlagen.

2 **1,0 (610)** Vom Wildgehege abwärts zum **Sankenbachbrückle** ~ den breiten Schotterweg nach einer Furt über den Sankenbach verlassen ~ ab hier führt ein Pfad fast bis zum

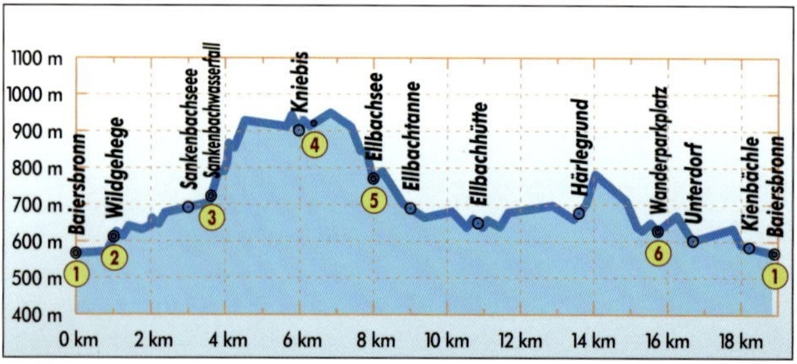

22a
Labbronnen
Härlegrund
Rinkenkopf
760
Rechen
L401
Hohlgaß
Holzweg
Dalkenbach
Bergergrundweg
6
Schanze
1
Unterdorf
B462
Kienbächle
Kienbächle
2
Wildgehege
Glasmännlehütte
Kopf
790
22b
3
Sankenbachsee
Sankenbach
Gruberkopf
830
Wasenhütte
Roßköpfle
775

Elbachseeblick

Sankenbachsee ~ am See sollte man sich eine Pause gönnen, dann beginnt der beinahe alpine Anstieg in der Karwand zum Wasserfall.

3 3,6 (725) Am **Sankenbachwasserfall** entlang zur **Wasserfallhütte**. Die über 100 Höhenmeter merkt man kaum, da es so viel Interessantes zu sehen gibt.

4 6,4 (920) Auf über 900 Höhenmetern streifen wir am Rande die Ortschaft Kniebis.

Kniebis

PLZ: 72250; Vorwahl: 07442

- **Besucherzentrum**, Straßburger Str. 349, ✆ 7570, www.kniebis.de
- **Kniebishöhe**, Alter Weg 42, ✆ 84994, ÖZ: Mo, Mi-Fr 17-20.30 Uhr, Sa, So/Fei 11.30-14 und 17-20.30 Uhr

Die erste urkundliche Erwähnung von Kniebis stammt aus dem Jahre 1267. Ein Zisterziensermönch tat hier oben seinen Dienst. Später entstand ein Hospiz und zwischen 1277 und 1287 wurde ein Franziskanerkloster eingerichtet. Direkt an der Verbindung zwischen den Reichstädten Straßburg im Westen und Rottweil, Reutlingen, Ulm und Augsburg im Osten gelegen, gewann der Kniebis als Raststätte und Zuflucht, und damit auch das Kloster, immer mehr an Bedeutung. Der Name Kniebis entstand anscheinend aus "Kniebiß" - also Kniestoß, der Name ist wohl auf Grund der großen Steigungen von Freudenstadt und vom Renchtal hier herauf entstanden.

TIPP In Kniebis haben Sie auch die Möglichkeit Einzukehren, sofern Sie bereit sind einen Umweg von ca. 1 km auf sich zu nehmen.

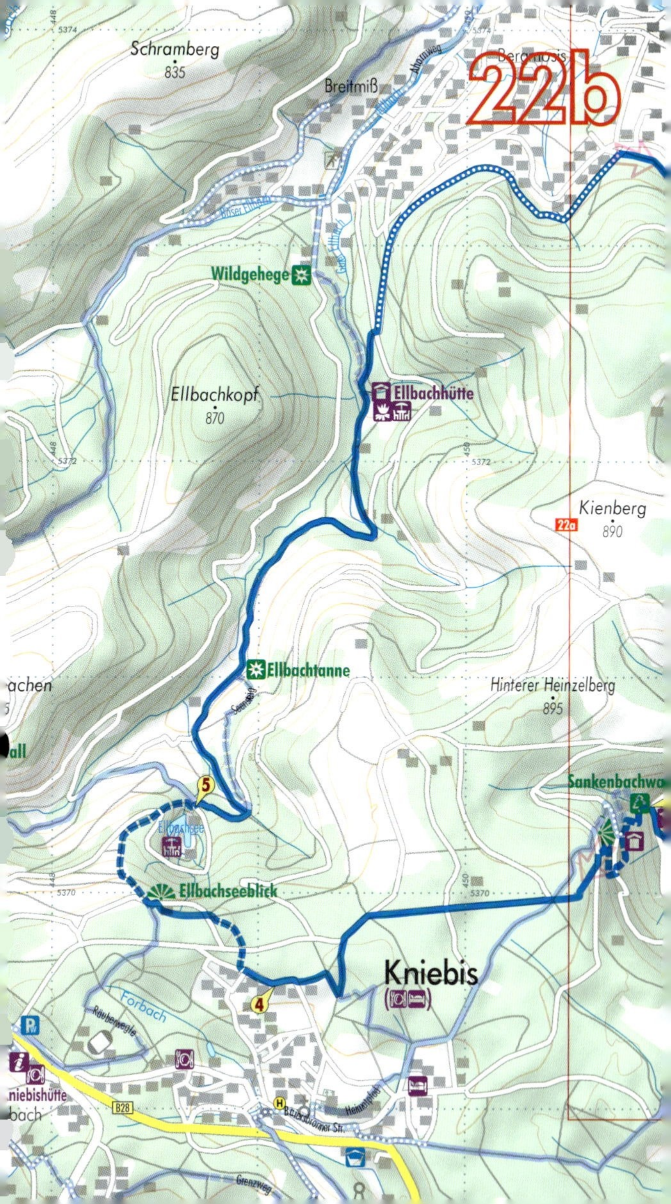

22b
Schramberg
835
Breitmiß
Wildgehege
Ellbachkopf
870
Ellbachhütte
Kienberg
890
22a
Ellbachtanne
Hinterer Heinzelberg
895
Sankenbachwa
5
Ellbachsee
Ellbachseeblick
Kniebis
4
Forbach
Räuberwegle
niebishütte
B28
Baiersbronner Str.
Heinzelbach
Grenzweg

Im Sankenbachtal

Ein Stück folgen Sie nun auch dem **Kniebiser Heimatpfad** im Wald bis zum Ellbachseeblick ~ der Blick schweift weit ins Land über den See hinaus ~ der Abstieg zum See ist etwas steil, ein urwüchsiger und spannender Pfadabschnitt führt bergab.

5 8,1 (770) Vom See aus folgen Sie auf breitem Forstweg der „Libelle" ins **Ellbachtal** ~ an der Wiesenhütte vorbei bis zur **Ellbachhütte** wo Sie einen Rast- und Grillplatz vorfinden.

Mit schönen Blicken ins Murgtal und Mitteltal, wandern Sie um den **Höllkopf** herum, bis Sie zur Alten Pflanzenschule kommen ~ hier verläuft der Zwei-Seen Weg nun im Wald zusammen mit dem **Erlebnispfad Holzweg** fast bis zum Wegweiser Heuberg ~ rechts Richtung Schanze.

VARIANTE Vom Parkplatz Berggrünweg hat man zwei Möglichkeiten zum Ausgangspunkt zurück zu kommen.

INS ZENTRUM Wer möchte kann im Tal geradeaus auf dem Bergergrundweg abwärts nach Baiersbronn zum Einkehren und Bummeln gehen, um dann zum Parkplatz beim Sessellift zu gelangen.

6 15,7 (630) Die Hauptroute „Libelle" führt vom Parkplatz rechts Richtung **Bergergrund Skischanze** ~ an ihr vorbei aufwärts ~ am Wegweiser **Höferköpfle** rechts nochmals etwas bergan ~ dann nach **Kienbächle** abwärts und auf bekanntem Weg zurück zum Sessellift.

1 18,9 (570) Ende der Wanderung am Parkplatz beim Sessellift.

Baiersbronn

Tour 23
Heilklimawandern

Start/Ziel: Baiersbronn-Obertal, Ortsmi
Adler

Gehzeit: 2 Std. **Aufstieg:** 320 m

Hartbelag: 41 % **Wanderwege:** 42 %

Charakteristik: Schon die alten Griechen beobachteten, dass die Menschen an bestimmten Orten nicht nur lebensfroher waren, sondern auch, dass bestimmte Krankheiten seltener auftraten. Seit 2000 ist Obertal ein Luft- und Heilklimatischer Kurort der Premiumklasse. Die Tour führt hinauf zum Hänger durch herrliche Wälder. Gegen Ende der Tour kommt man zur Forellenzucht im Buhlbachtal. Hier wartet ein kulinarisches Highlight, bevor die letzten Kilometer bis Obertal unter die Sohlen genommen werden.

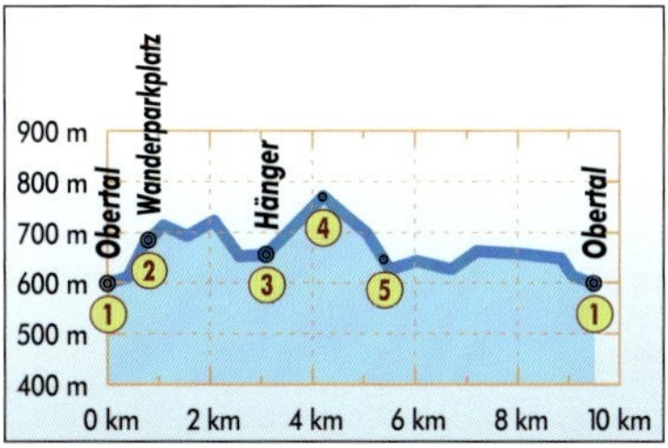

Obertal

1 **0,0 (600)** Start ist in Obertal an der **Bushaltestelle Adler**. Im Ortszentrum dem Wegweiser blaue Raute Richtung **Kraftbuckel** folgen ~ nach der Brücke auf dem **Kraftbuckelweg** immer weiter aufwärts bis zum Wanderparkplatz.

2 **0,8 (685)** Ab hier nun immer dem Nordic-Walking Wegzeichen Route 9 folgen ~ erst Richtung **Buhlbach** ~ durch den **Hirschauer Wald**, vorbei an zahlreichen Bächen und bemoosten Steinen ~ erst auf- dann wieder abwärts zu einer großen Kreuzung ~ ⚠ hier links abwärts auf einem schmalen Waldweg (zusätzlich blaue Raute) ~ über den Bach ~ dann hinauf zu den Häusern im Ortsteil Hänger.

Hänger

3 **3,1 (655)** Hier rechts auf asphaltierter Straße ~ dann auf dem Schotterweg geradeaus weiter.

4 **4,2 (770)** Am Wegweiser **Halbzeit** links ~ um den

Berg herum ~ weiter bis zur **Hänger Pflanzenschulhütte** ~ auf dem **Schneeschuhweg** abwärts – ein idyllischer Pfad übersät mit Zapfen und Wurzeln ~ später auf breitem Weg bis zur Straße.

5 **5,4 (645)** Der Straße nach links folgen.

AUSFLUG Rechts lohnt ein Abstecher zur Fischzucht (hin und zurück ca. 1,4 km).

Buhlbacher Forellenzucht, Schliffkopfstr. 64, 72270 Obertal-Buhlbach, ✆ 07449/233; ÖZ: Mi-So ab 11 Uhr. 19 Fischteiche mit rund 200.000 Forellen.

Zurück zu Wegpunkt **3** und auf gleichem Weg zurück zur großen Kreuzung ~ geradeaus über die Kreuzung ~ weiter geradeaus bis zum Kraftbuckelweg ~ rechts zurück in den Ort.

1 **9,5 (600)** Ende der Wanderung

Obertal

Tour 24
Von den Schwarzw
Murgtal

Start/Ziel: Parkplatz Zollstockhütte, B 5
hochstraße bis Alexanderschan

Gehzeit: 5 Std. **Aufstieg:** 710 m

Hartbelag: 13% **Wanderwege:** 68 % **Wanderp**

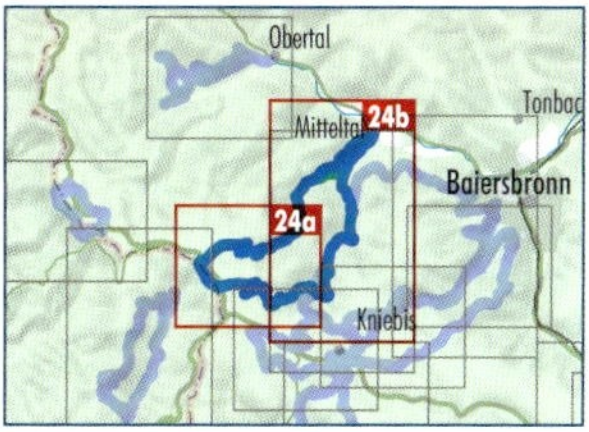

Charakteristik: Wandern vom Schwarzwaldhochkamm hinab ins Murgtal. Start ist die Zollstockhütte zwischen Alexanderschanze und Zuflucht. Der letztgenannte Name erinnert an die Schwierigkeiten, die früher mit einer Schwarzwaldüberquerung verbunden waren – in Zuflucht fand man die einzige Herberge. Heute gibt es hier das große Naturschutzgebiet Kniebis-Alexanderschanze. Entlang des „Bösen Ellbachs" geht es hinab nach Mitteltal. Am „Guten Ellbach" aufwärts gelangen Sie auf einem wunderbaren und verwunschenen Naturpfad, zum idyllischen Ellbachsee. Bequem auf breitem Wiese- und Forstweg wandern Sie wieder zu den Schwarzwaldhöhen bei der Alexanderschanze zurück.

Parkplatz Zollstockhütte

1 0,0 (935) Vom Parkplatz **Zollstockhütte** auf dem **Seensteig** Richtung **Ellbachschlägerhütte** abwärts ~ an einer großen Kreuzung in einer Mulde rechts mit gelber Raute zur Ellbachschlägerhütte ~ dort links Richtung **Sauerbrunnenwegle,**

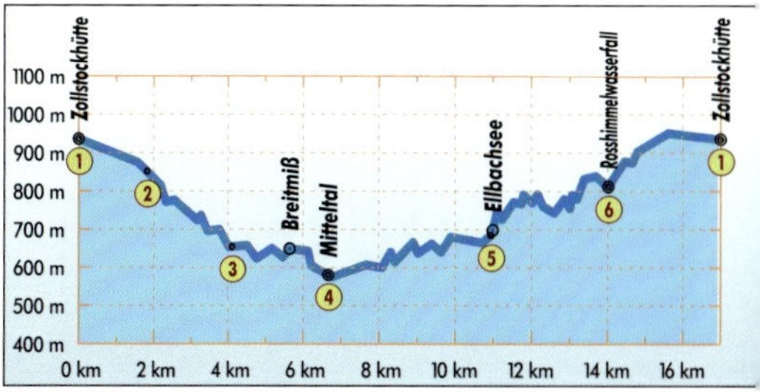

Bösellbachhütte

2 **1,8 (850)** Am Abzweig Sauerbrunnenwegle nach links zum **Sauerbrunnen** und zur **Bösellbachhütte** ⁓ über Stock und Stein, durch ein Erdrutschgebiet führt der Pfad wildromantisch abwärts ⁓ nach der Brücke rechts ⁓ immer am **Bösen Ellbach** entlang zur Bösellbachhütte ⁓ am Weinsteigbrunnen rechts

Böser Ellbach

Richtung Jacobsbrunnen/Mitteltal.

3 **4,1 (655)** Am Bösellbachbrückle rechts Richtung **Ellbachbrunnen**, **Forsthaus Mitteltal** ⁓ Sie erreichen den Wiesenbrunnen mit nachgebauten Teucheln.

Teucheln

Teucheln sind hölzerne Wasserleitungsrohre aus Baumstämmen. Für die Herstellung von Teucheln konnte man nur ausgesuchte, gerade gewachsene Kiefern verwenden. Es war eine besondere Kunst mit dem mehrere Meter langen Teuchelbohrer einen etwa 3 Meter langen Stamm in der Mitte auszubohren. Wenn der Kern nicht genau getroffen wurde, war das Teuchelrohr nicht

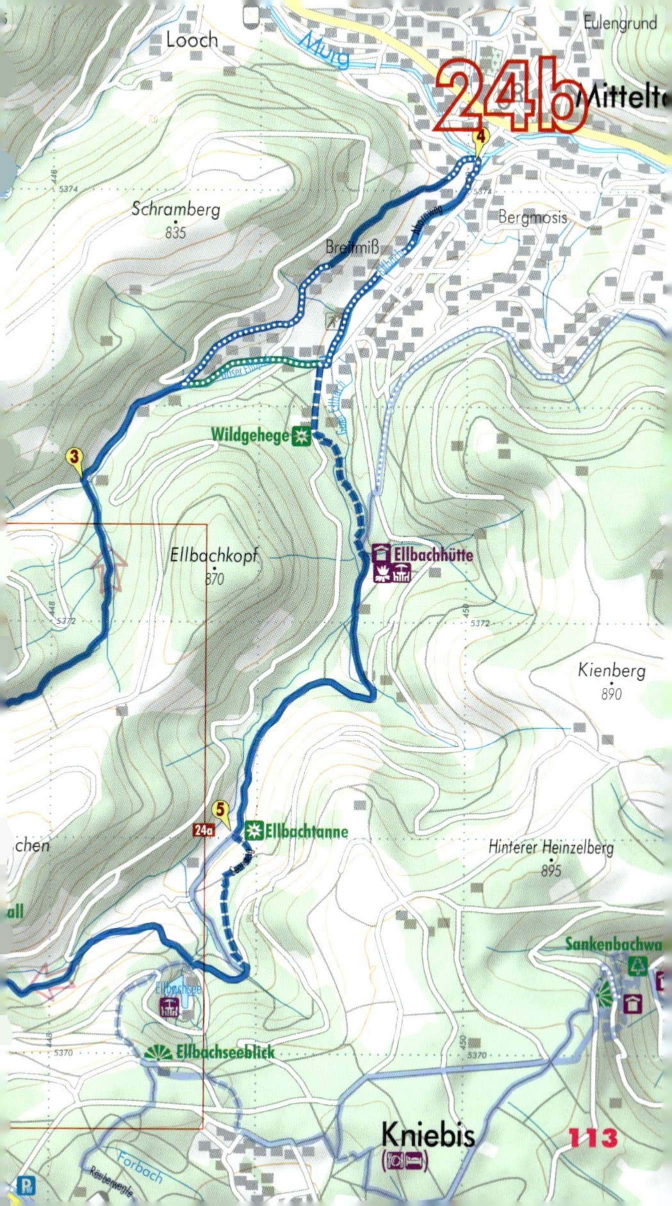

Looch
Murg
Eulengrund
24b
Mittelt
Schramberg
835
Breitmiß
Bergmosis
Wildgehege
Ellbachkopf
870
Ellbachhütte
Kienberg
890
Ellbachtanne
24a
chen
Hinterer Heinzelberg
895
Sankenbachwa
Ellbachsee
Ellbachseeblick
Kniebis
Forbach

Wildschweinbrunnen

zu verwenden. Die hohe Kunst der Teuchelrohrherstellung wurde in Mitteltal bis 1944 ausgeübt.

VARIANTE Hier wäre eine Abkürzung zum 1 km entfernten Wildgehege Ellbach möglich.

Der lange Weg führt links weiter Richtung **Bruderhof – Murgbrücke** leicht aufwärts ~ wunderschön am Hang entlang mit Blicken über Mitteltal ~ dann hinab zur Murgbrücke.

4 **6,7 (580)** An der Murgbrücke in Mitteltal die Qual der Wahl ~ links geht es nun zur Kirche, zur Bushaltestelle und zu zahlreichen Einkehrmöglichkeiten ~ rechts geht es weiter Richtung **Wildgehege Ellbach** und **Ellbachsee** ~ nun der Naturgewalten-Tour durch den **Ahornweg** folgen ~ am Ellbach entlang ~ immer geradeaus am rechten Bachufer entlang ~ links über die Brücke ~ dann rechts zum **Forsthaus Mitteltal**.

Der Nordschwarzwald gehört zu den niederschlagsreichsten Gebieten Deutschlands. Nur in den Allgäuer Alpen fällt teilweise mehr Niederschlag.

Links Richtung Rotwildgehege, Ellbachsee aufwärts ~ rechter Hand ein wunderschöner Waldspielplatz, immer den Hinweisschildern der Naturgewalten-Tour folgen ~ am Wildgehege Mitteltal links Richtung Ellbachsee auf herrlich weichem Weg zum **Guten Ellbach** ~ weiter Richtung **Wiesenhütte, Ellbachsee**, linker Hand ein wunderschöner Rastplatz - die **Ellbachhütte** ~ am Bachlauf entlang weiter zur Wiesenhütte und zum Naturdenkmal **Ellbachtanne**.

5 **11,0 (685)** Bald danach erreichen Sie einen Wegweiser ~ hier geht es über den **Seensteig** (Abenteuerpfad für geübte Wanderer) links nach oben ~ vorbei an Heidelbeersträuchern schlängelt sich der Pfad, wie durch ein Labyrinth nach oben bis zu einem breiten Forstweg ~ nach rechts auf bequemem Weg weiter zum Ellbachsee.

Elbachsee

Der gelben Raute Richtung **Rosshimmelwasserfall** folgen ~ an einer Kreuzung scharf links - am Baum **gelbe Raute** und **Naturgewaltensymbol** bis zum Rosshimmelwasserfall.

6 **14,0 (810)** Am Abzweig **Oberes Gewölbe** links Richtung Schanzbrunnen ~ in Serpentinen weiter aufwärts ~ links Richtung Parkplatz Zimmerholz ~ die **Schwarzwaldhochstraße** überqueren ~ geradeaus Richtung Naturschutzgebiet ~ rechts über Wiesen- und Waldweg Richtung Zollstockhütte ~ dann rechts wenige Meter aufwärts zum Parkplatz Zollstockhütte.

1 **17,0 (935)** Ende der Wanderung

Parkplatz Zollstockhütte

Tour 25

Panoramaweg mit

Start/Ziel: Parkplatz Lotharpfad, B 5
hochstraße bis Alexandersch

Gehzeit: 1½ Std. **Aufstieg:** 90 m

Hartbelag: 13% **Wanderwege:** 77 % Wander

Charakteristik: Am 26.12.1999 fegte Orkantief Lothar binnen zwei Stunden 30 Millionen Kubikmeter Holz zu Boden. Besonders stark war auch der Schwarzwald betroffen, vor allem das Gebiet vom Schliffkopf bis zur Alexanderschanze. Zunächst führt der Panoramaweg Richtung Buhlbacher Läger mit Blick zum Schliffkopf. Zu Füßen des Rossbühl wandern Sie mit fantastischen Blicken ins Rechtal auf dem Westweg weiter. Dann biegt man in den Lotharpfad ein. Der Weg führt über Stege, Treppen und Leitern aus Holz mitten in ein Stück Wald, das nach dem Orkan nicht geräumt wurde und sich so die Natur wieder zurück erobern konnte.

Tipp: Der Lotharpfad ist ein wahres Labyrinth, welches sicher allen Kindern Spaß macht. Der Eintritt ist frei, aber eine Spende hilft den Weg zu erhalten.

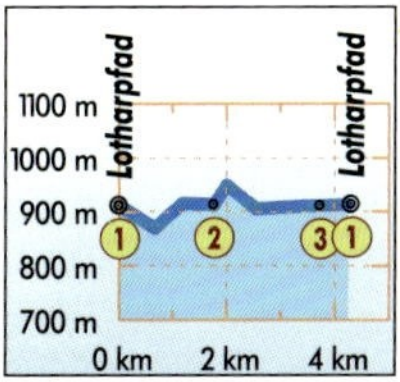

Parkplatz am Lotharpfad

1 0,0 (915) Start ist der Parkplatz am Lotharpfad ~ die B 500 überqueren ~ rechts Richtung **Buhlbacher Länger** nach wenigen Metern Asphalt auf Forstweg weiter ~ am Wegweiser Buhlbacher Läger rechts Richtung **Schwarze Lache** ~ bergauf durch aufgeforstetes Gebiet, nach Lothar nun auch mit Laubbäumen.

Beim Aufstieg ab und zu nach links schauen, am Hang können Sie den berühmten Schliffkopf mit dem großen Schliffkopf-Hotel sehen.

Rechts haltend kommen Sie zur B 500 ~ diese überqueren und geradeaus weiter durch das Naturschutzgebiet ~ linker Hand ein Skilift am Roßbühl ~ von Zeit zu Zeit starten und landen hier auch Drachenflieger.

2 1,8 (915) Am Wegweiser Schwarze Lache auf dem **Westweg** Richtung **Lotharpfad** nach rechts ~ der Weg steigt leicht an ~ nach einer langgezogenen

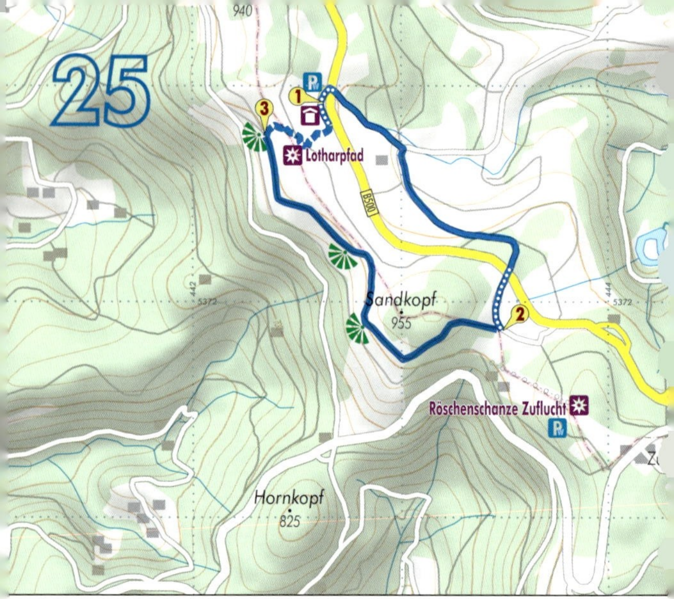

Rechtskurve warten zwei Rastbänke und ein fantastisches Panorama mit Aussichtstafel **Renchtal-Blick**.

Unten im Tal liegt Oppenau. Hoch ragt der Mooskopf hinter Oppenau auf. An klaren Tagen sieht man den Feldberg, die Alpen und die Vogesen.

3 3,7 (910) Am Wegweiser **Lothar-Pfad** rechts bergauf ~ nach dem Turm mit der Nr. 7 zur Brücke mit der Nr. 8 ~ über Brücken und Stege, über Steine und Holzdielen ~ nach Nr. 12 unter einem umgestürzten Baum hindurch zum Ende des Lotharpfades ~ links zum Parkplatz zurück.

Naturschutzzentrum Ruhestein im Schwarzwald, Schwarzwaldhochstr. 2, 77889 Seebach, ✆ 07449/91020, ÖZ: Okt.-April, Di, Mi, Do, Sa u. So 10-17 Uhr. Mai-Sept., Di, Mi, Do, Sa u. So 10-18 Uhr

Der Lotharpfad ist ein Projekt des Naturschutzzentrums Ruhestein und des Kreisforstames Freudenstadt. Nähere Informationen und Führungen gibt es beim Naturschutzzentrum Ruhestein.

1 4,3 (915) Ende der Wanderung.

Parkplatz am Lotharpfad

Der Grindenschwarzwald

Als Grinden bezeichnet man kahle hochmoorige Bergkuppen und Hochflächen im Nordschwarzwald. Zu den typischen Pflanzen zählen Heidekraut, Borstgras und Rasenbinse, Heidel- und Preiselbee-

re, Wollgras und krüppelwüchsige Latschenkiefer. Der Name leitet sich vom althochdeutschen „grind" her, was soviel wie „Kahler Kopf" bedeutet. Typische Bewohner der Grindenflächen sind Kreuzotter, Bergeidechsen, Auerhühner und Zitronengirlitz.

Die heute noch erhaltenen Grindenflächen an Hochkopf, Hornisgrinde und Schliffkopf gehen auf die Weidewirtschaft im ausgehenden Mittelalter zurück. Ab dem 14. Jahrhundert wurden die Weideflächen in den Tälern durch die zunehmende Bevölkerung knapp. Die Bauern rodeten auf den Bergen die Wälder und legten Hochweiden an, auf denen das Vieh den Sommer verbrachte. Die Weiden in den Tälern nutzten sie zum Heuen. Ein regelmäßiges Abbrennen, das sogenannte Weidbrennen sollte die Wiederbewaldung verhindern. Die intensive Bewirtschaftung führte bereits im 16. Jahrhundert zur Überweidung, hinzu kamen Nährstoffverlust und Bodenverdichtung. Die hohen Niederschläge von über 2.000 mm pro Jahr begünstigten auf den Hochflächen die Entstehung von Mooren und der Grinden.

Als die Bauern in den Tälern die Stallwirtschaft einführten, verlor die Beweidung der Grinden an Bedeutung. Seit dem 19. Jahrhundert wurden die Grindenflächen wieder aufgeforstet. Häufig mit der schnell wachsenden Fichte.

Um die noch verbleibenden Grinden mit ihrem hohen ökologischen Wert zu erhalten, werden heute gezielt Pflegemaßnahmen und Weideprojekte mit Rindern, Schafen und Ziegen gefördert. Der Verbiss oder die Rodung der Jungbäume verhindert das natürliche Vordringen des Waldes.

Tour 26

Mummelsee

Start/Ziel: Wanderparkplatz Seibel

Gehzeit: 2½ Std. **Aufstieg:** 33

Hartbelag: 13% **Wanderwege:** 76

Charakteristik: Der Mummelsee entstand in der letzten Eiszeit. Er ist der tiefste (17 m) und der am höchsten gelegene See (1.036 m) im Schwarzwald. Einer Sage nach lebte in dem See eine Nixe, welche dem Menschen nachts Hilfe gewährte und mit ihnen tanzte, sang und spielte. Es gibt unzählige Sagen und Geschichten über den See – egal ob Mörike oder die Brüder Grimm alle haben sie über den Mummelsee geschrieben. Seinen Namen verdankt der Mummelsee eigentlich den weißen Seerosen,

im Volksmund „Mummeln" genannt, die einst hier zahlreich wuchsen. Diese Wanderung führt vom Mummelsee hinauf zur Hornisgrinde. Mit 1.164 m ist die Hornisgrinde die höchste Erhebung des nördlichen Schwarzwaldes. Seit 1996 darf der Gipfel wieder betreten werden. Vorbei am Bismarckturm geht es über das Hochmoorgebiet zum Dreifürstenstein und zurück zum Seibelseckle.

Tipp: Ein Besuch im Trachten- und Volkskunstmuseum in Seebach.

Wanderparkplatz Seibelseckle

1 **0,0 (970)** Start am Wanderparkplatz mit Raststätte ~ am Wegweiser dem **Westweg** und dem **Seensteig** in Richtung **Mummelsee** folgen ~ am Parkplatz Mummelsee kurz vor der Bundesstraße rechts.

2 **1,0 (1.050)** Am Wegweiser Mummelsee nach links Richtung **Berghotel Mummelsee**.

Berghotel Mummelsee, Schwarzwaldhochstr. 11, 77889 Seebach, ✆ 07842/99286

Direkt hinter der Kapelle rechts zum Seeufer.

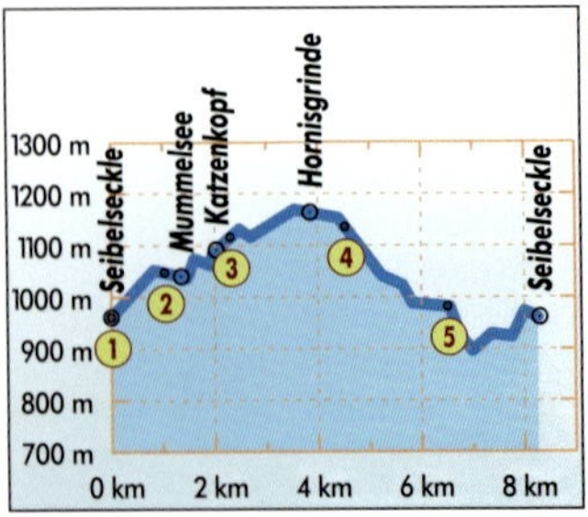

Mummelsee. Der tiefe Karsee im Südwesthang der Hornisgrinde weckt seit Alters her die Phantasie. So wurde Eduard Mörike zu seinem Gedicht „Die Geister vom Mummelsee" inspiriert und Grimmelshausen ließ seinen Simplicissimus in den See tauchen. Touristische Bedeutung erlangte der Mummelsee mit dem Bau der Schwarzwaldhochstraße, die unmittelbar am See vorbeiführt. Heute zählt er zu einem der meist besuchtesten Seen in Baden-Württemberg.

Hier nach links zur Bootsanlegestelle und zum Hotel ~ nach dem Gebäude links durch den Biergarten zur Straße ~ am Wegweiser links auf breitem Forstweg bergauf vorbei an einem Gedenkstein ~ geradeaus steigt der Weg leicht an ~ an der nächsten Gabelung rechts halten ~ bald eine fantastische Aussicht bis in die Rheinebene ~ der Westweg führt Sie nach rechts auf einen schmalen Pfad ~ über Stock und Stein durch dichten Fichtenwald bergauf.

3 **2,3 (1.115)** Am Wegweiser **Katzenkopf** verlassen Sie den Westweg ~ nun mit der gelben Raute zum **Hornisgrindeturm** 0,4 km ~ am Mummelseeblick eine fantastische Aussicht auf den See und die dahinter liegenden Berge ~ eben führt der Weg weiter bis zum Wegweiser **Hornisgrinde Wachtgebäude** ~ links dem Fahrsträßchen bergauf folgen.

Hornisgrinde (1.164 m ü. NN). Der Name rührt vermutlich vom lateinischen „mons grinto" her, das bedeutet „sumpfiger Kopf". Die Hochfläche beherbergt im südöstlichen Bereich tatsächlich ein Hochmoor, das heute durch einen Bohlenweg erschlossen ist. Von 1938 bis

1994 wurde der Berg militärisch genutzt. Davon zeugen noch einige Gebäude und Masten, die nun aber langsam verfallen. Nach dem Zweiten Weltkrieg übernahmen die französischen Streitkräfte den Standort und richteten dort eine Abhörstation ein. Nach dem Abzug der Streitkräfte gehört das Gipfelplateau seit 1997 wieder der Natur und den Wanderern. Vom Hornisgrinde-Turm bietet sich ein überwältigender Blick in das Rheintal bis zu den Vogesen.

Kurz danach ist auf dem Sträßchen eine Höhenlinie eingezeichnet 1.140 m ~ weiter bis zum **Hornisgrinden Turm**.

✲ Hornisgrinden Turm. Aussichtspunkt mit kleiner Ausstellung zur Schwarzwaldhochstraße und zum Hornisgrindengebiet.

Weiter zum **Sendemast** und zum **Bismarckturm**, einem technischen

Aussichtsturm Hornisgrinde

Mummelsee

Kulturgut auf 1.163 m ~ nun wieder markiert mit der roten Raute des Westweges ~ Sie folgen dem Weg bis zur nächsten Kreuzung ~ dann rechts an der Hangkante entlang in Richtung **Dreifürstenstein** ~ auf einem Bohlenweg über das Hochmoor ~ vor Ihnen ist ein Gitterturm zu sehen, auf den Sie zu marschieren ~ der Bohlenweg endet und geht in einen Sandsteinquaderweg über ~ im Wald zum Wegweiser Dreifürstenstein.

Am Dreifürstenstein können Sie die drei Wappen, der ehemaligen Eigentümer: Baden, Strassburg und Württemberg begutachten.

4 4,5 (1.135) Links mit gelber Raute abbiegen ~ nach einem kurzen Stück aus dem Wald heraus, hier hat Sturm Lothar seine Spuren bis heute hinterlassen ~ am Wegweiser nach links auf einem schmalen Weg über Stock und Stein bergab bis zum Kieneck ~ geradeaus weiter in Richtung **Hinterer Brandt** ~ verlaufen ist hier fast nicht möglich ~ der Weg führt ganz gemächlich bergab ~ Sie stoßen auf einen breiten Forstweg auf dem Sie nach links weiter wandern, dieser endet an einem Holzlagerplatz.

5 6,5 (980) Nach rechts auf einem alten Weg steil bergab bis zum Wegweiser Hinterer Brandt ~ rechts Richtung **Untergrinden, Seibelseckle** ~ die gelbe Raute leitet Sie durch den Wald ~ es geht nochmals leicht bergauf, über einen kleinen Bach mit glasklarem Wasser bis zum **Pommerzbrunnen** ~ aus dem Wald hinaus.

1 8,3 (970) Ende der Wanderung.

Rasthütte Seibelseckle, Schwarzwaldhochstraße, 77889 Seebach, ✆ 07842/30892, ÖZ: Mai-Okt., 10-17 Uhr, Nov.- April, Mo-Mi, Fr-So 10-17 Uhr

Parkplatz Seibelseckle

Tour 27

Natur pur -

Start/Ziel: Parkplatz Ruhestein am

Gehzeit: 2½ Std. **Aufstieg:** 340

Hartbelag: 4% **Wanderwege:** 70 %

Charakteristik: Auf einer Passhöhe zwischen dem Murgtal und dem Achertal liegt der Ruhestein. Hier verlief die Grenze zwischen dem Großherzogtum Baden und dem Königreich Württemberg. Der Ruhestein diente als Ruhestätte für alle, die den Berg überqueren wollten, um in das andere Tal zu gelangen. Wer bequem nach oben möchte, kann Samstag und Sonntag mit dem Sessellift die ersten Höhenmeter überwinden, auch für Familien ein nettes Erlebnis zu moderaten Preisen. Die Wanderung führt um den Seekopf herum. Der Wildsee liegt wunderschön idyllisch im Tal. Danach wandert man über schöne Wiesenwege aufwärts. An der Darmstätter Hütte lockt der Biergarten, bevor es zurück zum Sessellift und zum Naturschutzzentrum geht.

Tipp: Das Wildseewegle hinab zum Wildsee ist bei Nässe allerdings nicht zu empfehlen!

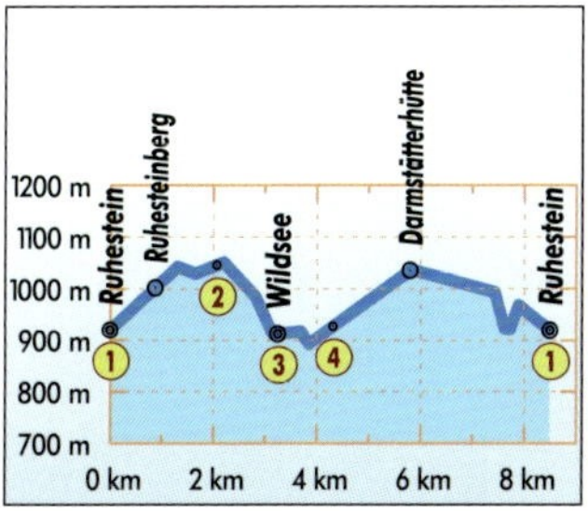

Ruhestein

Naturschutzzentrum Ruhestein, Schwarzwaldhochstr. 2, 77889 Seebach, ✆ 07449/91020, ÖZ: Mai-Sept., Di-Do, Sa, So 10-18 Uhr, Okt.-April, Di-Do, Sa, So 10-17 Uhr. Das Naturzentrum Ruhestein zeigt faszinierende Einblicke in die Welt des Nordschwarzwaldes: z. B. die Entstehung der Grinden, die historische Nutzung des Waldes und einen Überblick über die heimische Tier- und Pflanzenwelt.

Ruhestein-Schänke, Am Ruhestein, 77889 Seebach, ✆ 07449/91053

Grenzstüble, Schwarzwaldhochstr. 2b, 77889 Seebach, ✆ 07449/603 ÖZ: Fr-So 10-24 Uhr

1 **0,0 (920)** Start ist am Naturschutzzentrum Ruhestein ~ auf dem Westweg zum Sessellift (rote Raute) Richtung Wildsee-Blick.

TIPP Wer bequem aufwärts will kann sich mit dem Sessellift einige Höhenmeter ersparen. ÖZ: 9.30-18 Uhr

Wildsee

Wildsee. Der Wildsee ist einer der verbleibenden Karseen im Nordschwarzwald und etwa 12 m tief. Er liegt in einem 120 m tiefen Karkessel. Der Wald rund um den Wildsee wurde bereits 1911 als Bannwald ausgewiesen und ist damit das älteste Naturreservat Baden-Württembergs.

Der Fußweg führt gemächlich bergauf ~ an der Bergstation des Sessellifts auf breitem Forstweg weiter, leicht berauf auf dem **Michael-Glaser-Weg** ~ durch Heidelandschaft mit Heidelbeersträuchern ~ zum **Seekopf**

Seekopf (1.039 m)

Ohne Steigungen weiter ins Bannwaldgebiet ~ Richtung Wildsee ~ es lohnt sich die verschiedenen Trampelpfade vom großen Hauptweg rechts weg zu nehmen, ganz verschiedene Perspektiven auf den Wildsee eröffnen sich ~ bald nach einer wunderschönen Rastbank mit Seeblick links der Gedenkstein von Dr. Julius Euting.

Dr. Euting war Präsident des Vogesenclub und Vorsitzender des Verbandes deutscher Gebirgs- und Wandervereine. Er ging als Professor und als Ruhesteinvater in den Volksmund ein.

2 2,1 (1.045) Kurz danach rechts auf einem Pfad abwärts ~ an der Hangkante entlang durch Bannwald.

3 3,3 910 Der Wildsee ist erreicht.

Sie verlassen den See und folgen dem etwas breiteren Pfad leicht abwärts und weg vom See, markiert mit gelber Raute ~ durch den Wald ~ das **Legerbächle** überqueren ~ weiter auf Wiesenweg ~ am Wegweiser **Seeloch** links Richtung ehemalige **Falzhütte/Darmstädter Hütte** ~ herrlich schlängelt sich der Wiesenpfad zwischen jungen Tannen hinauf.

4 4,3 (925) Sie erreichen einen breiten Forstweg ~ links weiter aufwärts ~ am Wegweiser **Ehemalige Falzhütte** links Richtung **Darmstädter Hütte** ~ am Wegweiser Bannwald ist die 1.000-Meter-Marke geknackt ~ rechts zur Darmstädter Hütte.

Darmstädter Hütte, Schwarzwaldhochstr. 5, 77889 Seebach, ✆ 07842/2247, ÖZ: Mi-Mo 10-17 Uhr

Mit roter Raute Richtung Ruhestein ~ an der nächsten Abzweigung, beim Skilift, links halten ~ nun mit gelber Raute auf breitem Forstweg ~ immer geradeaus und alle Abzweigungen ignorieren bis zu einer Aussichtsbank ~ unter dem Sessellift hindurch und zurück zum Parkplatz.

1 **8,5 (920)** Ende der Wanderung
Ruhestein

Schwarzwaldhochstraße

Um die Jahrhundertwende waren Kuren nur der privilegierten Oberschicht vorbehalten. In den 1920er-Jahren verstärkte sich der Trend Ferien für Jedermann. Mit dem Bau der Schwarzwaldhochstrasse in den 1930er Jahren erreichte der Tourismus eine neue Dimension. Ein Artikel in der Monatszeitschrift Württemberg 1929 warnte: „Unter Umständen können Hunderte von Leuten sich für längere Zeiten auf den Höhen aufhalten, die Umgebung heimsuchen, und die Landschaft nicht bloß um ihre Ruhe und Einsamkeit bringen, sondern auch Pflanzen und Tierwelt stark beeinflussen, wodurch dem Wanderer gerade das genommen wird, was er in erster Linie sucht." Nicht Hunderte, sondern Tausende besuchen heute den Schwarzwald.

13,6 km

e und Sanken-

iel: **Kniebis, Bushaltestelle Kniebis Dorf**

ehzeit: **3½-4 Std.** Aufstieg: **530 m** Abstieg: **530 m**

rtbelag: **9%** Wanderwege: **80 %** Wanderpfade: **11 %**

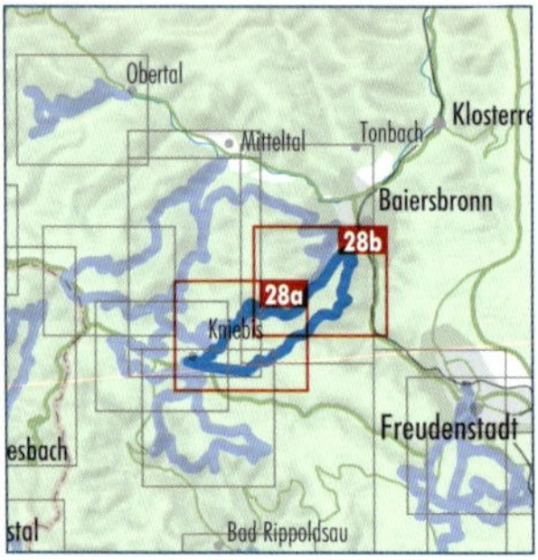

Charakteristik: Fast eben geht es durch typischen Fichtenwald zur Glasmännlehütte oberhalb von Baiersbronn am Stöckerkopf. Ein herrlicher Ausblick ins Murgtal von der Terrasse entlohnt für die längere Strecke durch den Wald. Die Blockhütte mit gemütlichem Gastraum bietet auch eigenes Bier an. Über das Sankenbachtal geht es zum Sankenbachsee. Auf wilden und idyllischen Pfaden immer entlang des Wasserfalls führt der Weg wieder hinauf auf die Höhe. Die letzten Meter entlang des Heimatpfades zurück nach Kniebis.

Tipp: Badesachen einpacken, im vorderen Teil des Sankenbachsees gibt es eine Bademöglichkeit.

Kniebis s. S. 106

1 **0,0 (870)** Von der Bushaltestelle an der Kirche vorbei der **Baiersbronner Straße** folgen ~ am Parkplatz **Café Waldhorn** bergauf am alten Skilift vorbei Richtung **Oberes Rotwasser, Gruberkopf, Glasmännlehütte** ~ mit gelber Raute auf breitem Forstweg in den Wald

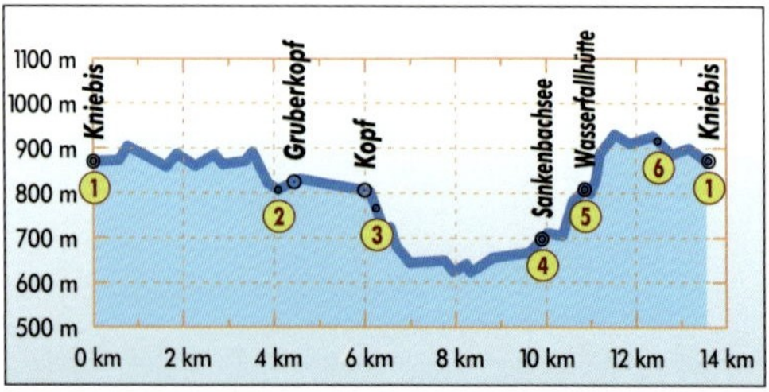

~ immer diesem Weg folgen ~ bequem durch Fichtenwald ~ nach der Oberen Rotwasserhütte links halten ~ weiter mit gelber Raute ~ auf breitem Weg zur **Wasenhütte**.

2 **4,0 (805)** Danach den linken Weg nehmen ~ unterhalb des Gruberkopf dem Forstweg folgen bis zur **Glasmännlehütte**/Stöckerkopf.

Glasmännlehütte, Stöckerkopf, 72270 Baiersbronn; ✆ 07442/121433, ÖZ: Mo-So 10-18 Uhr

3 **6,2 (765)** Am Liftaustieg vorbei ~ bergab über die Skipiste mit gelber Raute Richtung Sohlberg, Sankenbachtal ~ auf Pfad steil bergab.

VARIANTE Bei Nässe können Sie als Alternative den Fahrweg nehmen.

Über Stock und Stein für ca. 500 m abwärts ~ nun den breiten Forstweg nach links über den Sohlberg einschlagen ~ bequem bergab zum Sankenbachbrückle wandern ~ noch einmal ein schöner Blick über das Tal von Baiersbronn ~ am Wegweiser Sankenbachbrückle geradeaus dem Sankenbachtal folgen ~ sanft bergauf im weiten Wiesental ~ nach dem Wegweiser Sankenbachfurt ist der Wald wieder erreicht, auf breitem Forstweg zum **Sankenbachsee**.

Der eiszeitliche Karsee ist ein Kleinod. Er wurde Anfang 1980 vor dem endgültigen Verlanden gerettet, indem man einen Wall aus 12.000 Kubikmeter Erde aufschüttete. Der See

ist rund 2,4 Hektar groß und liegt idyllisch im Talschluss südlich von Baiersbronn. Heute eignet sich der See auch zum Baden.

4 **9,9 (700)** Am linken Seeufer auf breitem Schotterweg entlang bis zum großen Rast- und Grillplatz mit Infotafeln ~ links auf einem Pfad steil bergauf bis zum Wasserfall ~ auf dem Steig seitlich am Wasserfall weiter nach oben ~ über eine Holzbrücke den Zufluss überqueren ~ aufwärts bis zur Wasserfallhütte.

5 **10,9 (810)** Dem Asphaltsträßchen mit blauer Raute für wenige Meter nach rechts folgen ~ unmittelbar nach dem Linksbogen zweigt links ein Pfad ab ~ für ca. 150 m in Serpentinen bergauf durch dichten Fichtenwald ~ mit vielen Wanderzeichen

(Seensteig, blaue Raute, Genießerpfad) auf breitem Forstweg weiter ⁓ die große Kreuzung am Wegweiser **Ochsenhardt** überqueren und mit gelber Raute weiter Richtung Kniebis ⁓ bis an den Waldrand.

6 **12,4 (915)** Rechts am Waldrand entlang ⁓ nächste Möglichkeit links weiter dem Weg folgen ⁓ bei Beginn des Asphaltweges rechts auf dem Heimatpfad weiter ⁓ über eine kleine Holzbrücke ⁓ dann ein Sträßchen geradeaus überqueren ⁓ bald ist der Friedhof von Kniebis erreicht ⁓ zurück zur Bushaltestelle.

1 **13,6 (870)** Ende der Wanderung.
Kniebis

Sankenbachwasserfall

Tour 29

Heimatpfad

Start/Ziel: Kniebis, Parkplatz am Besucherzentr
Schwarzwaldhochstraße

Gehzeit: 2½-3 Std. **Aufstieg:** 270 m

Hartbelag: 15% **Wanderwege:** 64 % Wanderpfa

Charakteristik: Ohne nennenswerte Steigungen, auf meist wunderschönen Pfaden führt der Heimatpfad rund um Kniebis.

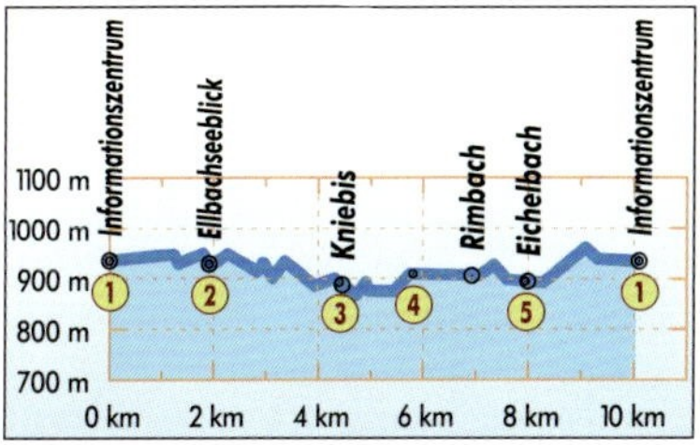

Das kleine beschauliche Dörfchen liegt direkt an der Schwarzwaldhochstraße. Einst trennte der Grenzweg Fürstenberger Gebiet und Schwäbische Herzogslande, dann war er badische und württembergische

Altes Kloster in Kniebis

Grenze. Dabei erinnert der Heimatpfad nicht nur an die Grenze. Der traumhafte Ausblick auf den Ellbachsee und der Alpenblick sorgen für weitere Abwechslung.

Tipp: Auch sehr gut mit Kindern zu gehen, Infotafeln erklären die Geschichte des Ortes, die Köhlerei und die Funktionen des Waldes.

Markierung: Der Weg ist durchgängig mit dem Heimatpfadsymbol markiert.

Kniebis **s. S. 106**

1 **0,0 (935)** Start am Kniebis-Informationszentrum ~ über die B 28 zum Wald ~ dann rechts Richtung **Kniebisstadion** bis Sie das Langlaufzentrum und den Spielplatz erreichen ~ an der **Skihütte Kniebis** geradeaus Richtung **Rodelbahn** ~ auf der Kuppe dann links über die Asphaltstraße ~ Sie setzen bei der Rastbank den Heimatpfad auf dem **Räuberwegle** fort ~ Waldgeister grüßen an den Bänken ~ geradeaus vorbei an weiteren Waldgeistern und einer Schatztruhe ~ dann rechts abwärts ~ an der nächsten Kreuzung am Ursprung des **Forbachs** links auf breitem Forstweg weiter ~ an zahlreichen Hinweistafeln vorbei ~ immer geradeaus, bis links der Heimatpfad Richtung **Ellbachseeblick** ansteigt ~ an einem rekonstruierten Kohlemeiler links halten ~ auf Forstweg weiter abwärts zum Aussichtspunkt Ellbachsee.

2 **1,9 (930)** Aussichtspunkt Ellbachsee ~ den Schildern des Heimatpfades folgen ~ oben links auf Forstweg weiter ~ rechts haltend mit blauer Raute Richtung **Buchschollen** 0,4 km ~ der Weg wird

schmäler und schlängelt sich durch den Wald ~ einen Asphaltweg überqueren und weiter Richtung Häuser gehen ~ links Richtung **Ochsenhardt** auf einem Holzschnitzelweg zu einer Wetterstation ~ über ein kleines Brücklein erreichen wir einen Schotterweg ~ ihm folgen Sie nach links immer am Waldrand entlang, vorbei an zahlreichen Rastbänken ~ an der nächsten Möglichkeit rechts am Waldrand entlang ~ an einem alten Markierungsstein führen der Heimatpfad und der Pirschpfad in den Wald hinein ▲ an einer Lichtung mit Rastbänken halten wir uns links ~ weiter zu einer Kreuzung am Waldrand ~ rechts abwärts ~ wieder rechts abbiegen ~ am Friedhof abwärts zur evangelischen Kirche.

3 **4,4 (895)** Hinter der Kirche herum, abwärts zur Bushaltestelle von Kniebis Dorf und zum Klösterle.

Um 1250 hatte auf der Passhöhe ein Herrenalber Mönch eine Kapelle und eine Klausnerwohnung errichtet. Aus der Kapelle wurde im Laufe der Zeit eine kleine Kirche und aus der Klausnerwohnung ein Klösterle. Graf Heinrich schenkte 1278 die Kirche den Franziskanern, damit sie in der unwirtlichen Gegend ein Kloster und ein Hospiz für Durchreisende errichteten. 1463 und 1513 brannte das Kloster jeweils nieder. Nach der Reformation wurde das Kloster 1544 wieder aufgehoben.

Heimatpfad

Vorbei an der Klosterruine abwärts ⤳ den Bach überqueren, dann links dem Heimatpfad aufwärts folgen ⤳ oben bei der Fahrstraße links über die Fußgängerbrücke Richtung **Abendwieshütte** ⤳ am Waldrand entlang und an der früheren Sprungschanze vorbei immer geradeaus ⤳ links zum Ort der Besinnung, danach mit dem Heimatpfadzeichen zur Abendwieshütte ⤳ geradeaus über den Grillplatz zum Försterstein in den Wald.

4 **5,8 (910)** Am Wegweiser **Mooswiese** rechts Richtung **Kniebis-Stadion** auf dem Grenzweg an Lehrtafeln entlang zum Grenzpfosten ⤳ über die Kreuzung links haltend auf Waldweg an einem Haus vorbei aus dem Wald heraus ⤳ vorbei am Naturfreundehaus und die Fahrstraße überqueren ⤳ kurz links und dann gleich rechts in den Wald ⤳ durch eine kleine Siedlung dann links bergab zum **Gasthof Waldblick**.

Gasthof Waldblick, Eichelbachstr. 47, 72250 Freudenstadt-Kniebis, ✆ 07442/8340

5 **7,9 (895)** Am Gasthof kurz links dann rechts durch den Hotelgarten ⤳ nach der Schutzhütte links abwärts ⤳ über eine Brücke und einen Bachlauf ⤳ an einem Brunnen vorbei wieder aufwärts ⤳ am Wegweiser rechts Richtung **Moos** ⤳ im Wald weiter, auf dem Grenzweg Richtung **Lammlift, Kniebis-Stadion** ⤳ die Straße überqueren und dann rechts durch wunderschöne Moor- und Heidelandschaft ⤳ rechts gehen ⤳ zurück zum Kniebis-Informationszentrum mit Hütte.

Kniebishütte, Straßburger Str. 347, 72250 Freudenstadt-Kniebis, ✆ 07442/121160, ÖZ: Mo-Fr 11.30-19.30 Uhr, Sa/So ab 10.30 Uhr

1 **10,1 (935)** Ende der Wanderung.

Kniebis

Tour 30

Badischer (

Start/Ziel: **Kniebis, Parkplatz bei d**

Gehzeit: **3½-4 Std.** Aufstieg: **470**

Hartbelag: **3%** Wanderwege: **69 %**

Charakteristik: Erst trennte der Grenzweg Fürstenberger Gebiet und Schwäbische Herzogslande, dann war er badische und württembergische Grenze. Der Weg führt zuerst parallel zum Heimatpfad, doch dann zieht er sich vorbei an alten Grenzsteinen zur Buchwaldhöhe und zum Kastelstein, einem markanter Buntsandsteinfelsen. Danach eine Rast an der Dollyhütte, bevor es hinab zum Firners Tobel geht. Am Rimbach entlang wieder aufwärts zum Missiwald und nach Kniebis Dorf zurück.

Kniebis **s. S. 106**

1 0,0 (870) Start ist bei der Kirche ~ vorbei an der Klosterruine Richtung Fußgängerbrücke ~ auf der alten **Passstraße** mit gelber Raute Richtung **Abendwieshütte** ~ den Bach überqueren, dann links dem **Heimatpfad** aufwärts folgen ~ oben bei der Fahrstraße links über die **Fußgängerbrücke** ~ nach wenigen Metern den Asphaltweg verlassen ~ links gehen ~ am Waldrand entlang, an der früheren Sprungschanze vorbei ~ immer geradeaus weiter ~ links zum Ort der Besinnung ~ dann rechts halten ~ vorbei an einer **Gedenkstätte** für Andreas Moser.

2 1,0 (910) Weiter zu einer großen Kreuzung bei der Abendwieshütte ~ geradeaus über den Grillplatz Richtung **Auerhahnköpfle** ~ Sie überqueren einen Asphaltweg und eine Brücke und wandern auf einem Pfad wunderschön in den Wald ~ an der nächsten Wegkreuzung links auf dem **Grenzweg** vorbei an Zeitzeugen der Geschichte.

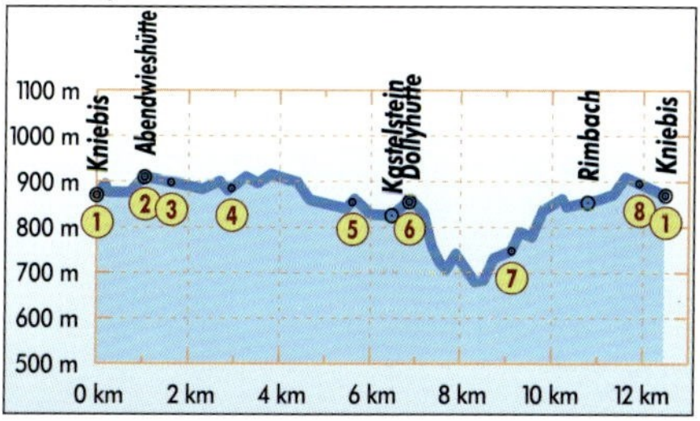

3 1,6 (895) Bei der großen Lichtung links halten ~ Sie kommen zum Wegweiser **Auerhahnköpfle** auf fast 900 m ~ hier links Richtung **Spindelhau/Buchwaldhö-**

he ~ mit blauer Raute immer an der Grenzlinie von 1836 entlang.

4 3,0 (885) Sie kommen zu einer großen Kreuzung, hier gerade weiter Richtung **Buchwaldhöhe** nach einigen Metern rechts mit blauer Raute weiter ~ an der Kreuzung auf der Buchwaldhöhe den Grenzweg verlassen ~ nach rechts Richtung Kastelstein gehen ~ auf weichem Wiesenpfad durch den Wald bis zu einem breiten Forstweg ~ hier kurz rechts und dann links mit blauer Raute abwärts ~ an der nächsten Möglichkeit wieder links ~ bald öffnet sich ein fantastischer Blick über die Schwarzwaldberge ~ am Wegweiser bei der **Hahnenhütte** rechts Richtung Kastelstein ~ an der Kreuzung am **Kegelköpfle** links ~ sofort wieder rechts auf Wiesenweg in den Wald hinein ~ immer geradeaus auf herrlich weichem Waldboden, bis der Weg auf einen großen Forstweg stößt.

5 5,6 (855) Sie folgen dem Forstweg nach links ~ sanft abwärts, dann nochmals aufwärts ~ an der Kuppe links zum Kastelstein.

Kastelstein (825 m)

Der Kastelstein ist ein gigantischer Sandsteinfelsen, wie man ihn sonst nur aus der Pfalz kennt.

Auf gleichem Weg zurück, dann weiter Richtung **Dollyhütte**.

6 6,9 (855) An der Dollyhütte Richtung **Firners Tobel** ~ steil abwärts ~ bis zu einem breiten Forstweg ~ geradeaus weiter auf Grasweg abwärts bis zum nächsten breiten Forstweg

Kastelstein

am Firners Tobel ~ rechts Richtung Hochbehälter Holzwald ~ beim Hochbehälter nicht dem Wegweiser Kniebis folgen, sondern links auf dem **Rimbachweg** abwärts ~ dann am Bach entlang Richtung **Fahrenhalde** wieder bergauf bis zu einem Hochstand.

7 **9,1 (745)** Den breiten Forstweg verlassen und rechts hinter dem Forststand auf Wiesenpfad weiter aufwärts bis der Pfad auf einen breiten Forstweg trifft ~ auf Wiesenpfad weiter aufwärts Richtung **Rimbach Kläranlage** ~ an der Kläranlage Richtung **Missiwald, Kniebis-Dorf** ~ am Waldrand entlang ~ am Missiwald leicht links versetzt Richtung **Mooswiese, Abendwieshütte, Kniebis-Dorf** ~ kurz aufwärts ~ geradeaus bis zum Turm.

8 **11,9 (895)** Nach dem Turm links halten und zurück zum Parkplatz.

1 **12,5 (870)** Ende der Wanderung.

Kniebis

11,2 km

Freudenstadt, Stadtbahnhof

3½-4 Std. **Aufstieg:** 300 m **Abstieg:** 300 m

32% **Wanderwege:** 46 % **Wanderpfade:** 22 %

Charakteristik: Freudenstadt ist mit seinen über 23.000 Einwohnern eine feste Größe im nördlichen Schwarzwald. Egal ob zum Wandern, Shoppen oder zum Sightseeing – Freudenstadt bietet für jeden Geschmack etwas. Diese Wanderung führt rund um Freudenstadt und durchstreift auch die sehenswerte Innenstadt. Vorbei am wunderschönen Marktplatz durch den Teuchelwald geht es hinauf zur Agnesruh und zum Wanderparkplatz Lauferbrunnen. Bequem durch den Wald zur Lauterhütte. Am Waldhotel Zollernblick lohnt sich eine Rast. Die Fernsicht von hier wird am Herzog-Friedrichsturm noch getoppt. Dann schlendern Sie durch den Park zurück in die Stadt.

Tipp: Die Strecke vom Marktplatz bis zum Wanderparkplatz Lauterbrunnen kann auch mit einer Touristenbahn zurückgelegt werden.

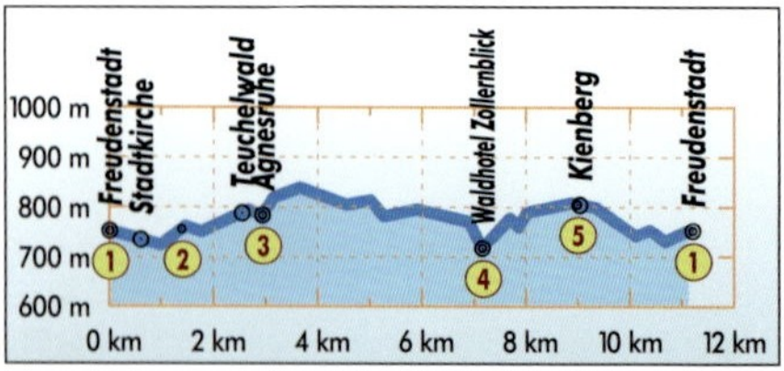

Freudenstadt

PLZ: 72250; Vorwahl: 07441

- **Freudenstadt Tourismus**, Marktpl. 64, ✆ 8640, www.ferien-in-freudenstadt.de
- **Heimatmuseum** im Stadthaus, Auf dem Marktpl., ✆ 890254. Sammlung zur Stadtgeschichte von der Gründung in der Renaissance über die Tradition der alten Handwerke bis zur Zerstörung Freudenstadts im Zweiten Weltkrieg. Weitere Schwerpunkte: Mineraliensammlung, Waldwirtschaft, Flößerei, ländliche Wohnkultur, Trachten, die Schwarzwälder Tierwelt und der Bergbau.
- evangelische **Stadtkirche**, 1601-1608 als winkelhakenförmiger Bau angelegt was auch heute noch eine Seltenheit ist. Sowohl im Inneren als auch im Äußeren vermengen sich gotische Formen mit denen der Renaissance. 1945 völlig zerstört, erfolgte der Wiederaufbau nach altem Vorbild. Im Inneren ist das lebensgroße Kruzifix aus dem 15.-16. Jh. sehenswert. Je nach Standort des Betrachtes sieht man den lebenden, sterbenden oder toten Christus.
- Größter deutscher **Marktplatz**, erbaut wurde er 1599 nach den Bauplänen von Baumeister Heinrich

Schickhardt. Der Grundriss wurde dem Mühlebrettspiel nachempfunden. Der Marktplatz wird von Straßen durchkreuzt und ist somit in drei Teile gegliedert - Oberer Marktplatz, Unterer Marktplatz und Postplatz.

Panorama-Bad Freudenstadt, Ludwig-Jahn-Str. 60, ✆ 07441/921-300

1 **0,0 (750)** Vom Stadtbahnhof der **Forststraße** mit dem Wanderzeichen des Mittelweges (Rote Raute mit weißem Strich) zum Marktplatz folgen ~ über die Ampelanlage ~ rechts vorbei an der Touristinformation ~ vor den Wasserfontänen geht es links diagonal über den Platz auf die evangelische Stadtkirche zu ~ an der Kirche rechts vorbei leicht bergab ~ zuerst die Schickardtstraße dann die Alfredstraße überqueren ~ auf dem Fußweg leicht bergauf zur **B 28** ~ rechts halten (gegenüber Eingang des Besucherbergwerks).

2 **1,4 (755)** Eine Fußgängerbrücke führt über die B 28 ~ nun rechts Richtung Agnesruhe ~ auf breitem

Forstweg in den Wald ~ vorbei an einer Hütte mit einer Teuchel.

In den 4 Meter langen Rohren wurde das Wasser aus der damaligen Brunnenstube in die 3,6 Kilometer entfernte Stadt geleitet. Die Brunnenstube ist heute noch in Betrieb und versorgt den Löwenbrunnen in Freudenstadt. Die letzten Teucheln wurden um 1900 durch Eisenrohre ersetzt.

Parallel zur B 28 im hohen Fichtenwald zur **Tannenhütte** ~ am Wegweiser **Kohlweg** links Richtung Agensruhe.

Waldcafé Teuchelwald, ÖZ: Di-Sa 11-19 Uhr, So/Fei 10-18 Uhr

Bergauf bis zur nächsten Wegkreuzung ~ hier rechts auf dem Mittelweg bis zur Agensruhe.

Agnesruhe (770 m)

1899 wurde die Hütte von dem Privatier H. Federer aus New York, zu Ehren seiner Frau Agnes gestiftet.

3 **2,9 (785)** Den Mittelweg verlassen ~ gegenüber der Hütte bergauf auf einem breiten Forstweg Richtung **Lauferbrunnen** mit gelber Raute ~ am nächsten Wegweiser rechts zum Lauferbrunnen ~ die Fahrstraße überqueren und dann rechts halten ~ auf einem Weg parallel zur Straße weiter ~ nach wenigen Metern ist die gelbe Raute wieder zu sehen und Sie erreichen den Wanderparkplatz Lauferbrunnen.

Wanderparkplatz Lauferbrunnen

Auf breitem Forstweg nach links zur **Skihütte Lauferbrunnen**, die sich auf der anderen Straßenseite befindet ~ geradeaus weiter in den Wald ~ an der **Lauterhütte** links und dann sofort nach rechts in Richtung **Burgkopf** mit gelber Raute ~ ⚠ schlecht markiert ~ dem idyllischen Pfad immer weiter durch den Wald folgen ~ einige breitere Wege überqueren ~ am Wegweiser Burgkopf rechts Richtung **Waldhotel Zollernblick** ~ bald sehen Sie eine Hinweistafel zum **Baldenhofer Graben** ~ kurz vor einer Rastbank rechts ~ mit gelber Raute auf einem Pfad abwärts ~ bald ist das Waldhotel Zollernblick erreicht.

Waldhotel Zollernblick, Am Zollernblick 1, 72250 Freudenstadt-Lauterbad, ✆ 07441/950990

Alter Wegweiser

4 7,2 (715) Auf dem **Glatttal Höhenweg** in Richtung **Alter Festplatz, Palmwaldbrücke, Marktplatz** ~ der Weg führt mit blauer Raute in den Wald ~ an der nächsten Kreuzung links ~ immer dem Glatttaler Höhenweg zur **Friedrichshöhe** folgen ~ an der Gabelung am Brunnen links Richtung **Friedrichsturm, Logenhütte** ~ auf breitem Naturweg nochmals bergauf ~ links haltend hinauf zum oberen **Palmenwaldweg** ~ rechts weiter zum Friedrichsturm mit gelber Raute ~ leicht bergab zur **Köhlerhütte** ~ hier nach links bergauf bis zum Waldrand.

5 9,0 (805) Sie umwandern die Wiese und gehen nach rechts zum Turm.

Friedrichsturm

Im Jahr 1898 gab es einen Beschluss des Verschönerungsvereins den Turm zu Ehren des Gründers von Freudenstadt, Herzog Friedrich, zu bauen. Eine Wendeltreppe führt hinauf auf die zwei Aussichtsplattformen. Der Friedrichsturm liegt inmitten des Kienbergs und bietet seinen Besuchern einen herrlichen Ausblick.

Café Restaurant Friedrichshöhe

Am Café Restaurant Friedrichshöhe vorbei ~ die schwarz-rote Raute des Ostwegs führt hinunter in die Stadt ~ entlang des **Internationalen Skulpturen- und Naturpark Kienberg** ~ immer wieder sind Kunstwerke in den Wiesen entlang der Straße zu sehen ~ nachdem Sie die ersten Häuser passiert haben, kommen Sie an einen großen Gedenkstein für den Schulteis Alfred Hartranft ~ weiter bergab auf der **Friedrich-Ebert-Straße** bis zum Wegweiser **Freudenstadt Park Courbevoie.**

Der Name rührt von der Städtepartnerschaft mit Courbevoie. Im Park befindet sich ein Mahnmal zu Ehren der Gefallenen des Zweiten Weltkrieges sowie ein Gedenkstein an die 198. Infanterie Division.

Auf dem Ostweg Richtung Stadtbahnhof ~ zum Marktplatz und zur Touristinformation ~ am Rathaus vorbei zurück zum Stadtbahnhof.

1 11,2 (750) Ende der Wanderung.

Freudenstadt

Friedrichsturm

9,6 km

… Spuren alter Waldberufe

…: Freudenstadt, Marktplatz

…hzeit: 3 Std. Aufstieg: 230 m Abstieg: 230 m

…rtbelag: 22% Wanderwege: 78 % Wanderpfade: 0 %

Charakteristik: Sie begeben sich auf die Spuren alter Waldberufe, wie Flößer, Köhler oder Glasbläser. Auf 18 Tafeln erfährt man Interessantes über die Geschichte der Schwarzwälder Waldberufe. Die Schautafeln geben Einblick in das historische Waldgewerbe und die Lebensweise der „Waldleute". Auch Teucheln sind zu sehen – ausgehöhlte, aneinandergesetzte Baumstämme – durch die über Jahrhunderte das Wasser von den Waldquellen in die Stadt geleitet wurde. Sie wandern durch den Teuchelwald hinauf zum Wanderparkplatz Lauferbrunnen. Im nächsten Wegabschnitt beeindruckt die Großvatertanne, bevor man am Kienberg die Aussicht vom Friedrichsturm in den Schwarzwald und zur Schwäbischen Alb genießen kann.

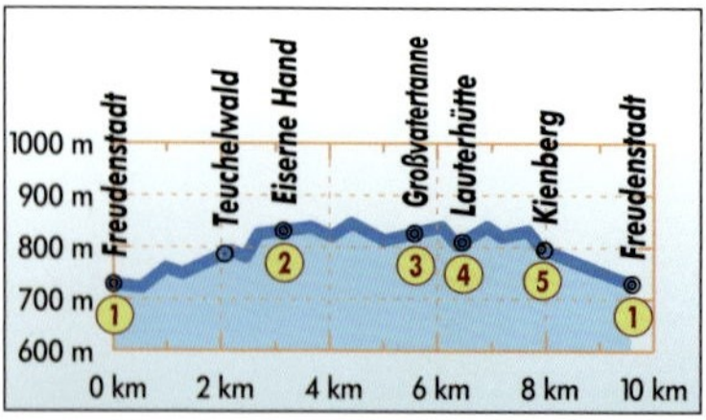

Tipp: Nach der Wanderung lohnt sich ein Besuch im Panorama-Bad Freudenstadt.

Freudenstadt s. S. 134

1 **0,0 (730)** Start ist am Marktplatz ~ vor den Wasserfontänen geht es links diagonal über den Platz auf die **evangelische Stadtkirche** zu ~ an der Kirche rechts vorbei leicht bergab, gut markiert mit dem Zeichen des Mittelweges ~ an alten Stadthäuser vorbei leicht bergauf zur **Bundesstraße** und zur **Bässler Brücke** ~ auf dem Mittelweg, rote Raute mit weißem Strich, nun Richtung Agnesruhe auf dem **Waldgeschichtspfad**.

Jahrhunderte alte Überreste und originalgetreue Nachbildungen entführen Sie in den Schwarzwald der Köhler, Harzer, Flößer, Holzhauer, der Glashütten und Erzminen. Auf 18 Stationen vermitteln Schautafeln Einblick in das historische Waldgewerbe. Die erste Station zeigt eine Teuchel, ein Wasserleitungsrohr aus einem langen durchbohrten Tannenstamm, welches etwa 250 Jahre alt ist.

32
Freudenstadt
B462
B28
L405
Forbach
Stadtkirche
Herzog-Friedrich-Str.
Kienberg
Friedrichsturm
800
Köhlerhütte
Tannenhütte
Teuchelwald
Eiserne Hand
Agnesruhe
Lauterhütte
Lauter
Großvatertanne
Masselstr.
Masselkopf
810
Hummelhütte
Vordersteinwald
Steinwald
1
2
3
4
5

Weiter Richtung **Kohlweg, Agnesruhe** alle Abzweigungen ignorieren ⇝ am Hang entlang vorbei an der **Tannenhütte** ⇝ an der nächsten Wegkreuzung links Richtung Agnesruhe 0,6 km ⇝ linker Hand das urige Waldcafé.

Waldcafé Teuchelwald, ÖZ: Di-Sa 11-19 Uhr, So/Fei 10-18 Uhr

An der Schutzhütte Agnesruhe rechts auf dem **Kasernenbrunnenweg** Richtung **Eiserne Hand** ⇝ nach wenigen Metern links weiter ⇝ wunderschön ruhig und idyllisch zieht sich der Weg aufwärts ⇝ links zur Eisernen Hand.

Der Sage nach hat sich hier ein Holzhauer im Jahr 1614 willentlich die Hand abgehackt. Sie wurde ihm später durch eine eiserne Hand ersetzt. Der Holzhauer hat hier an einem kalten Wintertag Stammholz zu Scheiten gespaltet. Kurz vor Feierabend sprangen die Keile aus dem Stamm und er wurde mit einer Hand gefangen. Er konnte sich nicht mehr befreien, schrie aus Leibeskräften, doch niemand kam zur Hilfe. Da er wusste, dass er die lange, eiskalte Winternacht nicht überleben würde, nahm er seinen ganzen Mut zusammen und schlug sich die Hand ab. Er verband sie notdürftig und erreichte mit letzter Kraft das nächste Haus.

2 **3,2 (830)** Links mit gelber Raute Richtung **Lauferbrunnen** ⇝ auf breitem Forstweg leicht abwärts ⇝ bald kommen Sie zu einer kleinen Hütte mit Hinweistafel ⇝ die Bundesstraße überqueren, und zum Parkplatz am **Fritz-Laufer-Brunnen** mit kleiner Hütte und Rastbänken ⇝ vom Parkplatz in Richtung **Schöllkopf** und **Großvatertanne**, geleitet von der gelben Raute ⇝ nach ca. 200 m zweigt der Weg auf einen Pfad ab ⇝ auch hier wieder Infotafeln zum Waldgeschichtspfad ⇝ im Zickzack bis zu einem breiten Forstweg ⇝ rechts dann nach links mit gelber Raute zur L 405 ⇝ diese überqueren ⇝ rechts auf der **Masselstraße** weiter ⇝ ein geschnitztes Schild Großvatertanne 0,5 km weist den Weg ⇝ auf breitem Weg in den Wald hinein, auf der linken Seite des Weges schon bald ein paar riesige Tannen.

3 **5,6 (825)** Kurz danach Hinweistafel auf die Großvatertanne ⇝ wenige Meter links zur Tanne.

Marktplatz Freudenstadt

Großvatertanne

Die Großvatertanne ist ein 250-300 Jahre alter Baum im Naturparkwald mit einem Stammdurchmesser von 1,64 Meter und 46 Metern Höhe. Sie ist nachweislich die mächtigste Tanne des Schwarzwaldes.

Wieder zurück auf dem breiten Forstweg setzen Sie den Weg nach links fort und gelangen zum Wegweiser Masselkopf ~ nun Richtung **Lauterbrunnen** und **Lauterbad** halten ~ der breite Forstweg führt bergab zur **Lauterhütte**.

4 6,5 (810) Bergauf Richtung **Wildhütte, Friedrichshöhe** auf dem Ostweg bis zum Friedrichsturm.

Großvatertanne

Friedrichsturm **s. S. 137**

5 7,9 (800) Auf der **Herzog-Friedrich-Straße** und dem Ostweg Richtung Gartengolf und Park Courbevoie ~ über den Wegweiser Reichsstraße zurück zum Marktplatz.

1 9,6 (730) Ende der Wanderung.

Freudenstadt

13,1 km

zum Vogteiturm

…: Freudenstadt-Lauterbad, Parkplatz unterhalb des Waldhotels Zollernblick

…it: 3½-4 Std. **Aufstieg: 410 m** **Abstieg: 410 m**

…nbelag: 28% **Wanderwege: 72 %** **Wanderpfade: 0 %**

Charakteristik: Freudenstadt war durch den Bau der königlich württembergischen Eisenbahn 1879 mit der großen Welt verbunden. Von den Einwohnern wurden die Gäste salopp als „Luftschnapper" bezeichnet.

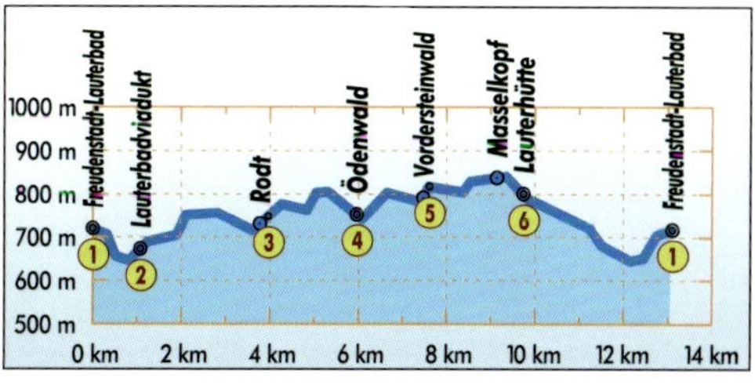

Doch als man merkte, dass die Gäste Geld nach Freudenstadt brachten, wurden sie liebevoll Sommerfrischler genannt. Die Wanderung führt unter dem legendären Lauterbad Eisenbahnviadukt hindurch und dann auf die Höhe zum Vogteiturm mit fantastischer Aussicht. Am Alpenblick bei Ödenwald nochmals ein herrlicher Aussichtspunkt. In Vordersteinwald gibt es nur etwas mehr als zehn Häuser, aber dafür gleich zwei Einkehrmöglichkeiten.

Waldhotel Zollernblick

1 **0,0 (720)** Start ist am Parkplatz unterhalb des **Waldhotels** ⁓ zum Hotel gehen ⁓ mit blauer Raute Richtung **Lauterbad-Viadukt** ⁓ unterhalb des **Skilifts** ⁓ zum Ortsrand von Lauterbad ⁓ geradeaus weiter Richtung **Breuniger Eck** ⁓ auf dem **Stockinger Weg** abwärts zum Viadukt ⁓ rechts Richtung Breuninger Eck ⁓ links mit blauer Raute Richtung **Zauberland Lossburg** und **Vogteiturm**.

2 **1,1 (670)** Rechts unter dem Viadukt hindurch ⁓ leicht aufwärts, in den Wald hinein ⁓ Sie folgen den Wegweisern Richtung **Lossburg** ⁓ bequem und schattig durch den Wald ⁓ an einer Kreuzung rechts halten ⁓ weiter aufwärts ⁓ geradeaus weiter dem Wegweiser Lossburg folgend immer weiter bergauf, bis zum Breuninger Eck.

Breuniger Eck (735 m)

Nun nach links Richtung Vogteiturm (blaue Raute) ⁓ kurz danach eine schöne Rastbank mit herrlichem Blick über die Schwarzwaldhöhen Richtung Neckartal ⁓ bequem auf breitem Forstweg weiter ⁓ am Kohlberg stoßen Sie auf den Ostweg nun mit schwarz-roter Raute ⁓ Richtung Vogteiturm-Lossburg ⁓ aus dem Wald hinaus ⁓ am Hohenrodt 717 m schöner Blick über das Lossburger Ferienland ⁓ rechts auf dem **Breuniger Weg** weiter.

3 **4,0 (745)** Sie erreichen den Vogteiturm.

Vogteiturm

Schon vom Fuße des Turms hat man eine herrliche Aussicht. Erbaut

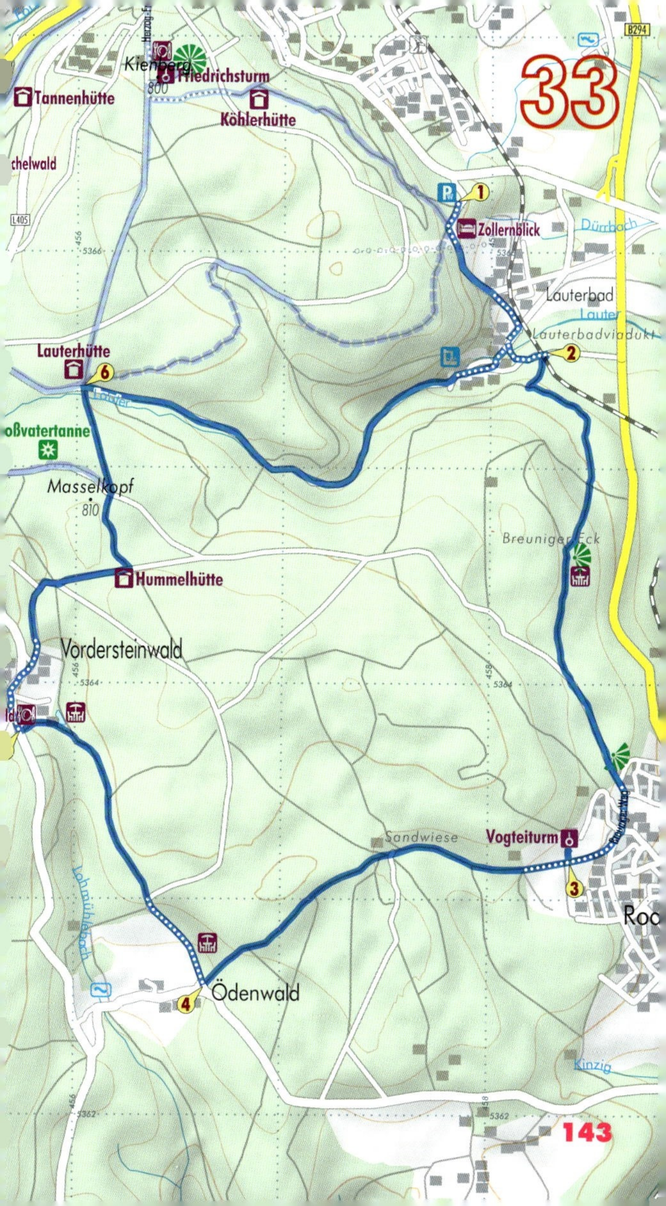
33
B294
Kienberg
Friedrichsturm
800
Tannenhütte
Köhlerhütte
chelwald
L405
1
Zollernblick
Dürrbach
Lauterbad
Lauter
Lauterbadviadukt
2
Lauterhütte
6
oßvatertanne
Masselkopf
810
Hummelhütte
Vordersteinwald
Breuniger Eck
Sandwiese
Vogteiturm
3
Roc
Ödenwald
4
Lohmühlebach
Kinzig

wurde er auf der Rodter Egart, von der Ortsgruppe des Schwarzwaldvereins Lossburg-Rodt. Jede der 172 Stufen wurde von einer Familie oder einem Betrieb gestiftet. An klaren Tagen sind sogar die Glarner Alpen und der Säntis zu sehen.

Nach der Turmbesteigung wenige Meter zurück ~ auf dem Ostweg nach rechts ~ vorbei an zahlreichen Lehrtafeln ~ auf breitem Weg Richtung **Sandwiese-Ödenwald** ~ an einer großen Kreuzung im Wald wandern Sie zum **Schilderbaum** in der Sandwiese ~ geradeaus weiter Richtung Ödenwald bergauf (schwarz/rote Raute).

4 **6,0 (750)** Am Wegweiser Ödenwald rechts Richtung **Alpenblick** halten ~ am Waldrand entlang aufwärts ~ zahlreiche Rastbänke am Wegesrand bis zum Aussichtspunkt Alpenblick ~ nun mit gelber Raute Richtung **Vordersteinwald** geradeaus durch Mischwald bis zu einer Lichtung ~ hier links aufwärts, rechter Hand ein wunderschöner kleiner See mit Rastplatz ~ auf Wiesenweg hinauf bis zum Gasthof und zur Vesperstube.

Gasthof Steinwald, 72290 Vordersteinwald bei Freudenstadt, ✆ 07441/7870, ÖZ: Di-So 9-24 Uhr

5 **7,6 (815)** An der Bushaltestelle vorbei zum Wegweiser Richtung **Moosbrunnen-Hummelstern** ~ kurz auf der Straße, nach Haus Nr. 17 rechts auf einem Asphaltweg oberhalb der Häuser in den Wald hinein ~ an der nächsten Kreuzung rechts ~ am Moosbrunnen vorbei Richtung Hummelstern, Lauterbad, bis zur **Hummelhütte** ~ am Wegweiser Hummelstern links auf dem Ostweg zur **Lauterhütte**.

6 **9,7 (800)** Hier rechts ~ immer am Lauterbächle entlang Richtung Lauterbad ~ Sie treten aus dem Wald heraus und kommen zu einem kleinen Fischweiher und zum Wassertretbecken am Ortseingang von Lauterbad.

Lauterbad

Geradeaus vorbei am Hofgut Lauterbad ~ weiter bis zum Viadukt ~ links aufwärts Richtung **Oberes Lauterbad** ~ weiter bergauf zum Waldhotel Zollernblick.

1 **13,1 (720)** Ende der Wanderung am Waldhotel.

Waldhotel Zollernblick

Waldhotel Zollernblick, Am Zollernblick 1, 72250 Freudenstadt-Lauterbad, ✆ 07441/950990

Tour 34

Zum … Rippoldsau

Start/Ziel: Bad Rippoldsau-Klösterle, …

Gehzeit: 1½-2 Std. **Aufstieg:** 280 …

Hartbelag: 12% **Wanderwege:** 58 % …

Charakteristik: Die Gemeinde Bad Rippoldsau-Schapbach besteht aus den beiden ehemaligen Gemeinden Bad Rippoldsau und Schapbach mit insgesamt 35 Dörfern. Die Tour startet im Ortsteil Bad Rippoldsau. Über den Steig kommen Sie auf die Höhe zum Burgbachfelsen. Hier befindet sich einer der spektakulärsten Wasserfälle Deutschlands. Der Burgbachwasserfall ist mit einer freien Fallhöhe von 15 Meter und einer Gesamthöhe von 32 Meter einer der höchsten frei fallenden Wasserfälle in Deutschland. Unten im Tal locken dann Einkehrmöglichkeiten, die für das nötige Nass von Innen sorgen.

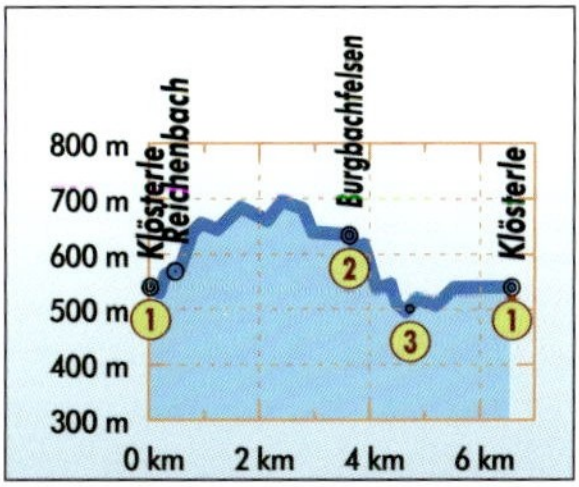

Tipp: Ein Besuch im alternativen Wolf- und Bärenpark am Fegersbächle zwischen den beiden Ortsteilen Bad Rippoldsau und Schapbach lohnt!

Bad Rippoldsau-Klösterle

PLZ: 77776; Vorwahl: 07440

Wallfahrtskirche Mater Dolorosa (19 Jh.). Beeindruckende Doppel-Turm-Anlage im Weinbrenner-Klassizismus. Zu beachten ist das Wallfahrtsbild der schmerhaften Gottesmutter über dem Altar.

1 **0,0 (540)** Start beim Kurhaus ~ dem Wegweiser Richtung **An der Steig** folgen, blaue Raute mit weißem Strich ~ nach rechts ~ an der Hauptstraße weiter über einen Bachlauf ~ vor Ihnen das Restaurant Klösterle Hof.

Hotel Restaurant Klösterle Hof, Klösterleweg 2, 77776 Bad Rippoldsau-Schapbach, ☎ 7440/215, ÖZ: Di-Sa 11.30-14 Uhr, ab 17.30; So 11.30-14 Uhr

Links in den **Klösterleweg** einbiegen und dann rechts einem schmalen Weg bergauf folgen ~ bevor Sie in den Wald kommen lohnt ein Blick zurück über das Dorf mit der Wallfahrtskirche ~ auf Pfad nun eben in den Wald ~ auf breitem

Forstweg nach rechts ~ für wenige Meter bergab und gleich wieder links auf einem Pfad durch den Wald ~ wieder stoßen Sie auf einen breiten Forstweg dem Sie nach links folgen ~ der Weg steigt an ~ Sie bleiben auf dem breiten Weg und biegen nicht ab ~ an einem Holzlagerplatz geradeaus weiter ~ nach der Forststraße wieder links auf einem Pfad leicht bergauf ~ der Weg wird wieder etwas breiter ~ vorbei an einer Aussichtsbank ~ zu einer Quelle ~ der Weg wird wieder schmäler und geht in einen Pfad über ~ am Hang entlang ~ kurz danach eine Quelle mit mehreren Wasserläufen ~ Sie queren einen Weg der ins Tal führt, folgen dem Weg leicht bergauf und kommen aus dem Wald heraus ~ über einen Wiesenweg zum Wegweiser **Bildstöckle Felsen (645 m)**.

2 **3,6 (635)** Nach rechts zum Wald Richtung **Burgbachfelsen** ~ der Wiesenweg geht in einen Pfad über ~ in Serpentinen geht es hinunter ~ an der Gabelung rechts ~ über Stufen hinauf zum Aussichtspavillon auf dem Burgbachfelsen.

Burgbachfelsen

Auf gleichem Weg zurück zu der Gabelung ~ dann den steilen Weg hinab zum Wasserfall.

Burgbachwasserfall

Mitten im Wald stürzt das Wasser über einen Felsen herab. Eine Wanderliege ermöglicht einen entspannten Blick auf dieses Naturschauspiel. Eine ganz besondere Stimmung erhält der Wasserfall, wenn er beleuchtet wird. Die Termine entnehmen Sie der Homepage der Gemeinde. Das Wasser des Burgbachwasserfalls fließt durch das Burgbachtal und mündet in die Wolf.

Wenige Meter zurück ~ dann nach links über eine Brücke ins Tal ~ Sie treffen auf ein Fahrsträßchen und folgen diesem nach links zu den Häusern ~ am Ende des Tales befindet sich auf der rechten Seite eine **Fischzucht** ~ die L 96 überqueren.

3 **4,7 (500)** Dann zweigt nach rechts ein Fußweg ab, dem Sie zurück nach Rippoldsau folgen ~ parallel

zur Wolf und der Landstraße führt der Weg leicht bergan, mal rechts und mal links des Bachlaufes ~ bald erreichen Sie den **Minigolfplatz** und den **Spielplatz** am Ortsrand von Rippoldsau ~ vorbei an der **Wallfahrtskirche** zurück zum Kurhaus.

1 6,6 (540) Ende der Wanderung.
Parkplatz am Kurhaus

Kloster und Pfarrei Bad Rippoldsau

Die Gründung des Klösterle St. Nikolaus datiert um 1140. Die Schutzherrschaft lag erst bei den Freiherren von Wolfach und ging 1306 an das Haus Fürstenberg über. 1540 erfolgte die Sekularisierung und die

Aussichtspavillon

Burgbachwasserfall

Aufhebung des Klosters, die Mönche mussten fliehen. Rippoldsau wurde für acht Jahre protestantisch, da der Graf Fürstenberg selbst Lutheraner war. Während des Dreißigjährigen Krieges fiel im Jahr 1643 das Kloster sowie sämtliche andere Gebäude der Brandlust schwedischer Truppen zum Opfer. Das 1779 erbaute dreistöckige Kloster ist bis heute erhalten. Es dient heute als Pfarrhaus. Das Bad Ripoldsauer Gnadenbild, das vermutlich von einem Klostermönch geschaffen wurde, ist über 500 Jahre alt. Der Hauptwallfahrtstag ist der Schmerzensfreitag.

13,5 km

l Peterstal-Griesbach

Bad Peterstal-Griesbach, Bahnhof

4 Std. **Aufstieg: 450 m** **Abstieg: 450 m**

belag: 20% **Wanderwege: 80 %** **Wanderpfade: 0 %**

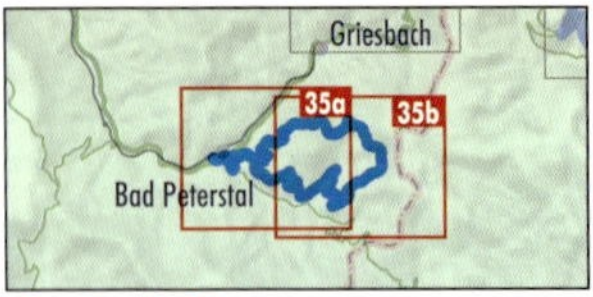

Charakteristik: Bad Peterstal im Ortenaukreis, im Herzen des Schwarzwaldes, verbinden die meisten mit Mineralwasser. Hier wurde die Peterstaler Mineralquellen GmbH 1926 gegründet. Die Peterstaler haben sich schon immer dem schonenden Umgang mit den natürlichen Ressourcen verschrieben. Hoch über Bad Peterstal genießt man von der Badkanzel einen herrlichen Blick über den Ort und zu den gegenüberliegenden Bergrücken. Am Mülbensattel kann man wunderschön rasten und grillen. Über das Palmspringeck gelangen Sie zum Naturdenk-

mal Holchen-Wasserfall und über das Fräntzeck wieder hinunter zum Kurhaus-Parkplatz und zum Bahnhof.

Bad Peterstal-Griesbach

PLZ: 77740; Vorwahl: 07806

Tourist-Information, Wilhelmstr. 2, ✆ 91000, www.bad-peterstal-griesbach.de

Moped & Rollermuseum, Renchtalstr. 49, ✆ 148, ÖZ: April-Nov. ,So 11-17 Uhr. Unter den ca. 90 Exponaten sind Marken wie Victoria, Kreidler, Bauer, Miele, Rex, Hercules, Zündapp, NSU, Vespa, Simson oder DKW vertreten.

Die Mineralquellen wurden wahrscheinlich schon lange von den Mönchen der benachbarten Klöster Allerheiligen und Kniebis genutzt. 1584 beschrieb der Leibarzt des Fürsterzbischofs von Speyer „zwei heilsame und schöne Quellen". In der Folge kam es – unterbrochen durch den Dreißigjährigen

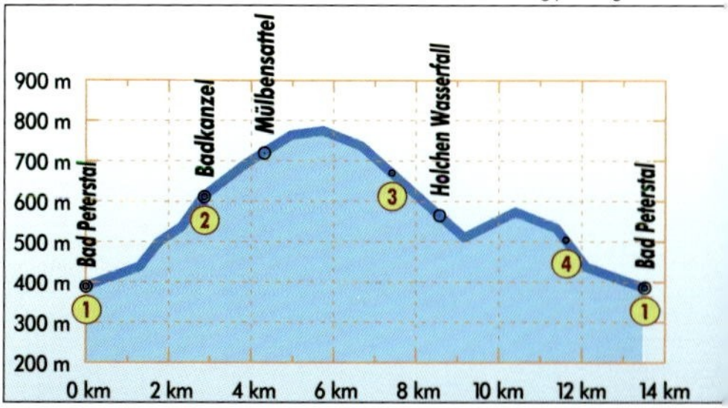

Krieg – zu einem frühen Wellness-Tourismus. Dieser Bereich ist neben der Forstwirtschaft bis heute ein bedeutender Wirschaftsfaktor des Doppelortes. Das natürliche Mineralwasser ist deshalb so wertvoll, weil es lebensnotwendige Mineralien und Spurenelemente enthält, die der menschliche Organismus nicht selbst herstellen kann. Vier Quellen haben hier Ihren Ursprung: Griesbacher Mineralquellen, Schwarzwald Sprudel, Peterstaler Mineralquellen und Freyerbacher Mineralwasser.

1 0,0 (390) Start ist am Bahnhof ~ der blauen Raute über die **Bahnhofstraße** in Richtung **Kurhaus** folgen ~ vorbei am eindrucksvollen **Schwarzwaldverein-Brunnen** der Ortsgruppe Bad Peterstal, der in Form eines Mühlrades aus heimischem Sandstein gehauen wurde ~ weiter zum Kurhaus und Kurhaus Parkplatz ~ dann beginnt der Wanderweg anzusteigen ~ mit der blauen Raute immer Richtung **Badkanzel** ~ am Friedhof vorbei ~ Sie erreichen den **Badkanzelweg** ~ erst kurz links dann sofort nach rechts ~ die Bäume werden nun etwas dichter, links hören Sie ein Bächlein plätschern ~ der Weg beschreibt einen großen Linksbogen ~ vorbei an einer Scheuer zur Badkanzel.

Badkanzel (608 m)

2 2,9 (610) Auf dem **Gaislochweg** mit blauer Raute weiter bergauf

~ mitten im Wald steht ein schön gepflegtes Kruxifix mit Rastbank ~ weiter auf breitem Forstweg zum Rastplatz **Mülbensattel**.

Am Milizbrunnen fließt natürliches Quellwasser ~ von hier in Richtung Buche auf dem **Seebensträßchen** ~ rechts ~ nun mit gelber Raute weiter Richtung **Palmspringeck** ~ weiter auf dem **Pflanzenschulweg** ~ leicht bergab zum Palmspringeck an einer großen Wegkreuzung.

3 7,4 (670) Von hier aus in einem weiten Bogen zum **Waldhotel Palmspring** (geschlossen) und zum Wegweiser Palmspring ~ weiter zum **Holchen Wasserfall** ~ beim Wasserfall nicht über die Brücke gehen, sondern eben aus dem Bachtal heraus ~ zusätzlich Wanderzeichen **Renchtalsteig** ~ immer weiter in Richtung **Erdelgrund** ~ dann rechts in Richtung **Fräntz-Eck** 0,4 km und **In der Hölle** ~ auf dem Renchtalsteig bergauf bis zum Wegweiser In der Hölle.

4 11,6 (505) Auf bekanntem Weg zurück nach Bad-Peterstal.

1 13,5 (390) Ende der Wanderung.

Bad Peterstal-Griesbach

Tour 36

Wiesensteig Bad

Start/Ziel: Bad Peterstal-Griesbach, Parkpl... herplatz

Gehzeit: 3 Std. **Aufstieg:** 510 m

Hartbelag: 7% **Wanderwege:** 80 % Wanderpfa...

Charakteristik: Einfach nur „Unterwegssein"! Auf dem Wiesensteig verliert man schnell jegliches Gefühl für Zeit und Hektik.

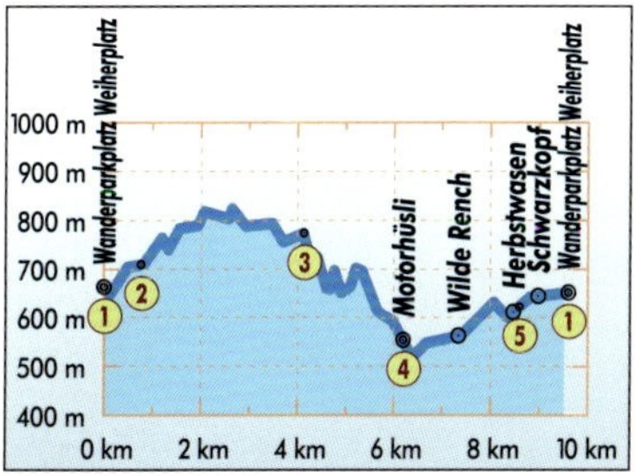

Man taucht ein in eine intakte Landschaft weit weg vom Alltagsstress. Vom Weiherplatz sind es nur wenige Meter ins Tal der wilden Rench. Genüsslich geht es auf Wiesenweg immer entlang des Flusslaufes, vorbei an kleinen Wasserfällen, bis der Weg hinauf führt

Blick zur Renchtalhütte

auf die Schwarzwaldhöhen zur Renchtalhütte. Auf der nächsten Etappe macht der Weg seinem Namen alle Ehre. Es geht hinab über wunderschöne steile Wiesenwege, die in mühevoller Handarbeit gepflegt werden. Hier finden Sie noch Wiesenblumen die man sonst kaum mehr sieht. Oberhalb des Huberhofes am alten Motorhusli gibt es Liegen zum Ausruhen. Im Brunnen am Huberhof wartet dann ein kühles Getränk und Äpfel als Wegzehrung. Lange müssen die Vorräte nicht halten, denn im Gasthof Herbstwasen wird jeder satt. Spätestens am Ende der Tour ist klar, dass die Farbgebung des Wegesymbols nicht zufällig gewählt ist.

Markierung: Der Wiesensteig ist durchgängig mit dem Wiesensteigsymbol (grün/blau) markiert.

Weiherplatz

1 0,0 (660) Am Weiherplatz finden wir eine Grillhütte, eine Rastbank, einen Brunnen und etliche Parkplätze. Hier befindet sich der Einstieg zum **Wiesensteig**.

Abwärts zu einem alten **Wehr** ~ dann nach rechts an der wunderschönen **Rench** entlang ~ am Ende des Tales ein wunderschöner Platz mit zwei kleinen Wasserfällen.

2 0,7 (710) Nun beginnt nach links der Aufstieg zur **Fischfelsenhütte** ~ ein herrlicher **Trinkwasserbrunnen** lädt zum Pausemachen ein ~ an der Hütte vorbei ~ auf dem **Brandenweg** weiter aufwärts ~ an einer Wegkreuzung nach links ~ auf dem **Mittleren Brandweg** bequem am Hang entlang kommen Sie zum **Brandbrunnen** und der

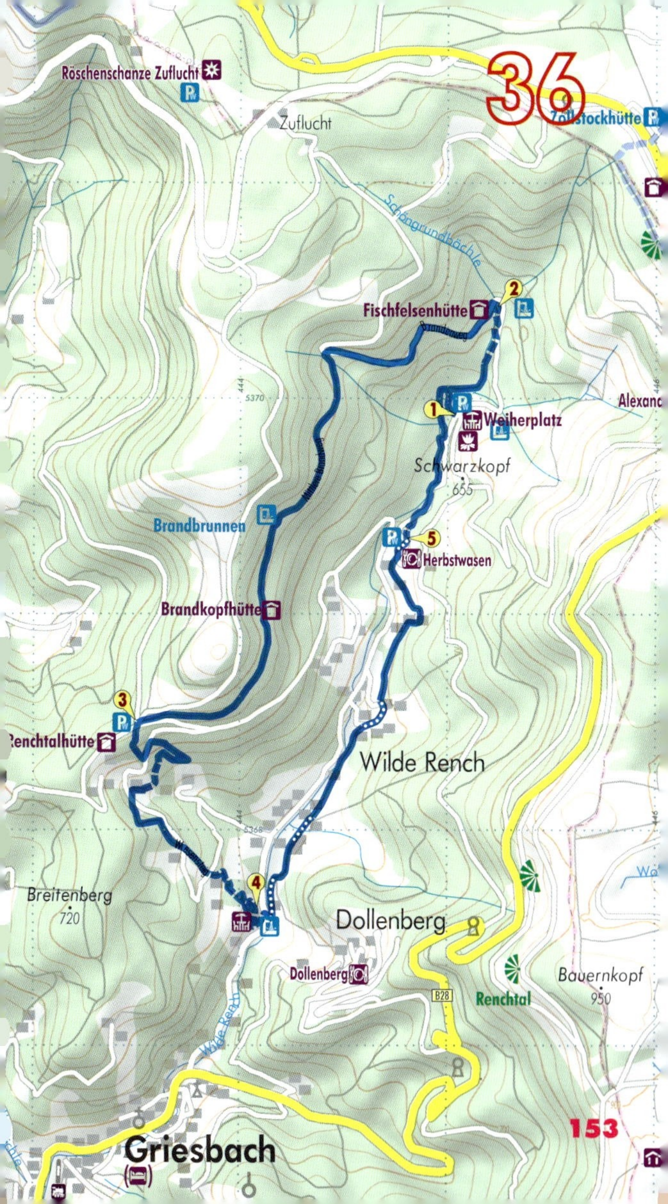
36
Röschenschanze Zuflucht
Zuflucht
Zollstockhütte
Schöngrundbächle
Fischfelsenhütte
2
1
Weiherplatz
Schwarzkopf
655
Brandbrunnen
5
Herbstwasen
Brandkopfhütte
3
Wilde Rench
4
Breitenberg
720
Dollenberg
Dollenberg
Bauernkopf
950
Renchtal
B28
Wilde Rench
Griesbach

Brandkopfhütte ~ weiter auf dem Mittleren Brandweg zum Parkplatz vor der **Renchtalhütte** - natürlich lohnt der Abstecher zur Renchtalhütte.

Renchtalhütte, Rohrenbach 8, Bad Peterstal-Griesbach, ✆ 07806/910075. Von der Terrasse hat man einen traumhaften Blick über das Renchtal, auf Breitenberg und Brandkopf. Ein Streichelzoo und ein Spielplatz sind für Kinder ideal.

3 **4,1 (775)** Der Weiterweg führt vor dem Parkplatz links abwärts auf herrlich weichem Waldboden ~ schattig im Wald bergab vorbei an herrlich bemoosten Steinen ~ Sie treten aus dem Wald ~ vor Ihnen eine herrliche Wiese, am gegenüberliegenden Hang das bekannte Hotel Dollenberg ~ wieder im Wald auf herrlich weichem Boden leicht aufwärts ~ bevor Sie die Kuppe erreicht haben links halten ~ der Pfad schlängelt sich abwärts ~ linker Hand eine wunderschöne Rastbank mit Blick ins Tal ~ über Wiesenweg abwärts zu einem Bauernhaus.

Der Wiesensteig führt am Haus vorbei und steigt dann wieder über Wiesen an ~ im Wald stoßen Sie auf einen breiten Waldweg ~ hier links auf der Halbhöhe entlang ~ dann auf schönem Pfad abwärts über einen Bach ~ nach einem Holzlagerplatz geht es scharf rechts an der Hangkante zu einem wunderschönen Rastplatz mit Tisch und Liegen ~ hier im alten Motorenhäuschen findet man Decken, Sitzkissen u.v.m.

4 **6,2 (555)** Hinter dem **Motorhüsli** auf Wiesenpfad geradeaus weiter ~ rechts auf Schotterweg zum **Huberhof** abwärts.

Beim Hof der Familie Huber treffen Sie auf einen kleinen Brunnen, wo es Äpfel und Getränke zur Stärkung gibt.

Nach dem Hof links an der Rench entlang ~ bei Haus Nr. 35 rechts über die Brücke auf dem Asphaltsträßchen kurz aufwärts ~ schattig auf Schotterweg bergauf ~ dann über Wiesenpfad, später durch eine kleine Bauernhofsiedlung ~ nochmals kurz und knackig aufwärts zwischen zwei Weidezäunen bis zu einem Asphaltsträßchen ~ nach rechts wandern, bei Haus Nr. 61 noch einmal kurz aufwärts ~ schon erreichen Sie wieder einen Wiesenweg ~ nun bequem am Hang entlang zum Gasthof Herbstwasen.

Gasthaus-Pension-Café Herbstwasen, Wilde Rench 68, Bad Peterstal-Griesbach, ✆ 07806/627, ÖZ: Do-Di.

5 **8.7 (625)** Nach dem Parkplatz auf einem kleinen Pfad kurz aufwärts ~ über Wiesenweg hinab zur Wilden Rench ~ diese überqueren ~ rechts durch das wild romantische Renchtal ~ vorbei an schönen Rastbänken zum Wehr am Weiherplatz ~ rechts über die Brücke zurück zum Weiherplatz.

1 **9,6 (660)** Ende der Wanderung.

Weiherplatz

Tour 37

Von Schapbach zur

Start/Ziel: Schapbach, Rathaus

Gehzeit: 3 Std. **Aufstieg:** 490 m

Hartbelag: 20% **Wanderwege:** 57 % Wan…erpfa

Charakteristik: Rippoldsau wurde erstmals 1179 urkundlich erwähnt. Die erste Erwähnung von Schapbach erfolgte 1220. Beide Gemeinden gehörten zum Besitz derer von Fürstenberg, die es 1803 an das Großherzogtum Baden abtreten mussten. Die Gemeinde Bad Rippoldsau-Schapbach hat heute 2.500 Einwohner - klein aber fein ist die Devise von Bad Rippoldsau-Schapbach und dies trifft auch auf diese Tour zu. Am romantischen Bach nach Wildschapbach entlang vergisst man Zeit und Raum, bevor es auf die Schwarzwaldhöhen geht. Hier oben ist man der Sonne immer ein Stück näher. An der Otmarhütte genießt man Speiss und Trank und ein einmaliges Panorama. Den Abstieg zurück ins Wolftal tritt man nur schweren Herzens wieder an.

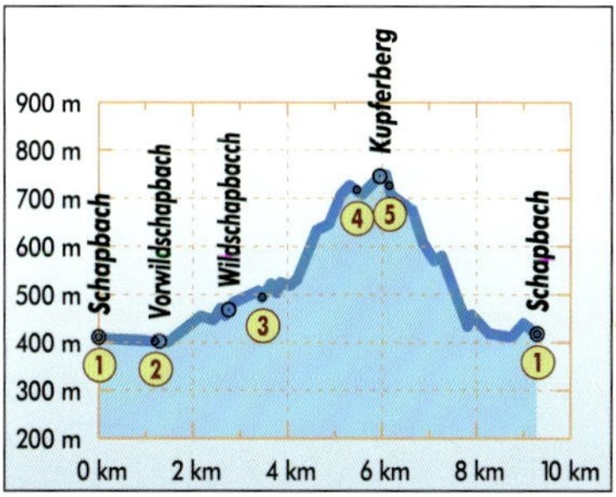

Schapbach

PLZ: 77776; Vorwahl: 07440

ℹ **Tourist-Information Bad Rippoldsau-Schapbach**, Kurhausstr. 2, 77776 Bad Rippoldsau-Schapbach, ✆ 913940, www.wolftal.de

1 0,0 (410) Mit dem Hans-Jacob-Zeichen (Schlapphut) und der gelben Raute, auf dem **Wolfstalweg** Richtung **Vorwildschapbach** und **Wildschapbach** ~ auf der Straße am **Bühl** immer dem Bachlauf folgend zum Tennisplatz ~ dann rechter Hand ein Sägewerk ~ hier rechts über die Brücke Richtung Wildschapbach ~ kurz links.

Vorwildschapbach

Auf der **Wildschapacherstrasse** rechts ~ nach Haus Nr. 3 links und sofort wieder rechts.

2 1,2 (400) Auf Wiesenweg direkt am Bachlauf entlang ~ links über die Holzbrücke am Wildschapbach ~ der

Wiesenweg geht in einen Forstweg über ~ auf der linken Bachseite bleiben ~ nach wenigen Metern sofort wieder rechts auf Wiesenweg wunderschön idyllisch durch das Tal ~ unterwegs immer wieder Rastbänke.

Plenterwald

Das enge Wildschapbachtal ist für seine besonders schönen Bauernplenterwälder bekannt. Unter „Plenterwald" versteht man eine Form der Waldbewirtschaftung bei der ständig Bäume aller Art, Alters und Größen auf ein und derselben Waldfläche stehen. Die Plenterwirtschaft wird auf Grund des frühen Floß-Holz-Handels im Kinzig- und Wolftal schon seit Jahrhunderten betrieben.

Vorbei an einzelnen Häusern und Bauerngärten ~ bei Haus Nr. 12 überqueren wir die Fahrstraße und wandern nun rechts am Bach entlang ~ der Weg steigt steiler an ~ oberhalb der Häuser und der Fahrstraße zum Ortsschild von Wildschapbach.

Wildschapbach

Nun mit gelber Raute Richtung **Herzenbach/Kupferberg** ~ an

der Straße entlang, vorbei am Gasthof **Grüner Baum**

Gasthaus Pension Grüner Baum, Wildschapbach 15, 77776 Bad Rippoldsau-Schapbach, ✆ 07839/218

Dann links zum Parkplatz.

3 **3,4 (495)** Über die Brücke dann rechts ~ an der Laterne wieder gelbe Raute ~ auf Wiesenweg im Auf und Ab ~ immer linksseitig des **Wildschapbachs** bis zu einer Holzbrücke ~ diese überqueren und links ~ an der Landstraße entlang, nicht die erste Möglichkeit rechts abbiegen, sondern erst nach einem Bildstock die **L 93** verlassen ~ rechts dem Wegweiser **Herzenbach 515 m; Kupferberg 1,2 km; Otmarhütte 2 km** folgen ~ neben dem Herzenbach – eher ein „Herzenbächle" steil aufwärts.

Die üppige Vegetation, die Farne und Moose, sind Zeugnis dafür, dass es hier das ganze Jahr über feucht sein muss.

Vorbei an einem Gedenkstein ~ nochmals stramm aufwärts ~ an einer Lichtung links haltend weiter bergauf zu einem Forstweg ~ hier rechts und dann links aufwärts.

4 **5,5 (715)** Sie haben den **Kupferberg** erreicht ~ zur **Otmarhütte** ist es nicht mehr weit ~ am nächsten Wegweiser Richtung Otmarhütte halten ~ am Brunnen vorbei ~ an der nächsten Möglichkeit links auf Schotterweg ~ zur Otmarhütte ~ das ganze Wolfstal liegt einem zu Füßen.

Wanderheim Otmarhütte Schwarzwaldverein, ÖZ: Apr.-Okt., So/Fei ab 13 Uhr. Die

Hütte bietet nette kleine Speisen und hat sehr moderate Preise. Auch wenn die Hütte geschlossen hat, sollte man trotzdem eine längere Pause einplanen!

5 **6,2 (725)** Weiter Richtung **Ladstatt-Bühlsäge** ~ am Wegweiser Ladstatt geradeaus abwärts ~ an einer Rastbank und Scheune vorbei in den Wald ~ am Waldeintritt lohnt ein Blick zurück auf die Höfe und die Windräder ~ abwärts im Wald an einer Kreuzung leicht rechts halten, keine Markierung an der Kreuzung ~ nun immer auf dem breiten Forstweg geradeaus abwärts ~ alle Abzweigungen ignorieren bis zu den ersten Häusern von Schapbach und zur Straße beim **Campingplatz** ~ hier rechts Richtung Campingbrücke Schapbach auf dem Gehweg neben der Straße ~ links über die Campingbrücke ~ dann rechts am Ufer der Wolf entlang ~ zurück zum Parkplatz.

1 **9,3 (410)** Ende der Wanderung.

Schapbach

Bei der Otmarhütte

… im Kinzigtal

19,8 km

Start: Biberach-Baden, Bahnhof
Ziel: Gengenbach, Bahnhof
…ehzeit: 5½ Std. **Aufstieg:** 530 m **Abstieg:** 550 m
…artbelag: 39 % **Wanderwege:** 59 % **Wanderpfade:** 2 %

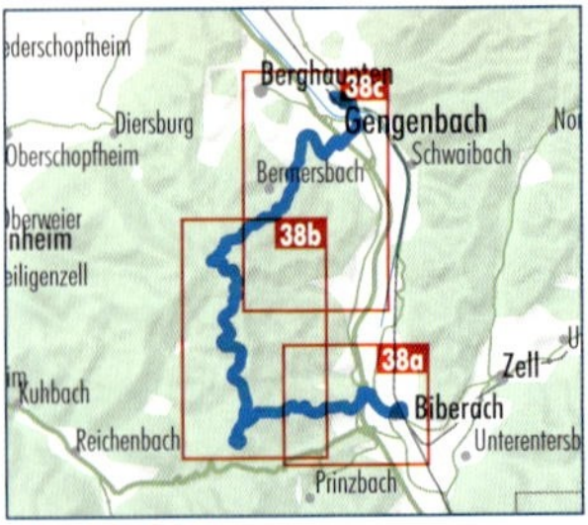

Charakteristik: Die Narren und die „Fasned" spielen in Biberach und Gengenbach eine wichtige Rolle. Während Sie in Biberach direkt am Narrenbrunnen vorbei wandern, wählen Sie in Gengenbach den Abstecher zum Niggelturm mit Narrenmuseum. Hoch hinaus führt der Wanderweg, vorbei an der Konradskapelle auf die mehr als 750 Jahre alte Burgruine Hohengeroldseck. Unbedingt auf die Aussichtskanzeln gehen – fantastische Blicke über den Schwarzwald und in die Rheinebene belohnen Sie. Vorbei an der Guttahütte steigen Sie hinab Richtung Gengenbach.

Biberach-Baden

PLZ: 77781; Vorwahl: 07835

i Touristinformation, Hauptstr. 27, ✆ 636511, www.biberach-baden.de

1 **0,0 (195)** Start am Bahnhof Biberach ~ hier befindet sich auch eine Wandertafel des Schwarzwaldver-

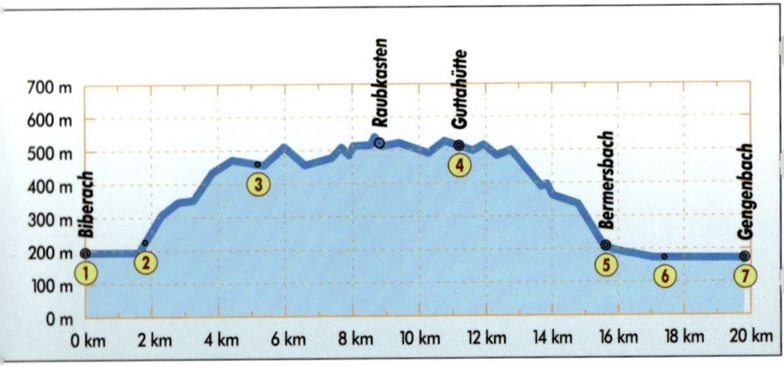

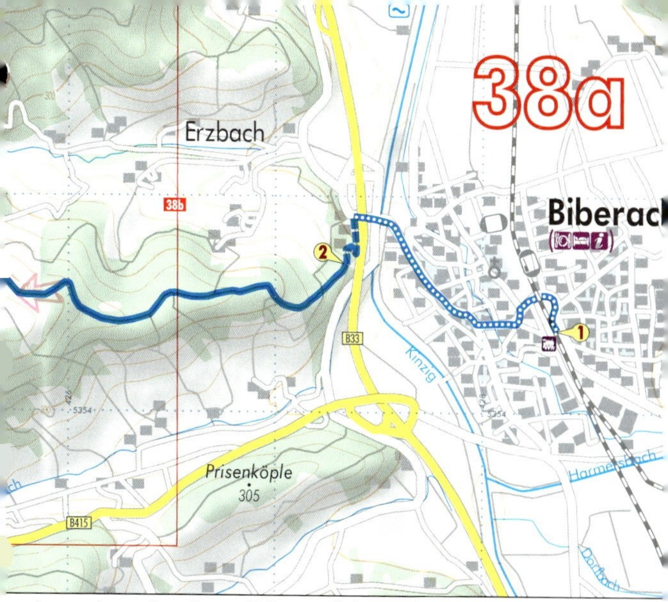

eins ~ der gelben Raute Richtung **Sturmbühl, Hohengeroldseck** folgen ~ parallel zu den Gleisen ~ dann links durch eine Unterführung zum **Narrenbrunnen** und zum **Gasthof Kreuz** ~ hier rechts Richtung **Konradskapelle, Sturmbühl** ~ am Rathaus vorbei ~ auf dem Gehweg der Straße aus dem Ort hinaus bis zur **B 33** folgen.

Gegenüber des Rathauses befindet sich ein alter Fabriksturm aus Ziegelwerk. Mit etwas Glück gibt es auch Störche zu sehen, die jedes Jahr hier oben nisten.

2 **1,8 (225)** Links nun zur Konradskapelle hinauf ~ herrlicher Blick ins Kinzigtal ~ immer weiter geradeaus aufwärts mit gelber Raute – auch wenn manchmal länger keine Markierung zu sehen ist, sind Sie auf dem richtigen Weg, an den Kreuzungen sind immer Markierungen vorhanden ~ links halten ~ durch Mischwald aufwärts bis zum **Evangeli-**

Konradskapelle

schen Jugendheim, gegenüber ist schon die Burgruine Hohengeroldseck in Sicht.

3 **5,2 (460)** Auf dem Teersträßchen nach links Wegzeichen „K" in roter Raute ~ vorbei an einzelnen Häusern ~ hinauf bis zur Ruine Hohengeroldseck.

Ruine Hohengeroldseck

Die Burg wurde um 1260 auf dem Porphyrfelsen des Schönbergs oberhalb der Passstraße zwischen Lahr und dem Kinzigtal gegründet, sie war von da an Stammburg der Herren von Geroldseck. 1688 wurde sie leider durch französische Truppen zerstört und ist ab diesem Zeitpunkt nur noch als Ruine erhalten geblieben.

Durch einen Torbogen ins Gelände der Burg ~ eine Wendeltreppe führt zur höchsten Kanzel ~ der Ausblick ist genial ~ auf gleichem Weg zurück bis zur Abzweigung am Evangelischen Jugendheim bei Wegpunkt **3**.

Nun immer dem „K" in roter Raute, **Kandelhöhenweg** Richtung **Rebmesserstein** folgen ~ erst auf dem Teersträßchen bis zum **Gehöft Höflewald**, kurz danach in den Wald ~ der breite Schotterweg windet sich in immer neuen Kurven durch den Wald bis zum **Rebmessersteinbrunnen** mit Gedenkstein und zum Rastplatz Guttahütte. Auch wenn die Hütte nicht geöffnet ist, bietet sich eine Rast hier an.

Gutta Hütte, ✆ 07803/4618, ÖZ: So/Fei 10-17 Uhr außer im Winter. Gemäßigte Preise, auch ein Vesper ist so günstig zu haben, dass ein Transport im Rucksack gar nicht lohnt.

4 **11,2 (510)** Weiter auf breitem Forstweg Richtung **Bermersbacher Bildstöckel** ~ im Wald finden wir einen **Pionierstein**, er gedenkt dem Straßenbau vom Brückenbaubattalion Ehingen Donau 1940 ~ weiter abwärts auf dem Kandelhöhenweg bis zum Bermersbacher Bildstöckel ~ bald schon kommen am gegenüberliegenden Hang die ersten Weinreben zum Vorschein ~ am Wegweiser **Vordere Halde** verlassen wir den Kandelhöhenweg ~ links abwärts.

Bermersbach

5 **15,6 (205)** Im Tal angekommen nun mit gelber Raute nach rechts ~ am Vereinsheim Bermersbach mit kleinem Sportplatz vorbei Richtung **Gengenbach** ~ über Wiesenauen am Waldrand entlang ~ dann rechts haltend zum Ziegelwaldeck ~ nun der Markierung Weintraube in roter Raute ~ auf dem Sträßchen bis zur Wassertretanlage.

38b
Strohbach
38c
Steinfirst
600
Guttahütte
4
Fußbach
Raubkasten
640
Erzbach
38a
Weiler
Höflewald
3
Ev. Jugendheim
Ermersbach
B415

6 17,4 (170) Links zum **Ziegelwaldsee** ~ wieder auf dem Kandelhöhenweg durch die Felder ~ rechts und die erste Möglichkeit links ~ über die Brücke und die **B 33** ~ geradeaus durch Wohngebiet bis zur **Brückenhäuserstraße** ~ hier links halten ~ nun immer geradeaus ~ bald schon ist die historische Altstadt mit Stadttor zu sehen ~ durch das **Kinzigtor** zum **Marktplatz** ~ nach einer ausgiebigen Stadtbesichtigung und einem „Gengenbacher Wi" (Gengenbacher Wein) geht es gegenüber vom Rathaus ~ links in die **Hauptstraße** ~ ihr folgen ~ wieder links über die **Bahnhofstraße** zum Bahnhof.

7 19,8 (170) Ende der Wanderung am Bahnhof Gengenbach.

Gengenbach

PLZ: 77723; Vorwahl: 07803

- **Kultur- und Tourismus GmbH**, Im Winzerhof, ✆ 930143, www.stadt-gengenbach.de
- **Benediktinerabtei Gengenbach**, Klosterstraße, barocke Klosteranlage der Benediktiner. Sehenswert ist auch der Kräutergarten auf der Ostseite der Stadtkirche St. Marien in der Klosteanlage.
- **Narrenmuseum** im Niggelturm, ÖZ: Apr.-Okt., Mi, Sa 14-17 Uhr, So 11-17 Uhr. Die Gengenbacher Fasend und ihre Geschichte, zahlreiche lebensgroße Fasendfiguren, närrische Utensilien, wertvollen Holzmasken und ihre Entstehung.
- **Flößerei- und Verkehrsmuseum**, Grünstr. 1, ✆ 3764, ÖZ: Apr.-Okt., Sa 14-17 Uhr, So 10-12 Uhr u. 14-17 Uhr. Im denkmalgeschützten ehemaligen Bahnwärterhaus erfahren Sie Wissenswertes über Flößerei und Waldbewirtschaftung. Sonderschau über die Schwarzwaldbahn.
- **Wehrgeschichtliches Museum** im Kinzigtorturm, ÖZ: Mai-Okt., Sa 14-17 Uhr, So/Fei 10-12 Uhr u. 14-17 Uhr. Geschichte und Funktion des Kinzigtorturms, Vergangenheit der Gengenbacher Bürgerwehr
- **Altstadt** mit Fachwerkhäusern und fünf Stadttoren
- **Kräutergarten**

In Gengenbach wird die schwäbisch-alemannische „Fasned" noch richtig gefeiert. Diese Tradition reicht bis ins Jahr 1499 zurück. Heute treiben jedes Jahr die Hauptfiguren der Gengenbacher „Fasned" – der Schalk, die Hexen, die Klepperlesbuben und der Lumpenhund – ihr närrisches Spiel.

Rathaus Gengenbach

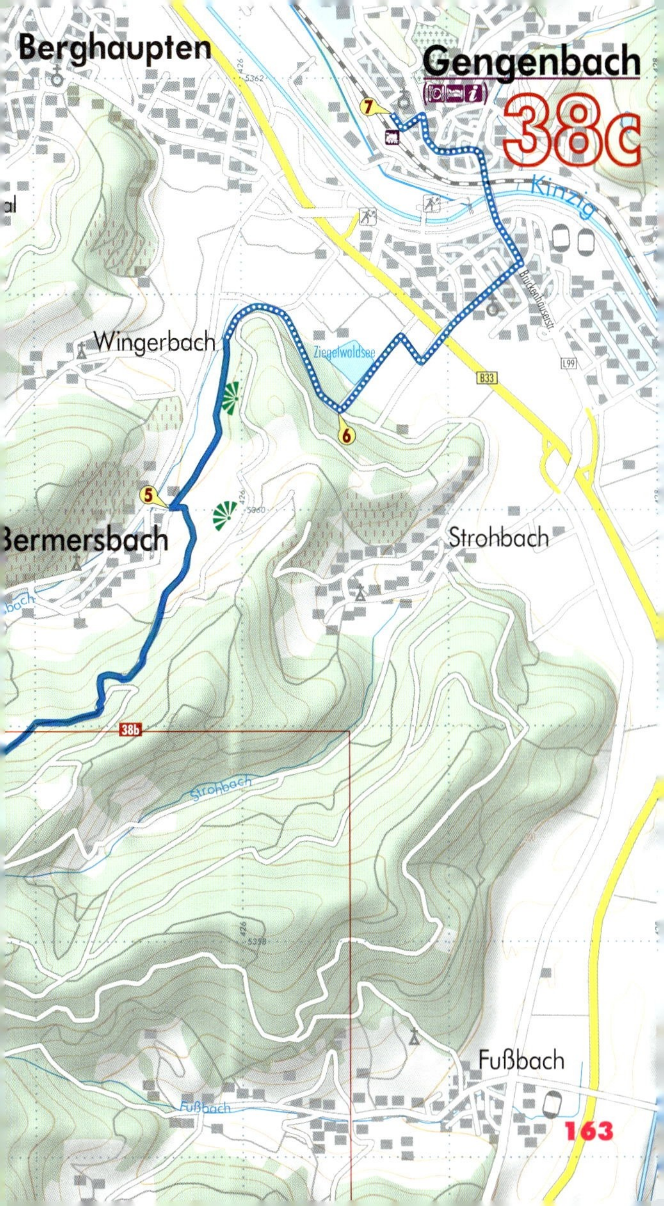
Berghaupten
Gengenbach
38c
Kinzig
Brückenhäuserst.
Wingerbach
Ziegelwoldsee
B33
L99
Bermersbach
Strohbach
38b
Strohbach
Fußbach
Fußbach

15,4 km

…ing" der Kinzigtaler

…Ziel: Hausach/Vordertal Einbach-Dorf, Parken in der Ortsmitte bei Einbacherstraße 41/43

…ehzeit: 4½-5 Std. **Aufstieg:** 870 m **Abstieg:** 870 m

…artbelag: 17% **Wanderwege:** 32 % **Wanderpfade:** 51 %

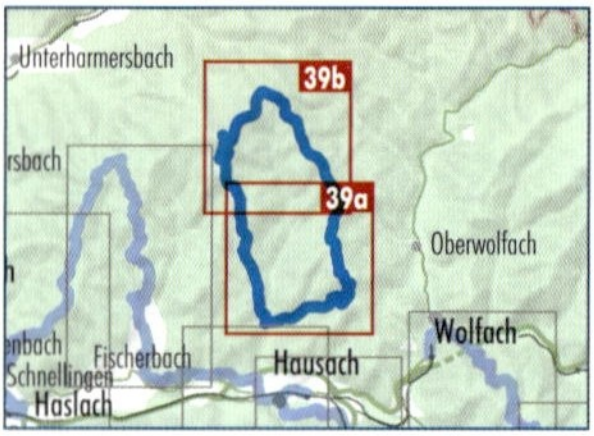

Charakteristik: Der Brandenkopf bildet den markanten Mittelpunkt zwischen den Tälern der Kinzig, der Wolfach und des Harmersbachs. Sein Name rührt von einem großen Waldbrand 1730. Vor diesem Ereignis nannte man den Berg Varnlehenskopf. Vom 33 Meter hohen Turm bietet sich eine wunderbare Aussicht über das Harmersbach-, Kinzig-, Gutachtal und bei guter Sicht bis zu den Alpen und in die Vogesen. Von Hausach im Kinzigtal zum Brandenkopf sind fast 800 Höhenmeter zu überwinden. Gestartet wird in Vordertal im Einbachtal. Der Weg steigt steil an bis zum Brandenkopf. Oben angekommen kann man sich auf dem schönen Rastplatz oder im Wanderheim erst einmal erholen. Über den Hirzwasen geht es bequem zur Hohenlochenhütte.

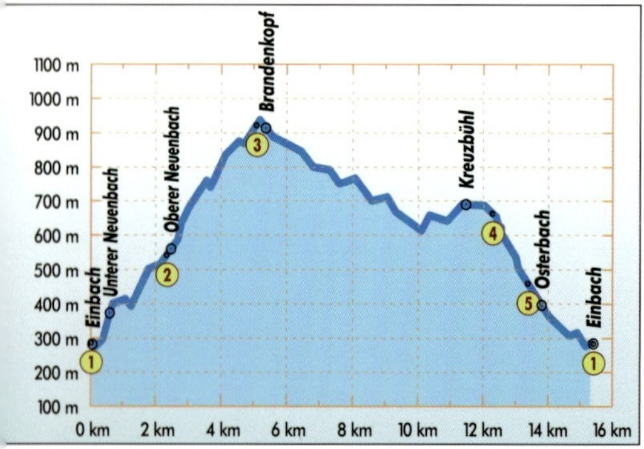

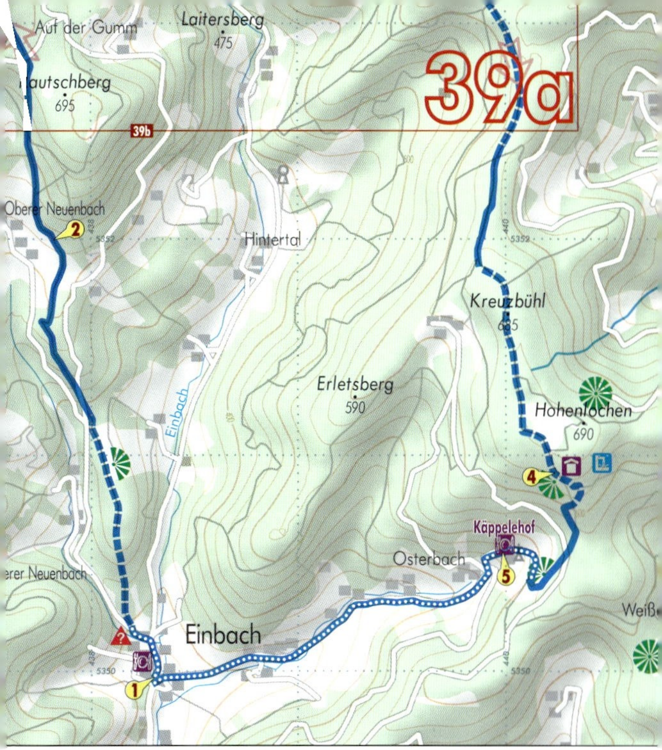

Dann nur noch bergab vorbei am wunderschönen Käppelehof mit Einkehrmöglichkeit zurück ins Einbachtal.

Einbach

1 **0,0 (285)** Start ist in **Vordertal Einbach** ~ nach dem **Gasthof Hirsch**.

Gasthof zum Hirsch (d' Monika), Einbacher Str. 45, 77756 Hausach, ✆ 07831/7190, ÖZ: Fr-Mi ab 16 Uhr, Sa ab 12 Uhr, So ganztags

Links aufwärts ~ ⚠ schon nach wenigen Metern rechts mit gelber Raute Richtung **Neuenbach** ~ der Pfad bringt Sie stetig aufwärts durch Eichen- und Tannenhaine Richtung Neuenbach, Gumm, Brandenkopf

Brandenkopf mit Aussichtsturm

~ am Wegweiser **Unterer Neuenbach** folgen Sie dem Waldweg weiter aufwärts ~ dann rechts über Wiesen bergauf.

2 2,3 (545) Der Wegweiser Oberer Neuenbach auf 540 m Höhe ist erreicht ~ noch 400 Höhenmeter liegen vor Ihnen ~ ab jetzt heißt es weiter steil aufwärts ~ am Wegweiser **Gumm** ist fast die 700 Metermarke geknackt ~ geradeaus weiter bergauf ~ über den **Ballensattel** ~ hier kurz links und dann rechts immer Richtung Brandenkopf ~ über Wurzelpfad die letzten Meter bergauf bis zum Brandenkopf mit Aussichtsturm.

Brandenkopf (945 m)

Vom 29 m hohen **Brandenkopfturm** reicht die Aussicht bis zu den Alpen, den Vogesen und zur Schwäbischen Alb.

Wanderheim

Seit 1929 existiert der steinerne Aussichtsturm, davor gab es bereits hölzerne Vorgängerbauten.

Nach einer Stärkung in der Berggaststätte ca. 200 m zurück bis zum Wegweiser **Oberer Brandenkopfweg**.

3 5,1 (925) Hier links auf dem **Westweg** (rote Raute) und **Hans Jacob-Weg** (Schlapphut) Richtung **Hirzwasen** ~ auf breitem Weg zur **Bettelfrau** ~ rechts weiter zum Hirzwasen (hirz = mittelhochdeutsch Hirsch) ~ nach Süden geht es nun immer geradeaus durch den Wald über den **Ebenackersattel** und den **Kreuzbühl** zum **Hohenlochen**.

4 12,3 (665) An der Hütte lohnt eine längere Pause mit einem herrlichen Rastplatz. 40 Meter tiefer finden wir sogar eine Trinkwasserquelle, falls die Vorräte aufgebraucht sind erreicht.

Hohenlochenhütte

Auf Drängen des Schwarzwaldhauptvereines in Freiburg wurde 1903 von der OG Wolfach auf der Gemarkung Oberwolfach auf dem Kamm in 689 m Höhe eine Schutzhütte, direkt am neu eröffneten Westweg erbaut. Nach einem vernichtenden Brand durch Blitzschlag am 20. November 1917 wurde es zunächst ruhig um die Hütte. Erst 1923 wurde ein Stück tiefer, auf einem Felsen mit herrlichem Blick weit über die Berge und in der Nähe einer Quelle die neue Hütte erbaut. Die Hütte wird von Mitgliedern der Ortsgruppe Wolfach in der Regel von Anfang April bis Ende Oktober an Sonn- und Feiertagen geöffnet. Selbstgebacke-

ner Kuchen, Kaffee und Kaltgetränke stehen dann bereit.

Bergab zum Osterbachsattel ⁓ kurz danach rechts hinunter zur Kapelle und zum Gasthof.

Wendelinskapelle beim Käppelehof, Im oberen Osterbach erbaute im Jahre 1738 Jacob Bächle zu Ehren des großen Bauernheiligen Wendelinus eine Kapelle. Das Heiligtum ist heute die bekannteste Wendelinuskapelle des Mittleren Schwarzwaldes.

Gasthaus Käppelehof, Osterbach 7, 77756 Hausach, ✆ 07831/459, ÖZ: Mi-So ab 10 Uhr (außer an Feiertagen), im Winter Sa u. So ab 10 Uhr. Weil der Zulauf der Wallfahrer zur Wendelinskapelle so groß war, bekam der Käppelebauer ab 1740 das Recht, die Pilger mit Speiß und Trank zu verköstigen. Die Geburtsstunde für das Gasthaus zum Käppelehof.

5 **13,4 (460)** Weiter auf dem Sträßchen vorbei am Simlishof und Armbrusterhof bergab ⁓ wunderschön idyllisch zurück nach Vorderbach Einbachtal.

1 **15,4 (285)** Ende der Wanderung.
Einbach

Hausach

PLZ: 77756; Vorwahl: 07831

- **Kultur- und Tourismusbüro**, Hauptstr. 34, ✆ 7975, www.hausach.de
- **Schwarzwald-Modellbahn**, Eisenbahnstr. 52a, ✆ 966010, ÖZ: April-Nov., Di-So 10-18 Uhr, Dez.-März, Di-So 11-17 Uhr. Die Ausstellung bildet auf 400 m² nach realem Vorbild die gewundene Schwarzwaldbahn zwischen Hornberg und Triberg im Maßstab 1:87 ab.
- **Bergbau-Freilichtmuseum Erzpoche**, Hausach-Dorf, Bühlhof, ✆ 7975. Das Freilichtmuseum widmet sich vor allem der Weiterverarbeitung der Erze. Gezeigt werden unter anderem ein Schmelzofen, eine Erzwäsche sowie eine Erzpoche, ein mit Wasserkraft betriebenes Gerät, das zum Zerkleinern der Erze diente.
- **Museum im Herrenhaus** (bei der Stadthalle), ✆ 1758, ÖZ: So 14-17 Uhr u. n. V. Das Museum in einem Barockbau aus dem Jahr 1760 widmet sich der Zeit, als die Schwarzwaldbahn gebaut wurde.
- **Molerhüsli**, Breitenbachstr. 36, ✆ 7975, Besichtigung nach Voranmeldung. Das „Molerhüsli" war Wohnhaus und Atelier des Hausacher Malers und Dichters Eugen Falk-Breitenbach (1903-1979).
- **Klosterkapelle St. Sixt** (13. Jh.)
- **Katholische Stadtkirche St. Mauritius**, Hauptstraße. Die Stadtkirche ist im neugotischen Stil erbaut und wurde 1894 geweiht.
- **Hausacher Dorfkirche**, Hausach-Dorf. Die Hausacher Dorfkirche ist das älteste Bauwerk der Stadt und die Keimzelle des Ortes. Der ursprüngliche Bau geht auf das 11. Jh. zurück. Die heutige Kirche stammt aus dem Jahr 1515. Sehenswert sind die Reste von mittelalterlichen Fresken sowie eine überlebensgroße Christopherusfigur.
- **Burg Husen**, Wahrzeichen der Stadt
- **Badepark Hausach**, Schanze 3, weitläufige Freibadanlage

Die Stadt Hausach entstand als Mittelpunkt mehrerer Streusiedlungen. Ende des 11. Jahrhunderts wurde im heutigen Hausach-Dorf ein zentrale Dorfkirche gebaut. Nachdem die Zähringer im 13. Jahrhundert die Burg Husen zum Schutz der Silberbergwerke errichtet hatten, siedelten sich an ihrem Fuße die ersten Einwohner an.

Lange Zeit stand Hausach im Schatten der fürstenbergischen Verwaltungsstädte Wolfach und Haslach. Der Aufschwung begann 1866 mit dem Bau der Schwarzwaldbahn von Offenburg durch das Kinzig- und Gutachtal hinauf nach Villingen und weiter zum Bodensee. Da in Hausach zugleich die Strecke durch das Obere Kinzigtal nach Freudenstadt abzweigt, wird die Stadt zur Eisenbahnerstadt. In den vergangenen Jahren konnte sich Hausach dank einer aufstrebenden und innovativen Industrie zu einem bedeutenden Zentrum des Kinzigtals entwickeln.

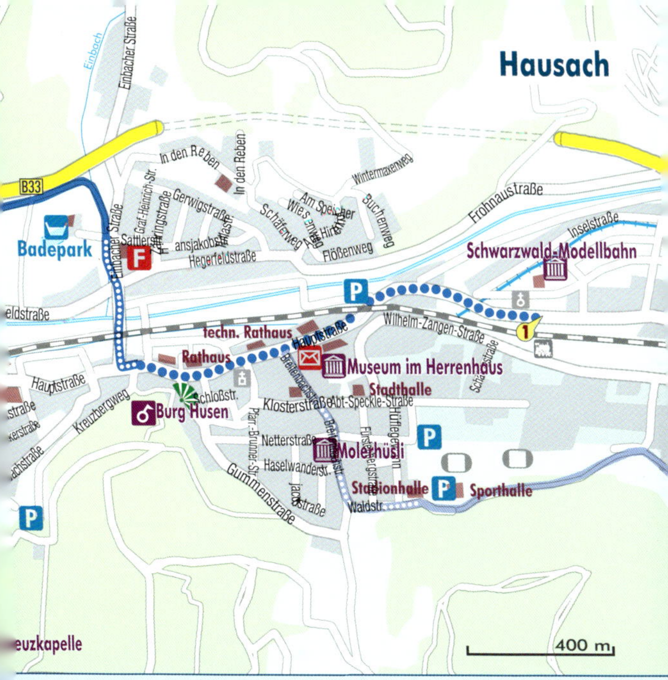

Kinzigbrücke in Hausach

20,3 km

… nach Haslach

…rt: Hausach, Bahnhof
Ziel: Haslach, Bahnhof
…nzeit: 5½-6 Std. **Aufstieg:** 870 m **Abstieg:** 870 m
…artbelag: 41% **Wanderwege:** 55 % **Wanderpfade:** 4 %

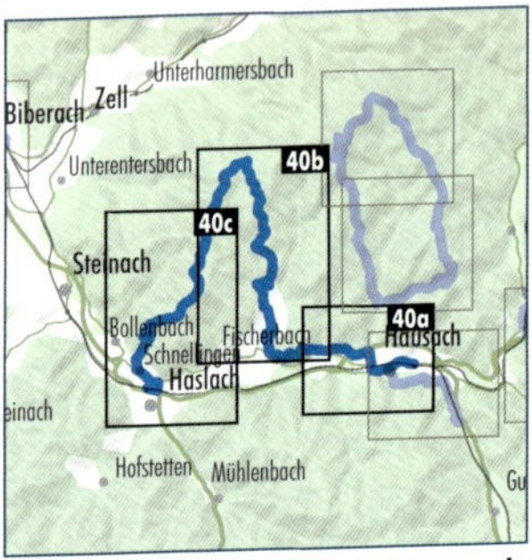

Charakteristik: Die Stadt Hausach unter der Burg Husen ist der Ausgangspunkt dieser Tour. Die Wanderung führt über die Gemeinde Fischerbach mit ihren herrlichen Schwarzwaldweilern Vordertal, Mitteltal, Hintertal hinauf auf 700 m Höhe zu den Nillhöfen. Wie Perlen an einer Schnur reihen sich die mächtigen Bauernhäuser aneinander. Die Blumenpracht in den Bauerngärten und an den Balkonkästen lässt Städter nur so staunen. Sie kommen auch an der alten Silbergrube Segen Gottes, die zu den bedeutendsten historischen Bergwerken des Schwarzwaldes gehört, vorbei. Haslach ist eine sehr alte Stadt, die erste Besiedlung ist bereits als römische Straßenstation im ersten Jahrhundert n. Chr. nachgewiesen. Die breiten Marktstraßen und Plätze sind bis heute vollständig erhalten und verleihen dem Ort

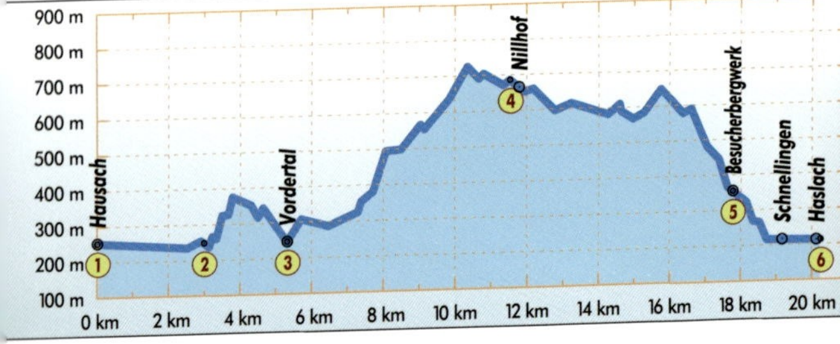

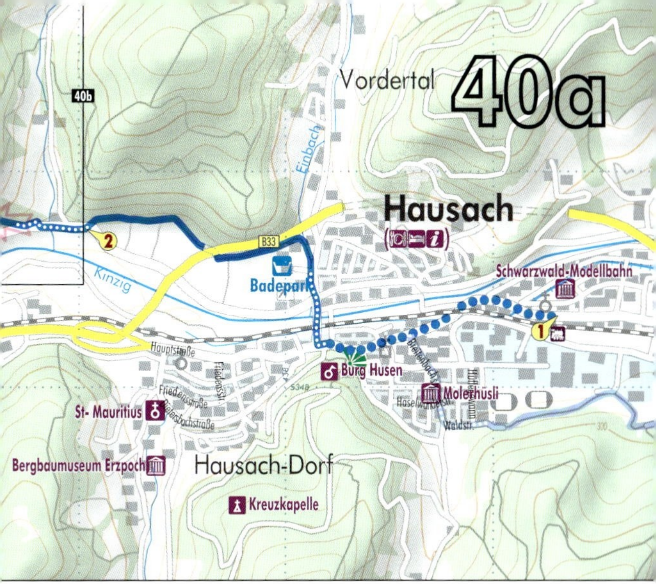

zusammen mit den engen Wohn- und Handwerkergassen ein ganz besonderes Flair.

Hausach **s. S. 168**

1 **0,0 (250)** Start ist am Bahnhof in Hausach ~ nach links Richtung Kirche und Ortsmitte ~ geradeaus halten ~ dann direkt an der Kinzig entlang ~ vorbei an einer Holzbrücke zur Autobrücke ~ rechts über die Kinzig ~ ab hier bis Hausach der gelben Raute, dem Wegweiser Richtung **Fischerbach** folgen ~ am Freibad links halten ~ vor der **B 33** durch die Wiesenauen ~ später durch die Unterführung der B 33 hindurch ~ am Waldrand entlang Richtung **Fischerbach**.

2 **3,0 (245)** Kurz auf die Kreisstraße dann nach wenigen Metern nach rechts ~ über den Bach ~ dann hoch in den Wald auf breitem Forstweg ~ nun nach rechts dem Sträßchen und den Wegweisern **Vordertal**, **Mitteltal, Nillhof** folgen ~ auf diesem Abschnitt erleben wir Schwarzwaldidylle pur ~ in Vordertal angekommen, auf der kleine Fahrstraße nach rechts.

3 **5,3 (245)** Nach einem Wegkreuz mit Jesus und Maria rechts aufwärts ~ direkt durch die Hofdurchfahrt mit alten Gerätschaften (gelbe Raute in Durchfahrt) ~ erst auf Wiesen- dann auf Waldwegen aufwärts ~ am Wegweiser **Kostwald** auf Schotterweg Richtung Nillhöfe ~ in einer Kurve führt Sie ein Pfad bergauf ~ das Zeichen befindet sich etwas verdeckt am Baum ~ am

Wegweiser **Herbeneck** halten Sie sich Richtung **Kammacker, Nillhöfe** ~ erst etwas steiler aufwärts ~ ab dem Wegweiser Kammacker dann abwärts zum Waldrand.

4 **11,5 (685)** Am Waldrand links auf dem Sträßchen zu Nillhöfen.

Nillhöfe

Höhengasthof Nillhöfe, ÖZ: tägl., ✆ 07832/976850.

Weiter Richtung Windrad und **Niller Eck** ~ am Niller Eck dem Wegzeichen **Hans-Jacob-Weg** und gelbe Raute nach links Richtung **Fischerbacher Höhe** folgen ~ ⚠ am Wegweiser **Am Vogelsberg** geradeaus nur der gelben Raute folgen Richtung **Schornfelsen, Baumfelsen** ~ weiter im Wald bergab zum Wegweiser **Saunase**.

5 **17,7 (355)** Rechts Richtung Besucherbergwerk Segen Gottes ~ wie durch ein Labyrinth im Jungwald abwärts bis zu einer Lichtung ~ dann auf Schotterweg nach rechts und auf der Straße zum Besucherbergwerk.

Besucherbergwerk

Besucherbergwerk, ✆ 07832/91250, ÖZ: Apr.-Nov., Di-So Führungen 11, 13.30 und 15.30 Uhr und nach telefonischer Vereinbarung. Die alte Silbergrube Segen Gottes in Haslach-Schnellingen gehört zu den bedeutendsten historischen Bergwerken des Schwarzwaldes. Auf drei Sohlen sind in der Grube silberführende Schwer- und Flussspatgänge in seltener Schönheit aufgeschlossen. Kristalldrusen, Sinter und Stalaktiten, wie sie sonst nahezu kein anderes Besucherbergwerk in Baden-Württemberg bieten kann.

Am Kassenhäuschen mit kleinem See und einer Gaststätte kann man Verweilen bis die Führung durch die Silbergrube startet ~ weiter hinunter auf dem Teersträßchen nach

40b
Nillhof
4
Nill
875
Waldsteiner Bach
40c
Fischerbach
Waldstein
Butzenberg
635
Mitteltal
Vordertal
3
40a
Fischerbach
173

Schnellingen ~ über den **Silberbergweg** zur **Schnellinger Straße** ~ hier links vorbei an der Schnellinger Kapelle auf dem Gehweg zur Brücke ~ die Kinzig überqueren ~ direkt rechter Hand zum Bahnhof.

6 **20,3 (210)** Ende der Wanderung am Bahnhof in Haslach.

Haslach

PLZ: 77716; Vorwahl: 07832

- **Tourist Information**, im alten Kapuzinerkloster, Klosterstr. 1, ✆ 706172, www.haslach.de
- **Trachtenmuseum** im alten Kapuzinerkloster, Klosterstr. 1, ÖZ: Apr.-15. Okt., Di-So 10-12.30 u. 13.30-17 Uhr, 16. Okt.-März, Di-Fr 10-12.30 u. 13.30-16 Uhr. Über 100 Schwarzwälder Originaltrachten, lebensnah dargestellt, ergänzt durch kunstvoll gefertigte Einzelteile und Gegenstände aus dem bäuerlichen Leben.
- **Hansjakob-Museum**, Hansjakobstr. 17, ✆ 4715, ÖZ: Mi 10-12.30 u. 15-17 Uhr, Fr 15-17 Uhr, zusätzl. Apr.-Okt., So 10-12.30 u. 15-17 Uhr. Alles über Leben und Werk des Schriftstellers und Priesters Heinrich Hansjakob (1837-1916)
- **Sehenswerte Altstadt** mit Fachwerkhäusern.
- **Altes Kapuzinerkloster**, erbaut 1630-32, 1795 durch französiche Soldaten geplündert. Nach der Aufhebung des Klosters 1823 richtete die Stadt Armenwohnungen ein. Heute ein Kulturdenkmal und die einzig vollkommen erhaltene barocke Klosteranlage des Kapuzinerordens im ganzen süddeutschen Raum.

Die erste Hochblüte erlebte Haslach im 13. Jahrhundert, als das Städtchen, Sitz des „Bergrichters", zum Zentrum eines wichtigen Schwarzwälder Silberbergbaureviers wurde. Ab dem 17. Jahrhundert entwickelte sich Haslach als Marktstadt weiter. Seit 1978 steht die Haslacher Altstadt unter Denkmalschutz. Haslach hat bis heute noch über 90 Markttage im Jahr. Neben dem samstäglichen Wochenmarkt gibt es noch zahlreiche große Jahrmärkte, Kleintiermärkte, Sommermärkte, Sonderschauen, Antik- und Flohmärkte und u.v.m.

40c
Welschbollenbach
Birkenstein
435
Jungberg
320
lenbach
Bergwerk
Schnellingen
Fisch
Kinzig
B33
B294
Haslach
im Kinzigtal
40b
Urenkopf

8,4 km

spaziergang
tsbauernhof

t/Ziel: Hausach, Bahnhof

Gehzeit: 1½-2 Std. **Aufstieg:** 160 m **Abstieg:** 160 m

tbelag: 73% **Wanderwege:** 27 % **Wanderpfade:** 0 %

Charakteristik: Rund um den Vogtsbauernhof (1612 erbaut), wurde hier ein Freilichtmuseum geschaffen, das dem Besucher faszinierende Einblicke in das Leben im Schwarzwald während der letzten 400 Jahre bietet. Nach und nach kamen immer mehr Bauernhäuser und Wirtschaftsgebäude aus den verschiedenen Regionen des Schwarzwaldes dazu. Im Museum werden Kultur und Geschichte mit Leben gefüllt. Hier können wir erleben wie in den Schwarzwälder Bauernhöfen gewohnt, gelebt und gearbeitet wurde. Sechs komplett eingerichtete Höfe laden zur Erkundung ein. 20 Nebengebäude wie Mühlen, Sägen, Kapelle, Speicher sowie Bauerngärten, ein Kräutergarten und alte Haustierrassen komplettieren das Museumsdorfangebot. Von Hausach geht es über den Parkplatz Tannenwald zum Peterbauernhof. Anschließend bequem und eben neben der Bahnlinie zum Vogtsbauernhof.

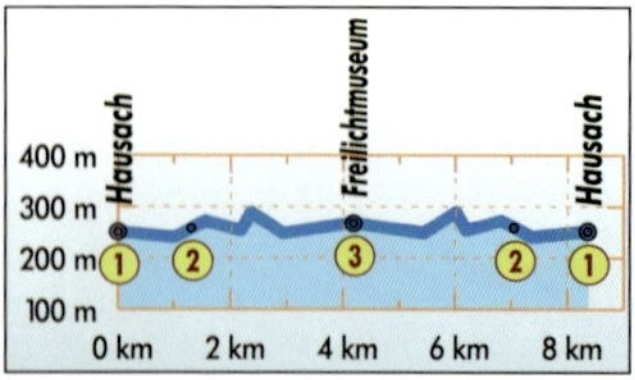

Hausach s. S. 168

1 **0,0 (250)** Start ist am Bahnhof in Hausach ⤳ der **Eisenbahnstraße** Richtung Ortsmitte folgen ⤳ rechts haltend, auf dem Fuß- und Radweg geradeaus ⤳ direkt an der Kinzig entlang ⤳ am Minigolfplatz vorbei ⤳ dann links durch die Unterführung und unter den Bahngleisen zur Hauptstraße ⤳ kurz rechts, dann links in die **Breitenbachstraße** beim Herrenhaus ⤳ vorbei

am Museum Molerhüsli zur **Waldstraße**.

2 1,3 (260) Der Waldstraße nach links folgen ~ am Waldrand entlang zum Wegweiser Parkplatz Tannenwald ~ am Waldrand weiter ~ oberhalb vom Stadion und den Sportanlagen zum Wegweiser **Hirschgasse** bei der Wohnsiedlung **Am Turm** ~ rechts von den Bahngleisen weiter auf Fuß- und Radweg mit blauer Raute Richtung **Petersbauernhof** ~ am Petersbauernhof immer parallel zur Bahnlinie zum Schwarzwälder Freilichtmuseum.

Schwarzwälder Freilichtmuseum

Schwarzwälder Freilichtmuseum Vogtsbauernhof, 77793 Gutach (Schwarzwaldbahn), 07831/93560, ÖZ: tägl. 9-18 Uhr. Das Schwarzwälder Freilichtmuseum Vogtsbauernhof versteht sich als kulturelles Forum für den ganzen Schwarzwald. Es sammelt und erhält wichtige Kulturgüter des Schwarzwalds und macht sie auf Dauer zugänglich. Damit trägt das Freilichtmuseum zum Erhalt wichtiger Kulturgüter bei. Das Kinderparadies im Schwarzwälder Freilichtmuseum ist ein Erlebnisspielplatz für Wasserschöpfe und Kletterer! Auf dem Dachboden der Kindheit im Hotzenwaldhaus gibt es jede Menge zu entdecken. Auch eine Werkstatt in Betrieb kann besichtig werden. Hier kann man z. B. eine Kuckuckspfeife bauen. Natürlich gibt es auf dem Gelände auch eine Menge Tiere zu beobachten.

3 4,2 (270) Nach einer ausgiebigen Besichtigung auf gleichem Weg zurück zum Bahnhof Hausach.

1 8,4 (250) Ende der Wanderung.

Hausach

Im Freilichtmuseum

21,4 km

… nach Schiltach

Start: Wolfach, Bahnhof

Ziel: Schiltach, Bahnhof Mitte

Gehzeit: 4½-5 Std. **Aufstieg:** 1.010 m **Abstieg:** 920 m

Hartbelag: 32% **Wanderwege:** 58 % **Wanderpfade:** 10 %

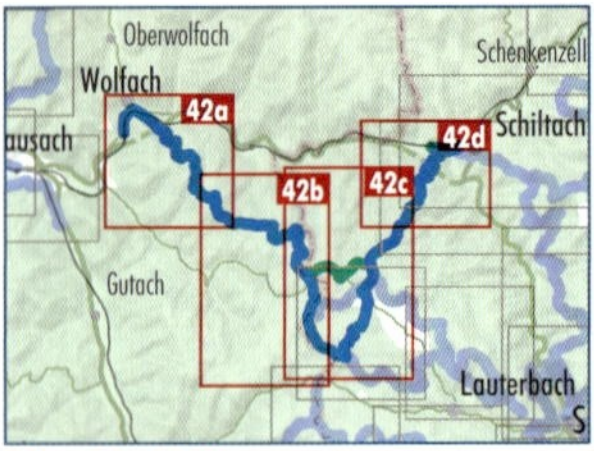

Charakteristik: Die Tour führt zu zwei Bilderbuchstädten mit Flößertradition. Wolfach liegt am Zusammenfluss von Wolfach und Kinzig. Das untere Tor bildet den Einstieg in die herrliche Innenstadt. Unvorstellbar, dass durch das Untere Tor bis in die 1990er Jahre der gesamte Verkehr durchgeleitet wurde. Heute kann man hier die Ruhe und den Charme des Bilderbuchstädtchens genießen. Ein Gang durch die Altstadt ist wie eine verträumte Reise in die Vergangenheit. Die Tour führt abwechslungsreich über Wald und Weiden bis zum höchsten Punkt am Mooswaldkopf. Aus großer Liebe zum Schwarzwald erbaute hier oben im Jahre

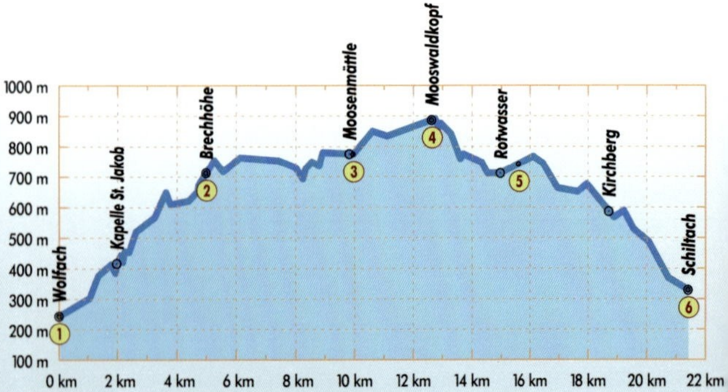

1904 Professor Engelhorn in 900 Meter Höhe einen 15 Meter hohen Aussichtsturm mit einer Unterkunftshütte. Gemütlich geht es abwärts vorbei an netten Schwarzwaldhöfen nach Schiltach.

Tipp: Die Tour kann auf 15 Kilometer verkürzt werden.

Wolfach

PLZ: 77709; Vorwahl: 07834

- **Tourist-Info**, Hauptstr. 41, ✆ 835353, www.wolfach.de
- **Heimat- und Flößermuseum**, im Fürstenbergischen Schloss, ✆ 83530. Interessantes über die Flößerei – ein Privileg der Wolfacher, Bergbau u.v.m.
- **Dorotheenhütte, Glasmuseum**, Glashüttenweg 4, ✆ 83980, ÖZ: tägl. 9-16.30 Uhr. Ursprung der Dorotheenhütte ist die Mundblashütte. Der Besucher erlebt, wie aus der trägen, glühenden Quarzsandmasse ein Kunstwerk entsteht.
- **Fürstenbergisches Schloss**, erbaut 1671-81 unter Einbeziehung div. älterer Gebäudeteile, heute Sitz mehrerer Ämter und Behörden

✲ Restaurierte **Altstadt**, v. a. die breite **Marktstraße**

1 0,0 (245) Start ist am Bahnhof in Wolfach ~ rechts Richtung Zentrum, das **Untere Tor** bildet den Eingang zur sehenswerten Wolfacher Innenstadt ~ ab jetzt bis Moosenmättle der blauen Raute auf weißem Grund folgen ~ vorbei am Rathaus zur Stadtbrücke.

In Wolfach brachte die Flößerei, der Holzhandel und der Bergbau den Wohlstand. Als Wolfach 1806 badisch wurde, erhielten hier ein großherzogliches Bezirksamt und ein Amtsgericht ihren Sitz. Im 19. Jahrhundert löste der Tourismus die Flößerei als wichtigsten Wirtschaftsfaktor ab.

Rechts auf dem Kinzig-Neckar-Weg (blaue Raute) Richtung **St. Jacob Kapelle**, Horben ~ der Weg schlängelt sich hinauf zur Kapelle auf einem bewaldeten Bergrücken.

Kapelle St. Jakobus. Ihre Ursprünge gehen auf das 15. Jh zurück. Ihre Existenz verdankt das Kirchlein wohl einem der heimgekehrten Jakobus-Pilger. Über ihrem rundbogigen Portal klebt eine aus Sandstein gehauene Außenkanzel. Darunter die Statue des Kirchenpatrons Jakobus aus Ton. Sehenswert ist der Hochaltar aus dem Jahr 1705.

Weiter aufwärts über schöne Pfade und Waldwege ~ bald kündigen Wiesen den **Horbenhof** an ~ hier haben die Bauersleute einen netten Rastplatz an drei alten Mühlsteinen eingerichtet ~ nun dem Wegweiser **Moosenmättle** folgen ~ erst bergauf, dann rechts wieder abwärts zum Brechsattel.

Brechsattel (705 m)

2 5,0 (715) Vom Brechsattel sind es noch 4 km bis zum Moosenmättle ~ nochmals aufsteigend zur **Grubhöhe** ~ weiter zum Wegweiser **Auf der Grub**.

Hier gibt es ein evangelisches und ein katholisches „Auf der Grub"!

Auf breitem Schotterweg immer der blauen Raute folgend zum Moosenmättle.

Moosenmättle

Bergstüble Liefersberg-Moosenmättle, Moosenmättle 6, ✆ 07834/1735 , ÖZ: Mo-Fr ab 12 Uhr, Sa/So ab 10 Uhr

Das Landschaftsschutzgebiet am Moosenmättle mit dem Wechsel von Wald und offenen Flächen lässt noch erahnen, wie der Schwarzwald zur Blütezeit der Weidewirtschaft in den Höhenlagen einmal ausgesehen hat. Hier gedeihen noch der früher weit verbreitete Besenginster sowie seltene Orchideen.

3 4,0 (775) Nach ca. 0,5 km auf der Straße, am Wegweiser **Beim Moo-**

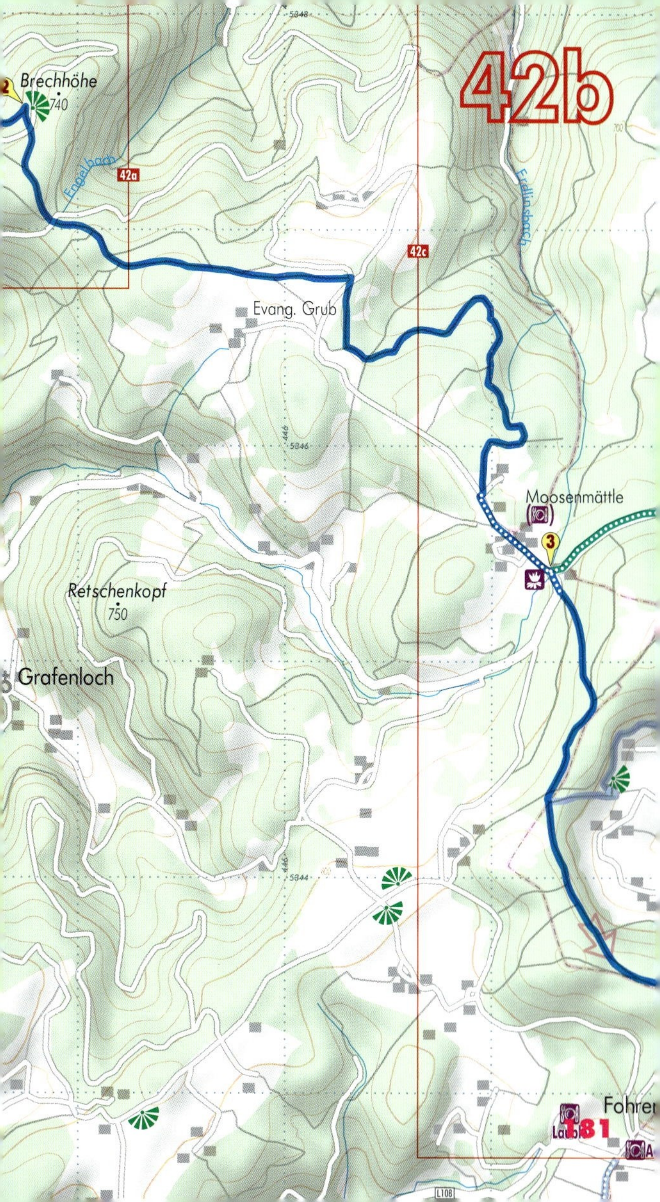
42b
Brechhöhe
740
Engelbach
42a
42c
Erdlinsbach
Evang. Grub
Moosenmättle
Retschenkopf
750
Grafenloch
Fohren
L108

senmättle trennt sich die Kurz- von der Langvariante.

VARIANTE Die Kurzvariante führt auf der Straße zum Grusenloch, dann links auf dem Mittelweg zum Wegweiser Heuwiese und zum Gasthof.

Die Langvariante führt Richtung Kohlplatz mit blauer Raute kurz rechts und dann in den Wald ~ am **Kohlplatz** Richtung **Gedächtnishaus/Fohrenbühl**, mit roter Raute mit weißem Strich auf dem **Mittelweg** weiter ~ oben stoßen wir auf eine Teerstraße ~ hier links.

4 12,6 (890) Das Gedächtnishaus liegt genau an der Badisch/Württembergischen Grenze.

Gedächtnishaus, ✆ 07422/4461, ÖZ: Fr-Di ab 10 Uhr, Mi ab 17 Uhr. Die Turmbesteigung lohnt sich, es geht direkt im Gasthaus nach oben.

Ab jetzt mit gelber Raute Richtung **Kapfhäusle** und **Rotwasser** ~ auch am Wegweiser **Spittel** und **Am Boschel** immer diese Richtung beibehalten ~ am Boschel links ~ abwärts zum Vogtsbauernhof.

5 15,6 (745) Auf der Straße links aufwärts ~ nach kurzer Zeit dem Wegweiser nach rechts Richtung Gasthof Heuwiese folgen ~ am Rotwasser 6, 8, 10 vorbei immer auf der Höhe weiter ~ auch wenn die Rautenfarben sich mehrmals ändern ~ ab Gasthof Heuwiesen konstant rote Raute mit weißem Strich bis Schiltach ~ erst auf einer Straße, dann rechts auf Waldweg durch herrlichen Mischwald abwärts ~ am Zimmerplatz mit Rastbank genießt man einen tollen Blick auf Schiltach ~ kurz vor der Stadt geht es in einigen steilen Serpentinen schattig durch den Wald ~ vorbei am **Friedhof** zur **Evangelischen Stadtkirche** ~ dann rechts zum Marktplatz und dem Rathaus aus dem Jahre 1593 ~ bis zum Bahnhof Schiltach Mitte sind es nur wenige Meter, aber auch der Bahnhof Schiltach liegt nur 500 m entfernt, dazu den Wegweisern vorbei am Schüttemuseum folgen.

6 21,5 (330) Ende der Wanderung am Bahnhof Schiltach Mitte. Links geht es zum Bahnhof Schiltach, wo auch alle Regionalzüge halten.

Schiltach

PLZ: 77761; Vorwahl: 07836

- **Tourist-Info**, Marktpl. 6, ✆ 5850, www.schiltach.de
- **Apothekenmuseum**, Marktpl. 5, ✆ 360 od. 1514, ÖZ: April-Mai, Di-So 14.30-16.30 Uhr, Juni-Okt., Di-So 10.30-12 Uhr u. 14.30-16.30 Uhr. Original erhaltene Biedermeier-Apotheke (gegründet 1837)
- **Schüttesäge**, Hauptstr. 1, ✆ 5850, ÖZ: Apr.-Nov., 11-17 Uhr. In der 1491 erstmals erwähnten Säge, die bis 1931 in Betrieb war, wird viel Interessantes rund ums Holz aus dem Schwarzwald gezeigt: Holzbringung, Flößerei, Verarbeitung u.s.w.
- **Altstadt**: Gerberviertel (Fachwerkhäuser aus dem 17.-18. Jh.), Äußere Mühle (1557), Stadtbrunnen (1750), u.v.m.

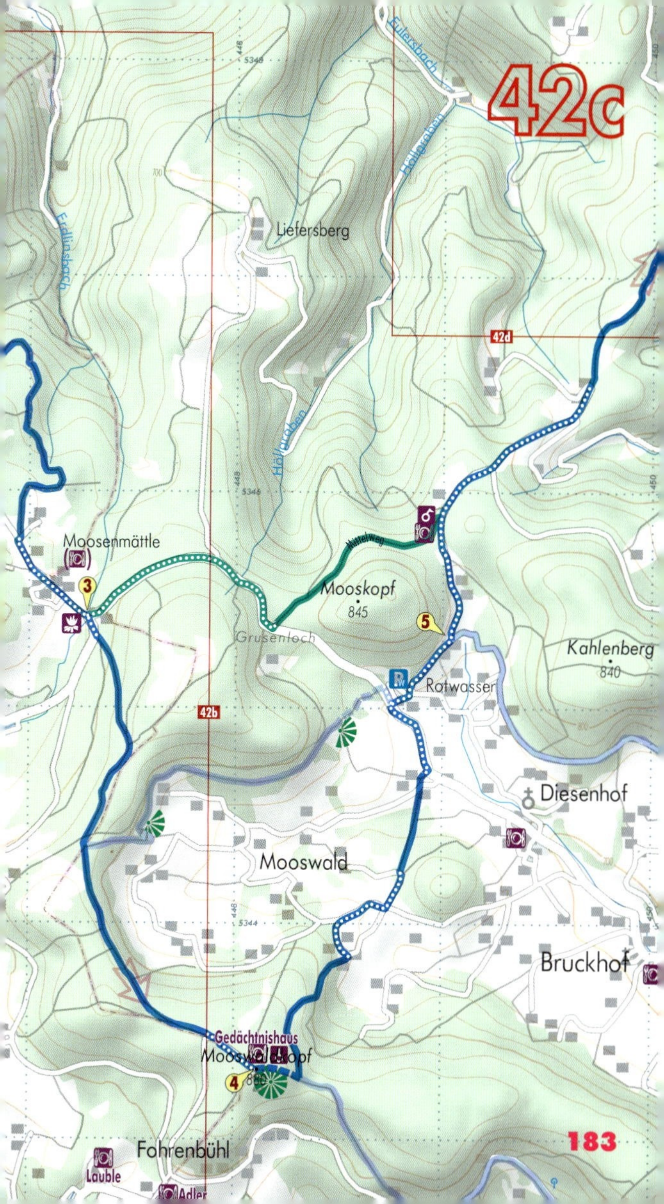

42c
Eulersbach
Höllgraben
Liefersberg
Erdlinsbach
42d
Moosenmättle
3
Mittelweg
Mooskopf
845
Grusenloch
5
Kahlenberg
840
Rotwasser
42b
Diesenhof
Mooswald
Bruckhof
Gedächtnishaus
Mooswaldkopf
4
Fohrenbühl
Lauble
Adler

17,4 km

nach Schiltach

rt: Alpirsbach Bahnhof

el: Schiltach Bahnhof

Gehzeit: 4½-5 Std. **Aufstieg: 680 m** **Abstieg: 800 m**

artbelag: 60% **Wanderwege: 36 %** **Wanderpfade: 4 %**

Charakteristik: Einige Städte verdanken ihre Entstehung einer Klostergründung z.B. St. Gallen und Fulda, aber auch das 1869 zur Stadt erhobene Alpirsbach. Alpirsbach blieb auch nach der Aufhebung des Klosteroberamts wirtschaftlicher und kultureller Mittelpunkt. Die Klosterkirche, ein Werk der Hirsauer Bauschule, ist von gewaltiger Ausdehnung. Wahrscheinlich kennen manche Alpirsbach aber eher vom berühmten Bier! Von Al-

pirsbach wandern Sie durch herrliche Wiesen und Wälder zur Holzebene. Das Holz schaffte man von hier hinab zur Kinzig. Die Kinzigtaler Flößerei gab der Region bis zum Rhein hin über 600 Jahre Arbeit und Brot. 1894 ging das letzte Floß von Alpirsbach ins Tal. Am Waldrand entlang weiter auf dem Ostweg bis zum Zollhaus (Württemberg/Baden). Später geht es hinab nach Schiltach. Burg und Stadt gehörten ursprünglich den Herzögen von Teck. Von Württemberg ging Schiltach 1810 an Baden über. Schiltach mit seinen Fachwerkhäusern ist Bilderbuchromantik pur. Zahlreiche Fachwerkbauten umsäumen den Marktplatz – Mittelpunkt ist das 1593 erbaute Wahrzeichen der Stadt: das Schiltacher Rathaus.

Alpirsbach

PLZ: 72275; Vorwahl: 07444

Tourist-Information Alpirsbach, Hauptstr. 20, ✆ 9516281, www.alpirsbach.de

Alpirsbacher Brauwelt, Marktplatz 1, ✆ 670

1 **0,0 (445)** Start ist am Bahnhof in Alpirsbach ~ auf der **Bahnhofsstraße** zur **Freudenstädter Straße** ~ dieser nach links ins Zentrum folgen ~ Sie gehen nicht über die Bahngleise zur Brauerei, sondern rechts in die **Marktstraße**.

Die Lieblingsspeise des Mönchs

Als Kaiser Maximilian (1459-1519) einst das Kloster Alpirsbach besuchte, ließ er jeden Mönch nach seiner Lieblingsspeise befragen und ihm diese dann auch zubereiten. Einer der Mönche wünschte sich ein „Ochsenkres", heute als „Kutteln" bekannt. Wem es mundet...?

Die schwarz-rote Raute (Ostweg) begleitet Sie bis zur **Breitreute** ~ rechts auf dem **Gutleutweg** und dem **Oberen Weg** Richtung Rötenbach.

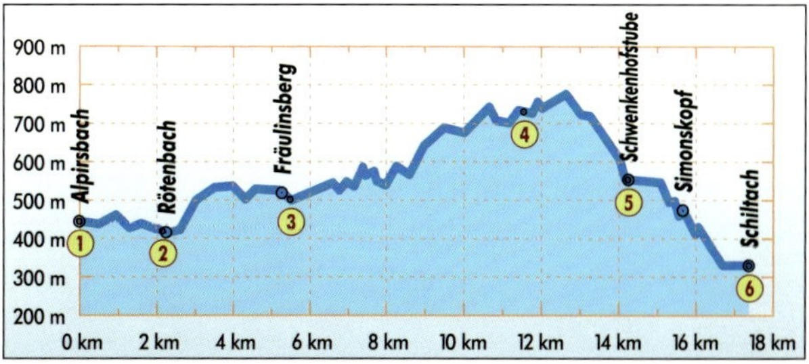

Rötenbach

2 2,2 (420) In Rötenbach ein kurzes Stück links der **B 294** entlang ~ nach dem ehemaligem Gasthof Traube sofort links dem schmalen Weg zwischen den Häusern durch folgen ~ an einem Spielplatz vorbei ~ bis zum **Friedhofsweg** ~ dann steil am Friedhof entlang aufwärts

Klosterschenke in Alpirsbach

~ erst über Wiesen, dann bei einem Heuschober links in den Wald ~ am Dachsloch vorbei zum **Weiler Fräulinsberg**. Keine Fräuleins sind zu sehen, dafür aber Argusrinder, nette Sitzbänke mit Zierbrunnen ~ ⚠ an der großen Kastanie am Wegweiser nach links.

3 5,5 (505) An einem riesige Wildgehege entlang ~ dann rechts oberhalb der Siedlung Müllerswald zur Holzebene. Man kann sich leibhaftig vorstellen, dass sich hier einst ein Umschlagplatz für Holz befand, das dann in der Schneise abwärts gebracht wurde ~ der Straße links steil aufwärts folgen ~ weiter bis zum Brandsteig ~ am Wegweiser rechts, 40 m zur Römischen Straßenstation Auf dem Brandensteig.

Auf dem Brandensteig

Die Straße wurde 73/74 n. Chr. gebaut und führte von Straßburg über diese Höhe zur oberen Donau. Bereits Ende des 19. Jahrhunderts wurden auf dem Brandsteig umfangreiche Grabungen durchgeführt, wobei die Abmessungen der Straßenstation (mansio) bestimmt und große Mengen an römischen Münzen und behauenen Sandsteinen geborgen werden konnten. Hier, nach dem Aufstieg bzw. vor dem Abstieg ins Kinzigtal, errichteten die Römer also eine Straßenstation.

Weiter Richtung Zollhaus ~ Grenzsteine zeigen wo Baden und Württemberg aufeinander trafen ~ kurz auf der Kreisstraße **K 5531** nach links.

4 11,5 (730) Dann rechts zu einem alten Haus, der alten Zollstation ~ an der mächtigen Linde am Wegweiser Richtung **Schwenkenhof**, nach 150 m geht Ihr Weg mit schwarz-roter Raute nach links bergauf in den Wald ~ an der Breitreute Markierungswechsel ~ nun rechts immer mit gelber Raute Richtung Wegweiser **Auf der Steige** ~ der Blick reicht bis Schramberg, die Donauberge und die Alpen ~ am Waldrand entlang ~ in den Wald hinein ⚠ einmal weißt ein Pfeil mit gelber Raute nach links, hier weiter geradeaus gehen (nach

43a
Alpirsbach
1
B294
Ehnisbach
Reutiner Berg
715
Friedrichsberg
565
5354
454
456
Rötenbach
2
Notlenberg
730
Rötenbach
5352
Dachsbach
Fräulinsberg
3
B294
Schenkenzell
Kinbächle
Hochberg
545
43b
Holzebene

30 m nächstes Schild) ⤳ den steilen Hohlweg immer abwärts gehen ⤳ alle Abzweigungen ignorieren bis zur Forststraße ⤳ hier rechts ⤳ am Wegweiser **Schwenkenhof** links abwärts zur Vesperstube.

Vesperstube, Schwenkenhof 121, Schiltach-Hinterlehengericht, ✆ 07836/7213, ÖZ: April-Nov. Mi-Mo ab 13 Uhr

5 **14,2 (555)** Rechts aufwärts auf dem Teersträßchen zur Wegkreuzung ⤳ links mit gelber Raute weiter Richtung Schiltach ⤳ am Wegweiser **Auf der Steig** sehen Sie noch 2 km bis Schiltach ⤳ am Waldeintritt rechts auf Pfad abwärts ⤳ am Ende kommen wir über den **Heimatpfad** nach Schiltach ⤳ die **Schlossbergstraße** bergab. Jetzt sind Sie in der Bilderbuchstadt Schiltach angekommen. Erst verweilen bevor es zum Bahnhof geht.

6 **17,4 (330)** Ende der Wanderung am Bahnhof Schiltach.

Schiltach **s. S. 182**

Ortsansicht Schiltach

12,9 km

…ur mit Tierparkbesuch

…tart/Ziel: Heiligenbronn, Kloster Heiligenbronn

Gehzeit: 3½-4 Std. **Aufstieg:** 180 m **Abstieg:** 180 m

Hartbelag: 53% **Wanderwege:** 47 % **Wanderpfade:** 0 %

Charakteristik: Heiligenbronn und Waldmössingen liegen auf einer Hochebene zwischen Neckar und Schwarzwald. Einst war der Flecken Natur, auf dem sich der Ort Heiligenbronn heute befindet, ein Sumpfgebiet mit vielen Bächen und Quellen. Einer Quelle verdankt Heiligenbronn auch seine Bedeutung. Im Waldmössinger Tiergehege, einem Erlebnis- und Schulbauernhof, wird es dem Nachwuchs niemals langweilig. Die Wanderung verläuft meist auf breiten Forst- und Waldwegen und ist auch mit Kinderwagen möglich. Da es kaum nennenswerte Steigungen gibt, sind die zwölf Kilometer gut von jung und alt zu bewältigen.

Heiligenbronn

PLZ: 78713; Vorwahl: 07422

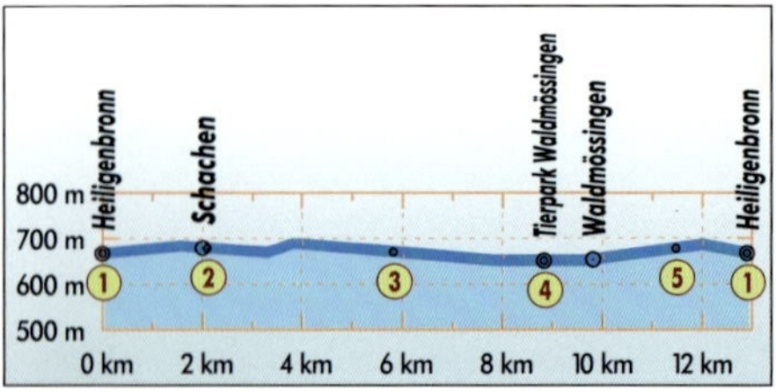

Kloster Heiligenbronn, Kloster 3, ✆ 569402, Franziskanerinnenkloster, gegründet 1857. Die Stiftung St. Franziskus betreut und fördert rund 500 sinnes- und mehrfachbehinderte Menschen an dem Standort Heiligenbronn.

Früher hieß der Ort am Oberlauf der Eschach nach einer nahe gelegenen Burg Lichtenau, bis man ihn im späten Mittelalter nach einer heilenden Quelle in Heiligen Brunnen umbenannte. Seit der Mitte des 14. Jahrhunderts wurde ihr laut Legende heilbringende Wirkung zugeschrieben. Über der Quelle wurde ein kleines Kapellchen errichtet und die Quelle nannte man heiliger Brunnen. Im September 1857 wurden im Wallfahrtsflecken Heiligenbronn die ersten vier Frauen als Franziskanerinnen eingekleidet.

1 **0,0 (665)** Start ist am Kloster in Heiligenbronn ~ der Wegweiser steht an der Kirchenmauer bei der Klosterinfotafel ~ es ist gut möglich, dass Sie schon am Start etwas Zeit einplanen müssen, denn am

Feldkapelle vor Waldmössingen

Kloster warten der Park der Sinne und ein paar nette Spielgeräte auf den Nachwuchs.

Zunächst halten wir uns immer Richtung Mooskäppele ~ durch die Klosteranlage ~ vorbei an der Schule und den Wohneinrichtungen kommen Sie zur **Lichtenaustraße** ~ ihr nach rechts folgen, schon passieren Sie den nächsten Spielplatz ~ geradeaus weiter am Kruzifix vorbei zum Wald ~ hier nicht der Markierung nach links folgen, sondern auf dem breiten Forstweg durch den Hochwald ~ immer geradeaus dem Hauptweg folgen und alle Abzweigungen ignorieren ~ der Rechtskurve bis zur **K 5527** folgen.

2 2,1 (675) Links liegt Schachen, Sie halten sich aber rechts ~ direkt am Straßenrand der K 5527 entlang ~ nach ca. 300 m links auf einen Feldweg ~ vorbei an einer Rastbank bis zur nächsten Wegkreuzung ~ hier wieder die gelbe Raute ~ nun rechts halten, über den Bannmoosgraben (schöner Wasserlauf) geradeaus in den Wald ~ bald sehen Sie linker Hand den Flugplatz der Gemeinde Fluorn-Winzeln ~ mit etwas Glück schwebt jetzt eine kleine Maschine oder ein Segelflugzeug über Ihnen ~ weiter mit gelbe Raute bis zum Wegweiser **Speckwald** ~ nun Richtung Waldmössingen ~ erst auf dem **Speckwaldweg**, dann auf dem **Dungweg** durch Hochwald ~ an einer Wegkreuzung links mit gelber Raute ~ dem **Unterwegenweg** folgen ~ ⚠ an einer größeren Lichtung führt die gelbe Raute geradeaus weiter auf Forstweg, Sie gehen aber links auf dem Asphaltsträßchen bis zum Waldrand (ohne Markiertung).

3 5,8 (670) Nun immer geradeaus ~ linker Hand vor Ihnen eine kleine Kapelle ~ über die freie Hochfläche mit Windrädern und Feldern kommen Sie unterhalb der Kapelle vorbei und sehen nun auch schon das Ziel.

Waldmössingen

Durch ein Wohngebiet von Waldmössingen leicht links abwärts immer der **Holderstaudenstraße** folgen ~ weiter bis zur **L 422** ~ geradeaus in die **Neue Straße** ~ bei Haus Nr. 16 rechts in die Straße **Im Esel** ~ an der nächsten Kreuzung links in die Sackgasse.

4 8,8 (645) Vorbei am Spielparadies Heimbach bis zum Tiergehege.

Tierpark Waldmössingen

Unter der Leitung des Fördervereins zur Heimatpflege bebauten Wald-

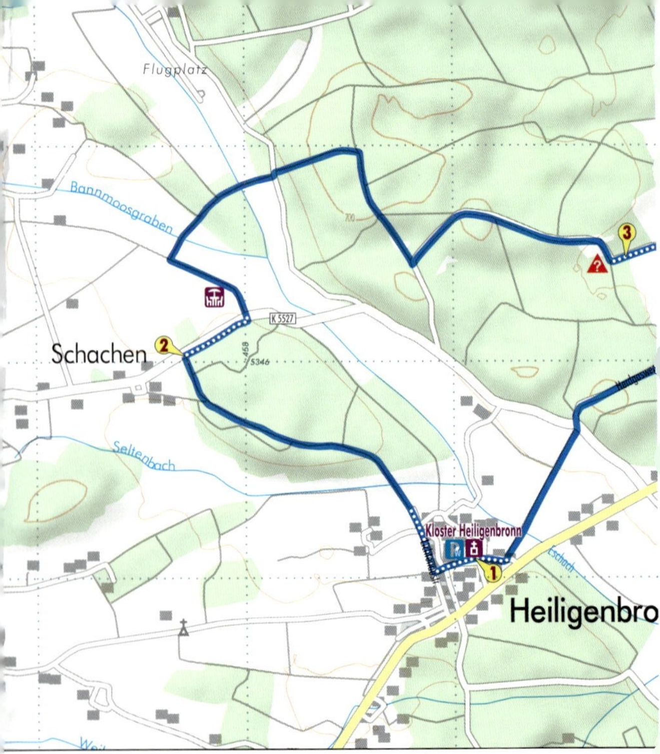

mössinger Bürger mit viel Idealismus Anfang der 1970er Jahre das Gelände. Seit 1997 wurde die Anlage mit Unterstützung der Stadt Schramberg in einen landwirtschaftlichen Betrieb eingegliedert. Im Tiergehege Schramberg-Waldmössingen sind verschiedene Tiere zu sehen: Ziegen, Schweine, Rinder, Esel, Pferde. Im Streichelzoo gibt es Hasen und Katzen. In den Gehegen sind aber auch die typischen Waldbewohner des Schwarzwaldes zu finden, wie zum Beispiel Füchse und Eichhörnchen. Bei einem Rundgang durch das Gelände gibt es außerdem ein echtes Indianertippi, ein Römerkastell und einen Lehrimkerstand zu entdecken.

Vesperstube, Schullandheim. Beim Sportgelände Waldmössingen, ✆ 07402/91124

Hofladen, Heimbachstr. 46, 78713 Schramberg-Waldmössingen, ✆ 07402/91124

Danach heißt es zurück zum Abenteuerspielplatz. Zeit ist hoffentlich

genug vorhanden, denn es sind nur noch 3,5 km zurück nach Heiligenbronn. Nach der kleinen Brücke am Bach weiter bis zur Fahrstraße und zum Wegweiser **Am Heimbach** ~ beim Bach auf Pfad weiter Richtung Heiligenbronn ~ vor der zweiten Brücke rechts ~ dann bei den Häusern erste Möglichkeit links ~ nun immer geradeaus auf dem Sträßchen über Felder, vorbei an Aussiedlerhöfen bis zum Wegweiser **Stiersetze** mit Grillmöglichkeit.

5 11,5 (655) Der breite Forstweg **Herdgasweg** bringt uns nun durch den Wald ~ am Waldrand eine Informationstafel ~ hier die Fahrstraße überqueren ~ geradeaus weiter ~ schon ist das Kloster Heiligenbronn zu sehen ~ über eine Brücke ~ rechts in die **Kirchstraße** ~ nun zum Wegweiser Heiligenbronn Kloster.

1 12,9 (665) Ende der Wanderung am Parkplatz Kloster Heiligenbronn.

Heiligenbronn

13,7 km

Wanderung nach

h

art: Schramberg, Parken in der Bahnhofstraße beim Bettenland

Ziel: Schiltach, Bushaltestelle Brücke

ehzeit: 4½-5 Std. Aufstieg: 660 m Abstieg: 750 m

rtbelag: 44% Wanderwege: 44 % Wanderpfade: 12 %

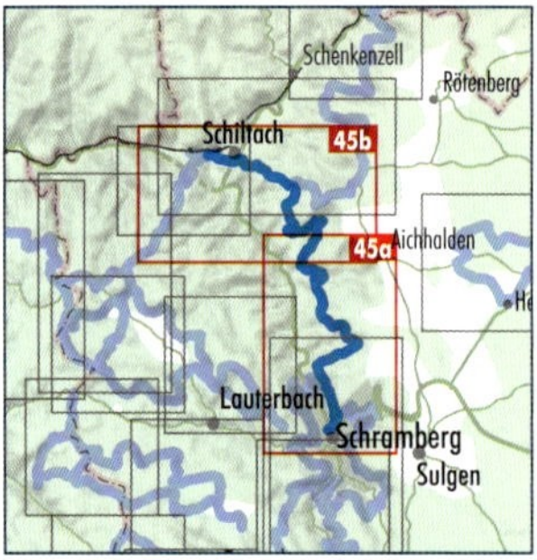

Charakteristik: Hoch über Schramberg in Richtung Schiltach reiht sich eine Vesperstube an die andere. Drei typische Schwarzwälder Vesperstuben erwandern Sie auf dieser Strecke. Sie bieten alles was das Wandererherz höher schlagen lässt. Hausmacher Wurst, Griebenschmalz und Schwarzwälder Schinken, frisches Bauernbrot und „alte" Obstbrände - hier gibt es alles und keiner wird Schiltach hungrig erreichen. Sie starten bei der St. Maria Kirche in Schramberg. Sie ist eine der bedeutendsten spätklassizistischen Kirchen Süddeutschlands. Einzelne Bauernanwesen auf der Höhe prägen das Bild dieser Schwarzwaldregion. Sie wandern durch Wald und Obstwiesen, vorbei an Bachläufen und Bauernhöfen. Hier scheint die

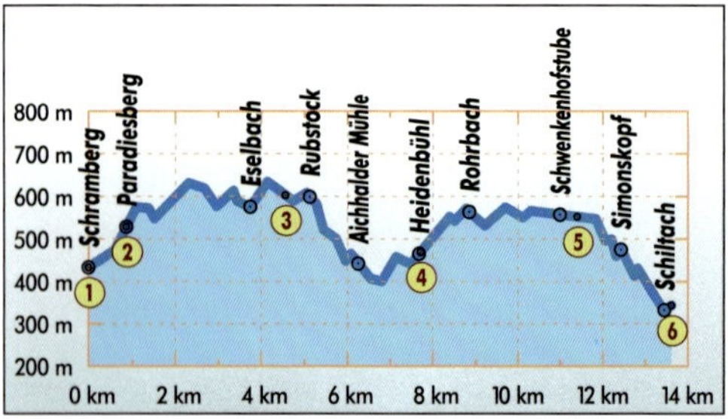

Natur noch intakt zu sein. Am Ende wartet die Fachwerkstadt Schiltach mit Ihren zahlreichen Museen und weiteren Einkehrmöglichkeiten auf Sie.

Schramberg

PLZ: 78713; Vorwahl: 07422

- **Rathaus Schramberg**, Schramberg-Talstadt, Hauptstr. 25, ✆ 29215, www.schramberg.de
- **Auto- und Uhrenwelt**, Schramberg-Talstadt, Gewerbepark H.A.U. 3/5, Göttelbachstr. 49. Museumslandschaft mit drei sehensweten Ausstellungen: Auto und Uhrenmuseum, Dieselmuseum und der privaten Autosammlung Steim.
- **Stadtmuseum**, Schramberg-Talstadt, Bahnhofstr. 1, Im Schloss, ✆ 29268, ÖZ: Di-Sa 13-17 Uhr, So/Fei 11-17 Uhr. Stadtgeschichte eindrucksvoll dargestellt, in dem impossanten Rahmen des klassizistischen Schlosses der Grafen von Bissingen und Nippenburg.
- **St. Maria Kirche** (19. Jh.), Schramberg-Talstadt. Die dreischiffige Kirche mit ihrem großen Tonnengewölbe und die moderne Altarraumgestaltung stellen eine ungewöhnliche aber gelungene Symbiose dar. Der Zwiebelturm stammt von der ehemaligen St. Nikolauskirche und gilt heute als ein Wahrzeichen von Schramberg.

1 **0,0 (435)** Beginn ist an der St. Maria Kirche in Schramberg ~ in der Fußgängerzone folgen Sie der blauen Raute zum **Paradiesplatz** ~ die B 462 überqueren und kurz rechts dann links ~ rot/schwarze Raute in den **Obermühlhofweg** Richtung **Waldfriedhof** ~ Stufen weisen den Weg ~ oben links ~ bald rechts mit rot/schwarzer Raute bis zur **Bismarckanlage** mit dem Ostlandkreuz ~ der Weg führt weiter aufwärts bis zum Wegweiser **Am Waldfriedhof** ~ auf dem **Ostweg** Richtung Tierstein ~ ein schöner

Bauernhaus

Naturpfad bringt uns durch den Wald bis zum Paradiesberg.

2 **0,9 (530)** Nun folgen Sie der gelben Raute ~ bei einer Rastbank ein Wegweiser **Tierstein, Eselbach** ~ erst auf Waldpfad, dann rechts auf breitem Forstweg zum Wegweiser Tierstein ~ an der nächsten Weggabelung rechts Richtung **Aichhaldener Mühle** ~ ein grober Schotterweg führt bis zum Abzweig **Rappenfelsen** ~ bald danach leicht links Richtung Aichhaldener Mühle auf herrlichem Waldpfad bis zum Waldrand ~ dort links durch den Holzlagerplatz am Eselbach 8 ~ dem Weg bis zur Teerstraße und zur Schwarzwaldstube folgen.

Schwarzwaldstube, Eselsbach, 78733 Aichhalden, ✆ 07422/6794, ÖZ: Mi-So ab 12 Uhr. Die Schwarzwaldstube hat eine tolle Vesperkarte und eine einmalige Aussichtsterrasse.

3 **4,6 (600)** Am Wegweiser Eselbach auf dem Sträßchen Richtung **Rubstock** ~ dann links zum Holzschober mit Aussichtsbank. Der Blick schweift bis nach Aichhalden, das rechts an der Hangkante liegt.

Bald etwas steiler bergab bis zu einem breiten Forstweg ~ hier rechts hinab bis zum Gasthof Aichhalder Mühle.

Aichhalder Mühle, Loch 19, 77761 Schiltach, ✆ 07836/955895, ÖZ: Di-So ab 11 Uhr

Links am Rohrbach und der kleinen Fahrstraße entlang aus dem Tal hinaus ~ weiter bis zum Wegweiser **Rohrbachgrund** ~ nun nach rechts Richtung Rohrbach bis zu einem Wohnhaus.

4 **7,7 (470)** Dem Forstweg weiter aufwärts folgen ~ in etlichen Serpentinen immer weiter bergauf durch Mischwald bis zu den Rohrbachhöfen ~ durch Obstbäume mit herrlicher Aussicht zum Wegweiser Rohrbach ~ rechts ca. 200 m Abstecher zur netten Vesperstube Rohrbachstüble.

Rohrbachstüble, Rohrbach 128, 77761 Schiltach-Hinterlehengericht, ✆ 07836/2126, ÖZ: Di-Sa ab 14 Uhr, So/Fei ab 11 Uhr

Weiter Richtung Schenkenhof ~ erst auf dem Sträßchen weiter, dann rechts über Wiesenweg aufwärts ~ nun am Waldrand entlang mit

45a
Aichhalden
45b
Hinterlehengericht
500
4
Aichhalder Mühle
Aichhalder Grundbach
B462
Rubstock
3
Schwarzwaldstube
Eselbach
Rappenfelsen
670
Ruine Schilteck
Tierstein
Paradiesberg
2
B462
Stadtmuseum
1
Auto und Uhrenwelt
Wolfsbühl
Schlossberg
685
Burgstüble
Hochenschramberg
St. Maria Kirche
Charlottenhöhe
Schramberg

Gerbermuseum von Schiltach

herrlichem Panorama ~ ab der gelben Rastbank mit gelber Raute weiter geradeaus am Waldrand bis zu einem Bauernhof ~ nun Richtung Schenkenhof ~ durch Wiesen, dann durch Bannwald am Löschteich

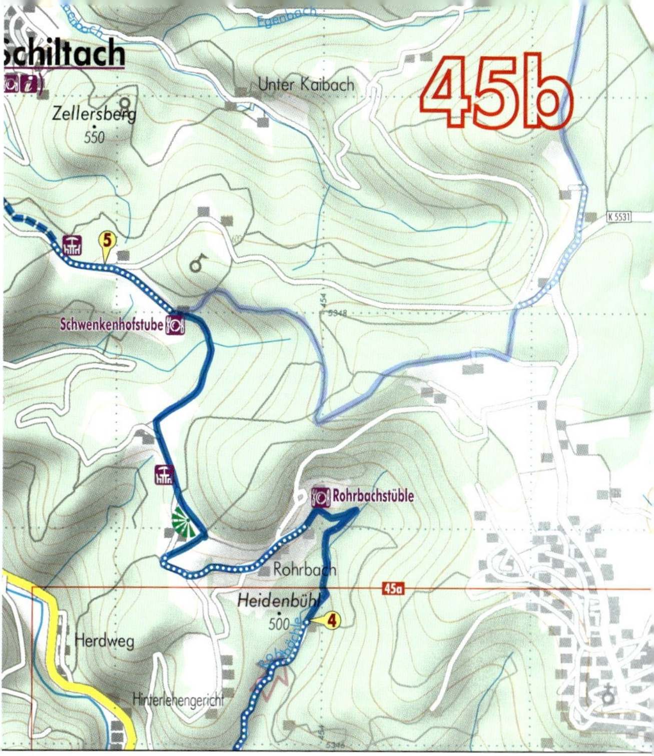

vorbei ~ auf breitem Forstweg zur Schenkenhofstube, der dritten Vesperstube am Weg.

Schwenkenhofstube, Schwenkenhof 121, 77761 Schiltach-Hinterlehengericht, ✆ 07836/7213, ÖZ: Apr.-Nov., Mi-So ab 13 Uhr, mit großem Spielplatz

Auf der kleinen Straße bis zum Wegweiser **Auf der Steig**.

5 **11,4 (550)** Hier nach links Richtung Schiltach ~ noch einige Meter auf der Straße am Waldrand entlang ~ bald rechts abwärts ~ ein verwunschener Waldpfad bringt Sie immer weiter hinunter ~ über den Schlossberg kommen Sie zum Rathaus und zum Marktplatz.

6 **13,7 (345)** Weiter zur Stadtbrücke, von hier fährt auch der Bus zurück nach Schramberg.

Schiltach **s. S. 182**

20,8 km

…trunde

Schramberg, Parkplatz Bernecksträße 113

…7 Std. *Aufstieg:* 1.400 m *Abstieg:* 1.400 m

…: 29% *Wanderwege:* 37 % *Wanderpfade:* 34 %

Charakteristik: Schramberg liegt landschaftlich reizvoll in fünf Tälern des mittleren Schwarzwaldes und wurde einst von fünf Burgen umrahmt. Bis ins 17. Jahrhundert war die Geschichte der Stadt eng mit der ihrer Burgherren verknüpft. Die Burgen Schilteck, Falkenstein und Hohenschramberg werden auf dieser Wanderung erkundet. Auf dem Rundweg um Schramberg-Talstadt kommen Sie auch zu herrlichen Aussichtspunkten. Genießen Sie die Ruhe in der Falkenstein- und Eretkapelle und lassen Sie sich vom Märchenwald in den Bann ziehen. Immer wieder kommt man nah an die Talstadt Schramberg heran. Unglaublich, dass man so abwechslungsreich um eine einzige Stadt wandern kann.

Tipp: Die Tour ist durch ihre Länge von rund 21 Kilometern, und den fast 1.000 Höhenmetern sehr anspruchsvoll. Man kann die Runde auch in zwei Etappen einteilen. Rucksackvesper und Trinkvorräte sind zu empfehlen. Es gibt nur eine Einkehrmöglichkeit unterwegs nach rund 16 Kilometer.

Schramberg s. S. 195

1 **0,0 (455)** Vom Parkplatz ehemaliger Marktkauf Bernecksträße 113 nach links Richtung **Tennenbronn** ⇝ auf dem Gehweg am **Freibad** vorbei ⇝ nach der Bushaltestelle Falkenstein neben der Straße weiter, dann links aufwärts zur **Falkensteiner Kapelle** (siehe Tour 48) ⇝ der ganze Talstadtweg ist mit einem blauen Punkt in gelbem Kreis markiert – allerdings oftmals etwas spärlich.

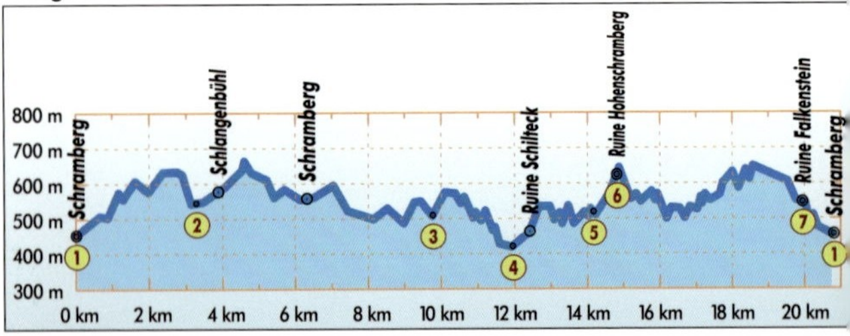

46
Schwarzwaldstube
Eselbach
kopf
Rappenfelsen
Ruine Schilteck
Tierstein
Paradiesberg
höhle
Wolfsbühl
B462
Stadtmuseum
Auto und Uhrenwelt
Göttelbach
Schlossberg
685
Burgstüble
Hohenschramberg
St. Maria Kirche
Charlottenhöhe
Schramberg
Falkenstein
Schlangenbühl
Hinterramstein
Waldsportplatz
Schiltach
Kirnbach
L177
Oberer Kirnbach
L175
Ramstein
Tischneck
1
2
3
4
5
6
7

Am Wegweiser Richtung **Waldsportplatz** ~ auf Pfad am Wald entlang bis zu einer Teerstraße ~ ihr links aufwärts folgen ~ die Teerstraße geht in einen breiten Forstweg über ~ auf breitem Naturstein- und Schotterweg links aufwärts bis zum Wegweiser **Raustein/Waldsportplatz** ~ geradeaus Richtung **Schlangenbühl** halten ~ auf breitem Forstweg leicht abwärts bis zum Wegweiser **Tischnecker Berg** ~ erst rechts, dann links auf dem Pfad leicht ansteigend bis zur **Winterberger Quelle** ~ bald darauf dem Waldweg links abwärts folgen ~ am Waldaustritt über eine Brücke ~ die ersten Häuser von Schlangenbühl sind schon in Sicht ~ aufwärts an Obstbäumen vorbei bis zum Wegweiser **Schlangenbühl/Oberer Kirnbach** ~ links in die 30er Zone nach Schlangenbühl.

Schlangenbühl

2 3,3 (545) Weiter bis Haus Nr. 8 ~ ⚠ hier bei zwei Tannen rechts den Wiesenweg nehmen ~ durch die Häuser zur L 177 ~ diese überqueren und weiter geradeaus aufwärts ~ dann links dem Sträßchen folgen ~ herrlicher Blick zur Ruine Hohenschramberg ~ weiter bis zu einem Holzschober ~ hier rechts ~ am Waldrand immer steiler aufwärts in den Wald bis zu einer Rastbank ~ dem schönen Pfad nach links folgen ~ vorbei an der **Kesselquelle** bis zum breiten Forstweg ~ rechts bis zum Wegweiser **Schwabenhof** ~ eine Teerstraße bringt Sie abwärts bis zum Wegweiser **Sommerberg/Bühle** ~ nun Richtung **Charlottenhöhe** ~ bald zweigt das **Geheimratswegle** nach rechts ab ~ diesem folgen ~ ⚠ das Geheimratswegle führt nach links, wir gehen aber geradeaus weiter auf schönem Pfad bis zur Schutzhütte an der Charlottenhöhe.

Charlottenhöhe

Geradeaus weiter bis zum Wegweiser **Unterm Staighäusle** ~ bald kommen Sie zu einer kleinen Lichtung ~ ⚠ hier scharf links dem Pfad abwärts bis zu den ersten Häusern von Schramberg folgen ~ vorbei an einer Rastbank ~ am Gartenhaus rechts bis zur Teerstraße ~ auf dem **Wiesenwegle** abwärts bis zur **B 462** ~ diese überqueren nun aufwärts Richtung **Paradiesberg** ~ links in die **Adolf-Kolping-Straße** ~ am Ende der Straße geht der Weg in einen schmalen Pfad über ~ am Zaun entlang bis zu drei Häusern ~ hier durch den Hof gehen ~ auf Schotterweg bis Sie bei Haus Nr. 49 auf die Straße stoßen ~ der Straße rechts aufwärts folgen ~ dann auf dem Forstweg durch Mischwald geradeaus bis zum Wegweiser **Am Waldfriedhof** mit zwei schönen Rastbänke.

INS ZENTRUM Wenn Sie hier links Richtung Walfriedhof gehen, gelangen Sie direkt ins Zentrum von Schramberg-Talstadt, und haben dadurch die Möglichkeit die Runde abzukürzen.

3 9,8 (510) Auf der Hauptroute weiter Richtung **Tierstein** ~ ein wunderschöner Waldpfad bringt uns vorbei an herrlich bemoosten Steinen bis zu einem breiten Schotterweg ~ weiter bis zum Tierstein ~ Richtung **Schiltachtal**, vorbei an einem Rastplatz mit Herz Jesu Bildstock, ~ kurz auf der Asphaltstraße abwärts ~ beim Holzlagerplatz nach rechts in den Wald hinein ~ über einen schönen Waldweg mit Blick auf die Runie Schilteck ~ dann auf schmalem Pfad abwärts durch Aufforstungsgebiet mit kleinen Nadelgehölzen bis zu einer kleinen Brücke über den Bach ~ weiter bis zur **B 462** dort rechts vorbei an der alten Fabrik von Villory und Boch.

4 11,9 (420) Über die Straße und die Brücke über die Schiltach Richtung Kaufland ~ bis zum Wegweiser **Schramberg/ Handelshofbrücke** hier rechts und dann links steil aufwärts Richtung **Ruine Schilteck** ~ vorbei an einem Spielplatz ~ weiter bis zum Haus Schilteck 1 ~ Sie nehmen den Weg Richtung **Hasenhäusle, Hohenschramberg** ~ nach 80 m geht es links.

TIPP Geradeaus gelangen Sie zur Ruine Schilteck.

Ruine Schilteck

Die **Burg Schilteck** wurde wahrscheinlich von einem Lehensmann der Herzöge von Teck um 1200 erbaut. Die 1225 erstmals urkundlich genannten Herren von Schilteck besaßen in Schramberg und Umgebung zahlreiche lehenspflichtige Bauernhöfe. Die im Spätmittelalter verfallenen Burg wird seit 1953 von der Höflevereinigung erhalten.

Über Treppen und auf schönem Pfad im Auf und Ab über Schramberg zu den ersten Häusern beim **Höflesweg** ~ rechts über die Brücke und gleich wieder rechts in den Wald ~ am Bachlauf entlang ~ in Serpentinen auf schönem Waldboden aufwärts ~ nach dem Waldstück nun über Wiesen abwärts ~ an einer Rastbank vorbei ~ weiter bis zum Gartenhaus ~ hier rechts am Zaun entlang bis zum Holzlagerplatz ~ kurz rechts, dann über eine Brücke ~ zum Teil über Treppenweg bergauf ~ oben folgen Sie links dem breiten Weg zur Eretkapelle.

5 14,2 (520) Auf der Asphaltstraße weiter Richtung **Hohenschramberg** ~ beim letzten Haus, Hasenhäusle 23, geradeaus in den Wald

~ auf breitem Forstweg zum Wegweiser **Hasenhäusle** ~ dem Pfad rechts Richtung Hohenschramberg folgen ~ am Wegweiser **Ruine** sind es nur noch 200 m bis zur Ruine ~ Treppen und steile Wegabschnitte wechseln sich ab bis man oben angelangt ist.

Burgrunie Hohenschramberg

Die **Burg Hohenschramberg** entstand erst im 15. Jh. und gehört damit zu den letzten Burgenbauten in Deutschland. Sie liegt auf einem steilen Felsvorsprung hoch oben auf dem Schramberg. Von der Ostspitze der Ruine hat man einen wunderbaren Blick ins Tal und auf die Stadt Schramberg.

Rastplatz

Rechts der Ruine befindet sich das Burgstüble.

Gasthof Pension Burgstüble, Hohenschramberg 1, 78713 Schramberg, ✆ 07422/95950

6 **14,8 (625)** Auf gleichem Weg zurück ~ am Wegweiser Ruine nun rechts dem **Naturlehrpfad** unter großen Felsen Richtung Aussichtspavillion folgen ~ am Wegweiser **Elefantenkopf** Richtung **Felsenmeer** ~ auf Waldweg, dann über Felsbrocken hinab durch das Felsenmeer ~ weiter abwärts, dann links auf dem **Talweg** Richtung Schramberg ~ ⚠ bald rechts halten zur **Lauterbacher Brücke** ~ den Lauterbach überqueren ~ entlang der **Lauterbacher Wasserfällen** bis zur Straße am Wegweiser Sammelweiher ~ auf dem Gehweg neben der **K 563** Richtung Schramberg ~ ⚠ nach ca. 300 m die K 563 überqueren ~ über Treppen zu einem Pfad ~ dieser stößt bald auf einen breiten Weg ~ links aufwärts durch den Wald ~ der Pfad trifft auf einen breiten Forstweg ~ ihm bis zum Wegweiser **Töswald** aufwärts folgen ~ nun Richtung **Ruine Falkenstein** ~ sofort rechts über Treppen, dann dem Pfad in Serpentinen aufwärts folgen ~ ⚠ beim Abzweig nicht aufwärts, sondern geradeaus weiter ~ vorbei an bemoosten Steinen und durch lichten Wald ~ rechts steht der Rastpavillion **La Casa de Los Amigos** ~ wir folgen dem breiten Forstweg **Stuttgarter Weg** bis zum Wegweiser **Geigeshalde** ~ am nächsten Abzweig nicht geradeaus aufwärts, sondern leicht links abwärts Richtung **Ramstein** ~ am **Ramsteiner Loch** Richtung **Ruine Falkenstein** wandern ~ bergauf zur Ruine Falkenstein (siehe Tour 48).

Ruine Falkenstein s. S. 212

7 **19,9 (545)** Richtung **Berneckertal** über Stufen und Pfad abwärts bis zur Brücke beim ehemaligen Gasthof ~ vor der Brücke links ~ der Schiltach folgen bis zu einem kleinen Wehr ~ dann durch eine Zimmerei bis zur **L 75** ~ noch wenige Meter zurück zum Parkplatz.

1 **20,8 (455)** Ende der Wanderung am Parkplatz Berneckstraße.

Schramberg

Tour 47

Durch das Su

Gedächtnishaus

Start/ Ziel: Schramberg, Parkplatz Schlo
Ruine Hohenschramberg

Gehzeit: 5½ Std. **Aufstieg:** 680 m

Hartbelag: 30% **Wanderwege:** 57 % W

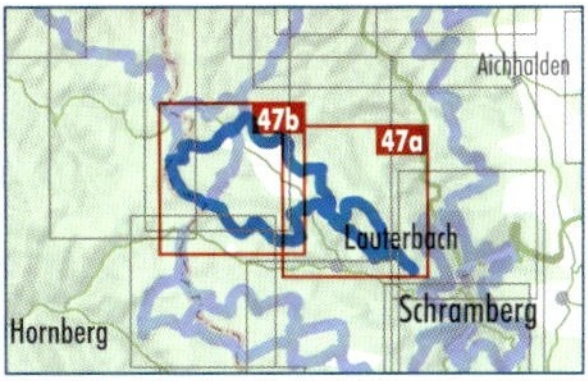

Charakteristik: Vom Wanderparkplatz Schlosshof in Schramberg gelangen Sie, vorbei an der Moosmannshöhle, auf die Schwarzwaldhöhen. Das Sulzbacher Hochtal ist ein wunderschönes Aussichtsplateau mit vielen Bauernanwesen. Hier ist die Natur noch Natur, hier können Sie die Stille und die herrlichen Ausblicke über die Wiesen und Felder genießen. Der schönste und älteste Hof den Sie passieren ist das Kapfhäusle – heute Kulturdenkmal. Dann geht es zum Mooswaldkopf, der Aussichtsturm im Haus des Schwarzwaldvereins in fast 900 Meter Höhe überragt die Landschaft. Auf dem Mooswaldkopf verlief von 1805 an die Grenze zwischen dem Großherzogtum Baden und dem Königreich Württemberg. Das Wanderheim Gedächtnishaus Fohrenbühl des Schwarzwaldvereins ist ein sehr beliebtestes Ausflugsziel.

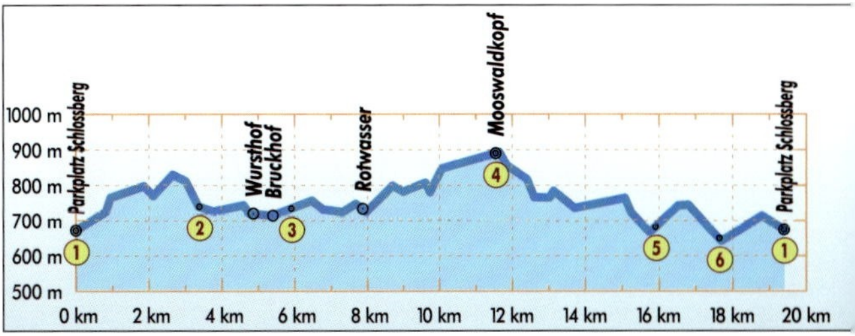

Wanderparkplatz Schlosshof

1 0,0 (670) Start am Parkplatz Schlosshof mit Grillplatz ⤳ am Wegweiser nach links mit blauer Raute ⤳ sofort wieder rechts auf Pfad aufwärts, Richtung Moosmannshöhle etwas spärlich markiert ⤳ an einem Bauernanwesen geradeaus auf dem Pfad weiter aufwärts ⤳ oben an der Straße rechts weiter zum Wegweiser **Waldbühl/ Winkelacker** ⤳ links Richtung **Moosmannshöhle** ⤳ nach wenigen Metern auf breitem Forstweg rechts aufwärts zur Moosmannshöhle ⤳ geleitet von der gelben Raute in Serpentinen zur Moosmannshöhle.

Moosmannshöhle

Weiter aufwärts im Mischwald bis zu einem breiten Weg ⤳ ihm folgen Sie nach links ⤳ Sie befinden sich auf einer alte Römerstraße, die allerdings fast nicht mehr zu erkennen ist ⤳ bei einem Forststand geradeaus weiter ⤳ lichte Waldabschnitte wechseln mit dunklem Nadelwald ab bis zum Wegweiser **Hartsköpfle** ⤳ nun Richtung **Hölzlehof** ⤳ bald führt uns ein Pfad abwärts zum Hölzlehof.

Hölzlehof

2 3,4 (740) Weiter am Wegweiser Hölzlehof ⤳ kurz auf Straße, dann auf dem **Waldmännlesweg** immer am Waldrand entlang Richtung **Wursthof**.

Immer wieder werden Ihnen nun lustig bemalte Waldmännle begegnen, die wenn man die Nase hebt oder den Bauch öffnet nette Informationen zum Wald und zur Region preisgeben.

Bald erreichen Sie die erste von mehreren Rastbänken mit herrlichem Panorama ⤳ dann links abwärts zu den Wursthöfen ⤳ obwohl wir dort keine Würste, sondern lediglich Grenzsteine sehen, können wir uns dennoch an der herrlichen Landschaft satt sehen ⤳ rechts auf der kleinen Asphaltstraße immer Richtung **Rotwasser** ⤳ auf der Höhe geradeaus zum **Kienbronner Weiher**.

3 5,9 (735) Am Wegweiser Kienbronn zum Haus 1/1 und dann links am Waldrand entlang bis zur Granitwandersitzgruppe mit rundem Tisch und schönen Bänken ⤳ weiter durch Mischwald ⤳ im weiten Bo-

gen abwärts und dann den Hang hinauf zum ehemaligen Gasthof Hasen ~ am Wegweiser **Hasen** Richtung **Gedächtnishaus** (blaue Raute) auf einem Asphaltsträßchen zum **Rotwasser.**

Rotwasser

Kurz vor der Kreisstraße rechts aufwärts zum Parkplatz ~ die Straße überqueren ~ nun auf Waldpfad über herrliche Holzdielenbrücken und Treppenstufen zum Wegweiser **Kapfhäusle** ~ auf dem Mittelweg (rote Raute mit weißem Strich) bis zum Gedächtnishaus ~ vorbei an Weiden mit Angusrindern und Pferden bis zu einem Rastplatz ~ danach nehmen Sie an der Wegspinne den mittleren Weg ~ geradeaus in den Wald bis zu einer Lichtung ~ am Waldrand entlang bis zum Wegweiser **Mooswald** ~ nun rechts aufwärts bis zum **Kohlplatz** ~ links weiter bergauf ~ der Weg stößt auf die Fahrstraße ~ links zum Gedächtnishaus am Fohrenbühl mit

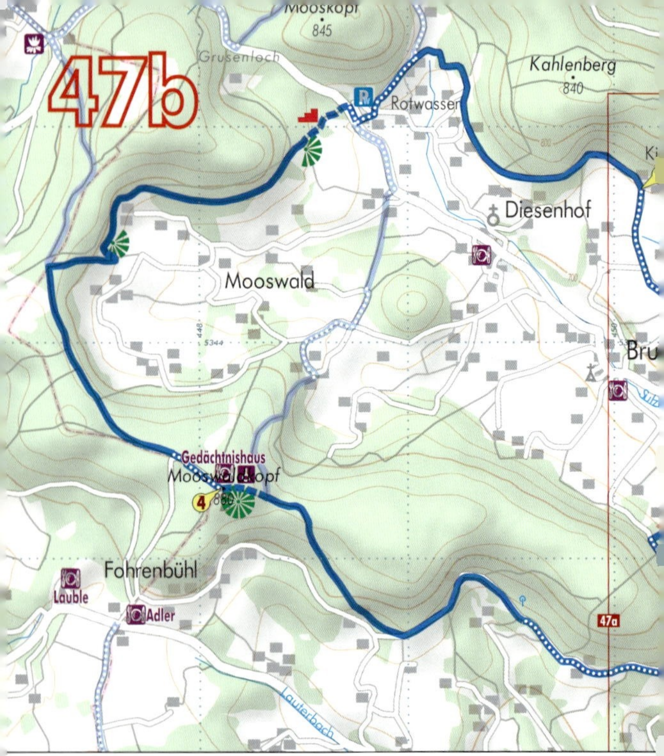

Baden/Württembergischer Grenztradition und Aussichtsturm.

Gasthof Gedächtnishaus, Fohrenbühl 12, 78730 Lauterbach, ✆ 07422/4461, ÖZ: Fr-Di 10-22 Uhr.

4 **11,5 (890)** Nach der Einkehr folgen Sie der gelben Raute abwärts zum Mooswaldkopf ~ der Waldweg bringt Sie abwärts ~ mit gelber Raute zum **Dollenhof**, dann Richtung **Lauterbach** bis zu einem großen Steinkreuz aus Sandstein an einer Wegkreuzung ~ links nun

Richtung **Mooserhof** halten ~ nach 600 m die Straße rechts Richtung **Gründle 3** verlassen ~ ohne Markierung abwärts, bis zur Teerstraße beim Hof Nr. 1 ~ links auf Wiesenweg zum **Sulzbach** ~ über eine kleine Holzbrücke bis zur **K 5528**.

5 15,8 (680) Gegenüber die Talstraße geradeaus aufwärts ~ rechts durch den Spielplatz ~ dann weiter aufwärts ~ vorbei an der Pferdekoppel und einem Bauernhof ~ zum Wegweiser **Hölzlehof** auf fast 750 m Höhe ~ mit blauer Raute auf der Asphaltstraße bis Imbrand.

Imbrand

Ab Imbrand gelbe Raute ~ rechts und bald wieder links Richtung **Kammermartinsdobel** ~ erst auf Wiesenpfad dann auf Waldpfad abwärts.

6 17,6 (650) In der Senke links und gleich wieder rechts ~ auf breitem Forstweg zum Wegweiser **Sonnenstein** ~ weiter Richtung **Moosmannshöhle** und zum Wolfsbühl ~ auf bekanntem Weg zurück.

1 19,4 (670) Ende der Wanderung.

Wanderparkplatz Schlosshof

Tour 48

Zu Ruinen und

Start/ Ziel: Schramberg, Freibad

Gehzeit: 3½-4 Std. **Aufstieg: 84**

Hartbelag: 22% **Wanderwege: 36**

Charakteristik: Lass´ Dir Zeit! Die Zeit spielte schon früher eine wichtige Rolle in Schramberg. Erhard Junghans entwickelte zusammen mit seinem Bruder Arthur, die vom Vater 1861 gegründete Fabrik Junghans in Schramberg, zu einem der führenden Uhrenhersteller Europas. Mit über 6.000 ArbeiterInnen war Junghans einst weltgrößte Uhrenfabrik.

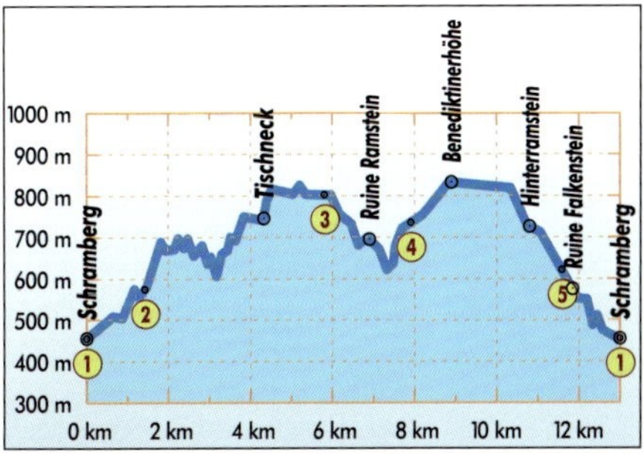

Wir lassen uns heute alle Zeit der

Welt, denn die Tour hat viel zu bieten. Der Weg führt zuerst zur Ruine Berneck und dann zur Benediktinerhöhe. Wieder hinunter an einer alten Mühle vorbei zur Schiltach (Berneck). Danach geht es wild romantisch durch das Katzenloch aufwärts vorbei an der Ruine Ramstein mit atemberaubenden Ausblicken. Oben angekommen besuchen wir die Käppelekapelle mit wunderschönem Bauerngarten. Als letzte Höhepunkt, erreichen wir die Ruine Falkenstein. Genügend Zeit sollten wir uns auch hier gönnen, die herrliche Aussicht von der Oberen Ruine und die netten Rastmöglichkeit an der unteren Ruine sorgen für einen genussvollen Ausklang.

Schramberg s. S. 195

1 0,0 (455) Vom Parkplatz zur **Berneckstraße** ~ nach links auf dem Gehweg am **Freibad** vorbei ~ nach der Bushaltestelle Falkenstein links aufwärts zur Falkensteiner Kapelle.

Falkensteiner Kapelle. Im Verlauf des Dreißigjährigen Krieges wird die Falkensteiner Kapelle zerstört. 1713 beginnt der Wiederaufbau. 1860 bis 1863 wird eine Familiengruft der Grafen von Bissingen und Nippenburg angelegt. Im Chor steht eine um 1515 entstandene Beweinung Christi.

Nach der Besichtigung Richtung **Waldsportplatz** halten, ein Pfad bringt uns am Hang entlang zu einer Teerstraße ~ links aufwärts vorbei am Sportplatz ~ dann links auf breitem Schotterweg durch den Hochwald bis zum Wegweiser **Waldsportplatz**.

2 1,5 (575) Nun rechts steil bergauf Richtung **Ruine Berneck** ~ am Wegweiser **Heuwegle** weiter ~ vorbei an bemoosten Felsen zu einer Lichtung mit Rastbank ~ danach links aufwärts ~ durch eine Senke ~ mit gelber Raute wieder aufwärts bis zur Ruine Berneck.

Ruine Berneck

Auf Pfad weiter bergauf durch Jungwald bis zu einer Lichtung ~ links auf breitem Forstweg weiter ~ bald rechts einem Pfad folgen

Schramberg
48
Falkenstein
Hinterramstein
Ramstein
Waldsportplatz
Schiltach
Tischneck
Benediktinerhöhe
Ramsteiner Höhe
Ramstein
Am Bach
Hardt
L175
L177

~ nun immer dem sogenannten **Katzenpfad** folgen ~ steil, teils über Stufen, geht es auf die Höhe ~ oben angekommen wandern Sie geradeaus durch den Wald auf Wurzelpfad bis die gelbe Raute links aufwärts weißt ~ zum Waldrand an der Benediktinerhöhe.

Benediktinerhöhe

Panoramablick nach Sulgen und Hutneck ~ weiter auf dem **Ostweg** zum **Oberen Tischneck**.

3 **5,8 (800)** Kurz danach rechts abwärts mit gelber Raute auf Wald-

Alte Mühle Kalkhof

und Wiesenpfad zur **Kalkmühle** ~ rechts auf der Straße Richtung **Ruine Ramstein** ~ an der Bushaltestelle Berneck die Straße überqueren ~ bergab und dann auf der andern Bachseite am Hofgebäude geradeaus ~ durch das Katzenloch steil und abenteuerlich aufwärts bis zur Ruine Ramstein.

Ruine Ramstein

4 **7,9 (735)** Dann zur Kapelle mit Aussichtsbänken ~ am Wegweiser **Vorderer Ramstein/Kapellhof** links bergwärts Richtung **Ramsteiner Höhe** ~ über die Hochfläche zum Wegweiser **Korneliushöhe** ~ rechts nach **Hinterramstein**, dann abwärts bis zum Waldaustritt ~ herrliches Panorama ~ am Wegweiser Hinterramstein weiter in die Sackgasse bis zum letzen Hofe ~ nun nach links ins **Marxenloch** hinab.

5 **11,6 (620)** Rechts am Bach entlang bergab, dann rechts über die Brücke durch Mischwald in Serpentinen aufwärts bis zur Oberen Burgruine Falkenstein.

Burgruine Falkenstein

Burgruine Falkenstein. Um 1150 ließ ein aus Villingen stammendes Ortsadelsgeschlecht die Burg Falkenstein erbauen. Im Mittelalter waren die Herren von Falkenstein als Äbte sowie als Chor- und Domherren in den Klöstern Einsiedeln, St. Gallen, St. Georgen, Straßburg und auf der Reichenau vertreten. Im 19. Jh. wurde die verfallene Burg durch den Geheimen Kommerzienrat Arthur Junghans erworben und renoviert.

Über das Holzpodest und Steinstufen am Hang entlang zur **Unteren Ruine Falkenstein** ~ rechts ins **Bernecktal** ~ erst über alte Steinstufen, dann in Serpentinen abwärts bis zum Bach ~ links kommen Sie erst über ein Wehr, später durch eine Zimmerei zurück zum Freibad.

1 **13,0 (455)** Ende der Wanderung.

Schramberg

17,5 km

gen
bühl

Ziel: Remsbach, Wanderparkplatz Remsbach/Ferienpark

Gehzeit: 5 Std. **Aufstieg:** 480 m **Abstieg:** 480 m

rtbelag: 50% **Wanderwege:** 41 % **Wanderpfade:** 9 %

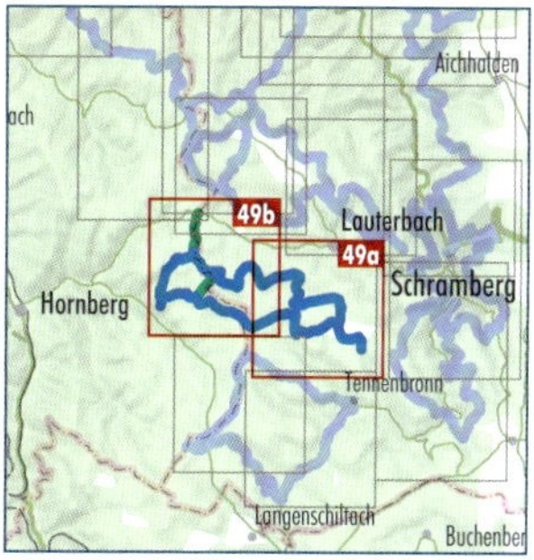

Charakteristik: Wiesen, Wälder, weit ausgedehnte Hochflächen, steile Waldpfade, Wildbäche sowie stolze Schwarzwaldhöfe wechseln hier einander ab. Die Wanderung führt an der Grenze zwischen Baden und Württemberg entlang. Eine Grenze, die stets zugleich Gemarkungs-, Staats- und Religionsgrenze war. Lauterbach gehörte als Teil der ehemaligen Grafschaft Hohenberg zu Vorderösterreich, fiel aber im Pressburger Frieden 1805 an Württemberg. Durch die vormalige österreichische Herrschaft war Lauterbach katholisch. Hornberg war württembergisch, somit evangelisch, und fiel im Jahr 1810 durch Tausch an das Großherzogtum Baden. Die Grenze ist Vergangenheit, aber noch immer gibt es direkt an der Passhöhe am Fohrenbühl drei Gasthöfe.

Tipp: Die Tour lässt sich ab Wegweiser Reichenstein auf eine

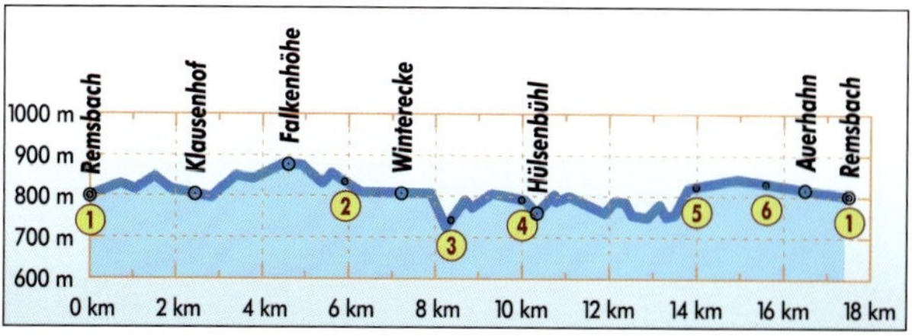

13 Kilometer lange Wanderung verkürzen.

Wanderparkplatz Remsbach

1 **0,0 (800)** Start am Parkplatz Remsbach beim Ferienpark oberhalb von Tennenbronn ~ ab jetzt gelbe Raute ~ erst über die Wiesen gehen, dann auf der Asphaltstraße bis zum Wegweiser **Oberer Remsbach** ~ links zum Gasthof Auerhahn.

Gasthof Auerhahn, Ecke 148, 78144 Tennenbronn, ✆ 07729/929277

Am Wegweiser **Beim Auerhahn** weiter auf der Straße bis zum Wegweiser **Ecke** ~ nun Richtung **Oberfalken** ~ ⚠ an der nächsten Kreuzung geradeaus durch den Wald ~ dann auf der anderen Waldseite über Wiesenweg abwärts ~ nach einem Forsthochstand wieder Zeichen gelbe Raute ~ weiter zu einem Holzschober ~ dem Waldweg leicht aufwärts folgen ~ bald geht der Waldweg in eine Teerstraße über ~ Richtung **Unter Falken** ~ an der nächsten Kreuzung nach links zu einer Schutzhütte ~ immer geradeaus auf dem Sträßchen durch den

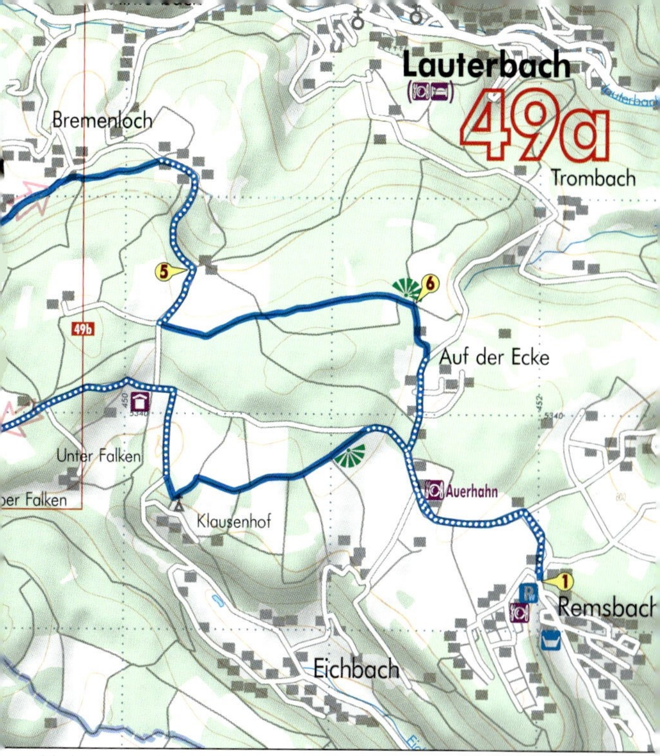

Wald bis zum Wegweiser Unter Falken ⁓ weiter zum Wegweiser **Ober Falken** mit Gedenkstein für die Helfer des Schwarzwaldvereins Markierungswechsel, nun der roten Raute mit weißem Strich (Mittelweg) Richtung **Welles Eck** folgen ⁓ auf breitem Waldweg durch herrlichen Märchenwald ⁓ dann rechts den Waldpfad bis zum **Welles Eck**.

2 5,9 (835) Am Welles Eck rechts Richtung **Apfelfelsen** ⁓ sofort kommen wir zum Wegweiser **Reichenstein**.

VARIANTE Hier zweigt die Abkürzung auf dem Mittelweg nach rechts Richtung Wartberg, Wachtbühl ab.

Die lange Variante geht nun mit gelber Raute auf der Straße Richtung Apfelfelsen ⁓ nach den Höfen im Winterecke dem Sträßchen zum Wegweiser **Winterecke/ Am Apfelfelsen** folgen ⁓ links durch den Hof auf Waldpfad zum Apfelfelsen.

Apfelfelsen

Herrliche Aussicht ins Reichenbacher Tal und zu den Hornberger Höhen.

Zurück bis zum Wegweiser auf gleichem Weg ~ nun auf Waldpfad abwärts bis zum **Rohrenbauernhof**, ein schmuckes Anwesen mit großem Teich.

3 8,4 (745) Auf der kleinen Teerstraße aufwärts ~ vorbei an einem weiteren Bauernanwesen ~ über freie Felder und Weiden bis zum Wegweiser **Auf der Hohen Straße**.

AUSFLUG: Auf dem Mittelweg links gelangen Sie zur 1 km entfernten Passhöhe Fohrenbühl mit Einkehrmöglichkeiten.

Fohrenbühl (787 m)

Das veranstalten von Schellenmärkten war ein Pfingstbrauch im Schwarzwald. Am Fohrenbühl sowie an anderen Orten, trafen sich die Hirtenbuben, Mägde und Knechte zum Tausch von Schellen, das alemannische Wort für Glocken bzw. Kuhglocken. Übriggeblieben ist bis heite der Schellenmarkt auf dem Fohrenbühler.

Landhaus Lauble, Fohrenbühl 65, 78132 Fohrenbühl/Hornberg, ✆ 07833/93660, ÖZ: tägl. Mai-Okt.

Gasthof Adler, Fohrenbühl 1, 78730 Lauterbach, ✆ 07422/95380

Landgasthof Schwanen, 78132 Fohrenbühl/Hornberg, ✆ 07833/317

Auf der Asphaltstraße rechts ~ weiter bis zum Wegweiser **Wachtbühl**.

4 10,0 (790) Links Richtung **Mückenberg** ~ ab jetzt gelbe Raute Sie erreichen Hülsenbühl ~ ⚠ vor dem ersten Hof nach rechts Richtung Waldrand ~ am Waldrand gelbe Raute ~ in der Kurve Hinweisschild **Bremenloch** ~ immer geradeaus durch den Nadelwald zu einer Lichtung ~ nun dem Sträßchen Richtung Steinbruch folgen ~ durch Wiesen und ein

Wasserschutzgebiet kommen Sie zu den Höfen am Bremenloch.

Bremenloch

Bei einer Rastbank verlässt unser Weg die Straße ~ rechts in den Wald zum Mückenberg.

5 14,0 (825) Hier rechts der Straße aufwärts folgen ~ am **Vogtandreshof** vorbei, bis zum Wegweiser **Überm Vogtandres** ~ nach links in den Wald zum Zollernblick.

6 15,6 (835) Rechts halten ~ an einem Baum der Hinweis Tennenbronn ~ nach zwei Höfen kommen Sie auf ein Sträßchen ~ rechts mit gelber Raute ~ am Haus 145 vorbei bis zum Wegweiser **Ecke** ~ weiter Richtung **Auerhahn** ~ auf bekanntem Weg zurück.

1 17,5 (805) Ende der Wanderung.

Wanderparkplatz Remsbach

15,0 km

…nenbronn, Dorfplatz

… Std. *Aufstieg:* 490 m *Abstieg:* 490 m

…elag: 42 % *Wanderwege:* 48 % *Wanderpfade:* 10 %

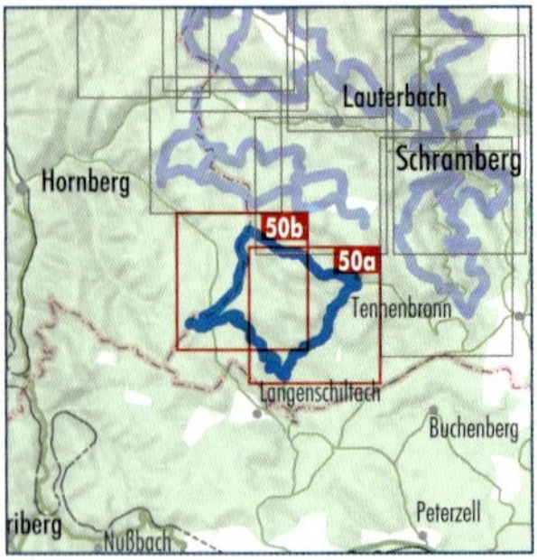

Charakteristik: Tennenbronn ist der jüngste Stadtteil von Schramberg. Der Luftkurort mit seinen lieblichen Höhen ist typisch für den Schwarzwald. Die Landwirte bewirtschaften behutsam ihre Wiesen und Felder und schützen die einzigartigen Schönheiten der Natur. Die Tour führt abwechslungsreich hinauf zum Windkapf. Besonders schön ist die Wanderweg im Frühjahr, wenn die Wiesenblumen blühen und im Herbst, wenn sich das Laub färbt und man eine gute Fernsicht hat.

Tennenbronn

PLZ: 78144 Vorwahl: 07729

Tourist-Information Tennenbronn, Hauptstr. 23, ✆ 92600, www.schramberg.de

Freibad Tennenbronn, Affentälestraße

1 **0,0 (670)** Parken am Dorfplatz in Tennenbronn ~ auf der **Hauptstraße** rechts Richtung Rathaus ~ weiter bis zum Ortsende ~ am Wegweiser Tennenbronn Dorfweiher die **L 175** überqueren ~ an der Bushaltestelle hinunter zum Dorfweiher mit großem Spielplatz ~ über die Brücke zum Wegweiser **Am Dorfweiher** ~ mit gelber Rau-

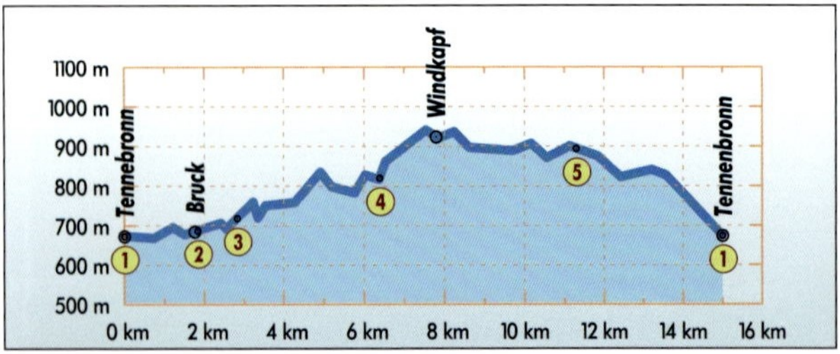

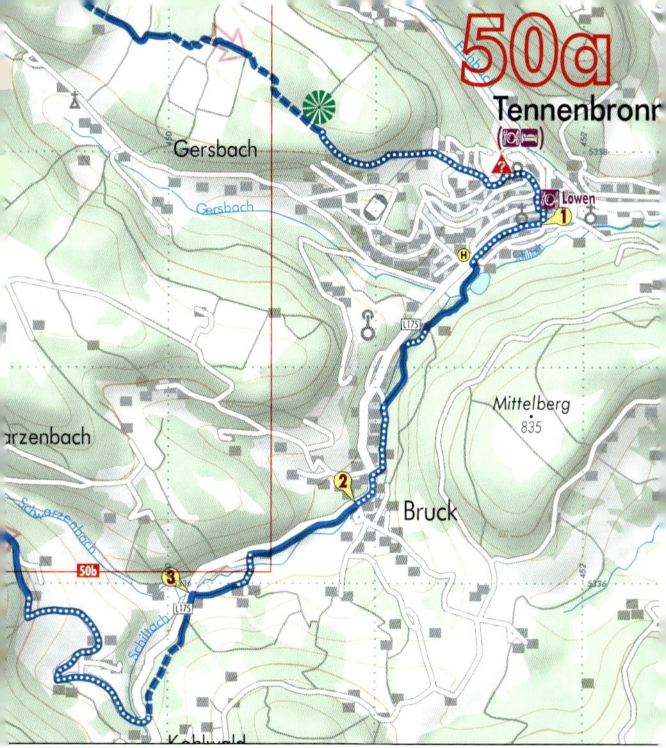

te rechts an der Schiltach entlang Richtung Bruck ~ durch einen Fensterbaubetrieb ~ vorbei an einem alten Haus ~ links aufwärts zu einer Rastbank ~ hier rechts auf Wiesenweg oberhalb der Schiltach zum Haus Nr. 35 ~ abwärts ~ dann links bis zur nächsten Brücke ~ rechts aufwärts zur Bushaltestelle Bruck/Linde.

Bruck

2 1,8 (685) Nach links auf dem Gehweg zum Wegweiser **Gasthof Schützen** ~ nun Richtung **Schwarzenbach, Windkapf** halten ~ der Weiterweg führt unterhalb der Straße auf Schotterweg am Bachlauf entlang ~ links über die Brücke ~ nach dem Strommasten rechts auf Wiesenweg zwischen zwei Weidenzäunen zur **L 175**.

3 2,8 (720) Links aufwärts auf Waldweg ~ in der Mitte des Hanges rechts auf einem Pfad durch Nadelwald zum Wegweiser **Am Felsen** ~ hinunter zur Straße ~ diese überqueren und mit gelber Raute immer Richtung **Windkapf** halten ⁓ auf der Asphaltstraße zum Schützenhaus und weiter bis zum Moosbauernhof mit Hofladen ⁓ weiter bergauf ⁓ oben angelangt am letzten Hof rechts ⁓ durch das Bauernanwesen ⁓ auf Waldweg abwärts bis zu einer Teerstraße ⁓ an der nächsten Kreuzung links halten ⁓ nun in den Feldweg ⁓ auf der Höhe bis zu einem Backhäuschen in Schwarzenbach ⁓ hier stoßen Sie wieder auf eine Straße, der Sie folgen ⁓ am nächsten großen Gehöft, dem Hansenbauernhof, links aufwärts bis zur **K 5530**.

4 **6,4 (820)** Den Wegweisern zum Gasthof Deutschen Jäger folgen ⁓ Sie verlassen kurz danach die Teerstraße nach rechts zum Wegweiser **Kappelwald** ⁓ hier stoßen Sie auf den Mittelweg ⁓ noch 200 m zum Gasthof am Windkapf.

Windkapf

Gasthaus Zum Deutschen Jäger, Windkapf 115, Hornberg-Reichenbach,
07833/6144, ÖZ: Fr-Di ganztägig, Mi bis 16 Uhr

Zum Wegweiser Kappelwald zurück ⁓ nun auf dem Mittelweg Richtung **Benzebene** abwärts ⁓ an Windrädern vorbei bis zum Wegweiser Benzebene ⁓ links zum Wegweiser **Bärenwald** ⁓ über eine Lichtung geradeaus weiter ⁓ wieder in den Wald bis zum Wegweiser **Wegzeiger**.

5 **11,3 (895)** Nun mit gelber Raute rechts Richtung **Judenbosch**, **Ten-**

Oberhalb des Moosbauernhofes

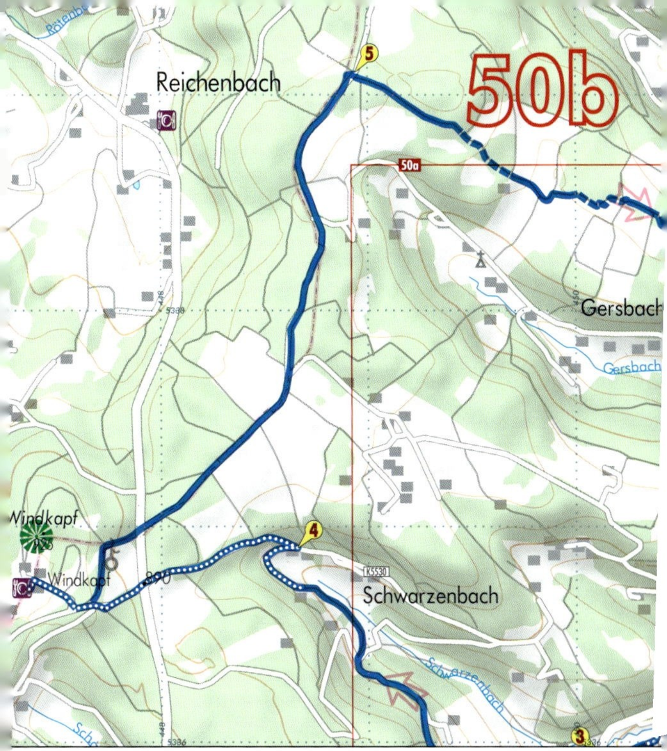

nenbronn ~ durch Fichtenwald zur Lichtung Judenbosch und weiter abwärts ~ nun nicht mehr dem breiten Weg abwärts folgen, sondern geradeaus zur Scheune gehen ~ dort links über Wiesen ~ am Waldrand rechts abwärts ~ durch die Siedlung **Steige** dann ⚠ rechter Hand eine Schranke, hier zum Kriegerdenkmal gehen ~ bergab bis zum Dorfplatz.
1 **15,0 (670)** Ende der Wanderung.
Tennenbronn

Ortsindex

A

Alpirsbach 185

B

Baden-Baden 44
Bad Herrenalb 41
Bad Liebenzell 56, 59
Bad Peterstal-Griesbach 149
Bad Rippoldsau-Klösterle 145
Bad Teinach 77
Bad Wildbad 36, 85
Baiersbronn 104
Bermersbach 160
Bernbach 43
Biberach-Baden 158
Brandeckkopf 166
Bruck 219
Buckenberg 22
Burgruine Zavelstein 73

C

Calw 69
Charlottenhöhe 202

D

Dobel 38

E

Ebersteinburg 52
Einbach 165
Elbachsee 114
Enzklösterle 86
Ernstmühl 64
Eyachbrücke 33

F

Freudenstadt 134, 138

G

Gengenbach 162

H

Hänger 109
Haslach 174
Hausach 168, 171, 176
Heiligenbronn 190
Hirsau 62, 68
Höfen a. d. Enz 29, 34
Hölzlehof 206

I

Imbrand 209

K

Kaltenbronn 83
Kentheim 72
Kniebis 106, 124, 128, 131

L

Langenbrand 29
Lauterbad 144
Lettenbrunnenhütte 21
Liebelsberg 80
Lützenhardt 72, 74

M

Malschbach 48
Monakam 59
Moosenmättle 180

N

Nagold 90, 93, 95
Neubulach 79
Neuenbürg 25, 31

O

Obere Batterthütte 52
Oberkollbach 67
Oberlengenhardt 57
Oberreichenbach 66
Obertal 109

P

Pfalzgrafenweiler 100, 103
Pforzheim 18

R

Rohrdorf 90
Rötenbach 186
Rotwasser 207
Ruhestein 121, 123
Ruine Berneck 210
Ruine Ramstein 212
Ruine Waldeck 78

S

Schapbach 155
Schiltach 182, 188, 199
Schlangenbühl 202
Schömberg 54
Schramberg 195, 200, 210
Schwarzenberg 55
Schweinbachtal 68
Seehaus 16
Sommenhardt 72, 74
Sophienruhe 47

T

Tennenbronn 218

V

Vorwildschapbach 155

W

Waldmössingen 191
Waldrennach 27
Weiherplatz 152
Wildberg 98
Wildschapbach 156
Wildsee 122
Windkapf 220
Wolfach 179
Wolfsschlucht 64
Wörnersberg 102
Würm 17

Z

Zavelstein 72, 74